Stanley Coren

Der Hund fürs Leben

oder

Zu welchem Hund passt welcher Mensch?

Deutsch von
Sibylle Hunzinger

Rowohlt

Die Originalausgabe erschien 1998 unter
dem Titel «Why We Love the Dogs We Do.
How to Find the Dog That Matches Your Personality»
im Verlag The Free Press. A Division of
Simon & Schuster Inc., New York

Redaktion Hermann Gieselbusch
Umschlaggestaltung Britta Lembke
Foto: PICTOR International

1. Auflage September 2001

Satz aus der Palatino
Pinkuin Satz und Datentechnik, Berlin
Druck und Bindung Clausen & Bosse, Leck
ISBN 3 498 00915 X

Die Schreibweise entspricht den
Regeln der neuen Rechtschreibung.

Inhalt

Dieses Buch
ist meinen Kindern
REBECCA und BENJAMIN
gewidmet

Vorwort

Fast jede vierte Familie in Nordamerika hat einen Hund. Wenn ein Hund und sein Mensch gut zueinander passen, kann die daraus erwachsende Bindung das Leben beider bereichern und befriedigender machen. Die Liebe zu einem gut ausgewählten Hund kann den Tod überdauern. Zum Beispiel liebte der Komponist Richard Wagner seinen Neufundländer Russ so sehr, dass er sich neben ihm begraben ließ. Ähnlich sind laut Harper's Index in den USA schätzungsweise eine Million Hunde im Testament ihres Besitzers zu Erben eingesetzt. Diesen idyllischen Bildern zufriedener Hundebesitzer steht nun freilich die Tatsache gegenüber, dass es vier von zehn Junghunden nicht schaffen, das erste Jahr bei ihrem neuen Besitzer erfolgreich zu bestehen. Diese Hunde werden zu ihrem Züchter zurückgebracht oder in andere Hände gegeben, sie werden von ihren Besitzern getötet oder vom Tierarzt eingeschläfert. Hinzu kommen weitere acht bis zehn Prozent, die im zweiten Lebensjahr dasselbe Schicksal erleiden.

Wie kommt es, dass einige Menschen eine dauernde, herzliche Beziehung zu ihrem Hund aufbauen, wohingegen andere überhaupt keinen Spaß an ihren vierbeinigen Hausgenossen haben? Die Antwort liegt darin, dass es darauf ankommt, den richtigen Hund mit dem richtigen Menschen zu paaren. Am besten sind die Paarungen, bei denen die Persönlichkeit des Menschen zu den Verhaltensmerkmalen des Hundes passt. In diesem Buch soll untersucht werden, warum wir die Hunde lieben, die wir lieben, und warum manche Hunderassen für einzelne Menschen zu einem Desaster werden. Dieses Buch unternimmt den

Versuch, Ihnen zu zeigen, wie Sie die Hunderasse auswählen können, die am besten zu Ihrer Persönlichkeit passt. Dieses Auswahlverfahren basiert auf der umfangreichsten Untersuchung zur Mensch-Hund-Beziehung, die je durchgeführt wurde. Diese Untersuchung nahm die Persönlichkeitsmerkmale von über sechstausend Menschen unter die Lupe und bestimmte die Hunde, die der Einzelne liebte und die er hasste. Aber unser Themenspektrum ist selbstverständlich sehr viel breiter. Es schließt nicht nur eine Reihe interessanter Hunde und Menschen ein, sondern auch faszinierende Geschichten von der Beziehung zwischen Mensch und Hund.

Wie immer möchte ich meiner liebevollen Frau Joan danken für ihre unschätzbare Hilfe auf allen Etappen der Entstehung dieses Buchs.

1

Hunde – geliebt und gehasst

Es war ein heißer Tag. Die leichte Brise vom Mittelmeer brachte den auf Händen und Knien arbeitenden Männern kaum Kühlung. Sie legten behutsam etwas frei, das im Sand begraben war, und benutzten dabei kleine Schaufeln und Pinsel. Es waren Archäologen, und sie arbeiteten auf einer Ausgrabungsstätte namens 'Aïn Mallaha (heute Eynan). Sie liegt im heutigen Israel und birgt die Überreste eines von zahllosen Dörfern entlang der Küste. Die Archäologen sprechen von Natoufien-Ansiedlungen und schätzen deren Alter auf rund zehntausend Jahre. Die fragliche altsteinzeitliche Siedlung bezeichnet ein relativ niedriges Niveau menschlicher Kulturentwicklung. Sie bestand aus circa fünfzig runden Hütten, einige davon mit Steinfundamenten. Es fanden sich landwirtschaftliche Geräte wie zum Beispiel Erntemesser aus Feuerstein oder Mahlsteine für Getreide. Es gab außerdem Indizien dafür, dass es bereits domestizierte Tiere (zum Beispiel Schafe) gab.

Die Stätte, auf der die Archäologen arbeiteten, war ein urgeschichtliches Gräberfeld. Die Natoufien-Menschen beerdigten ihre Toten und gaben ihnen Schmuck und andere persönliche Dinge, die ihnen viel bedeutet hatten, mit ins Grab. Aufgrund dessen bieten die Gräber uns wertvolle Informationen über die Menschen und die Kultur jener Zeit. Das Archäologenteam hatte bereits einige bearbeitete Knochen und steinerne Artefakte freigelegt und hoffte auf weitere Funde.

Der Leichnam, den sie exhumierten, war der eines älteren

Mannes. Er war in der seinerzeit üblichen Körperhaltung begraben: die Beine angezogen, die Knie fast am Kinn. Als die Männer den oberen Teil des Leichnams freilegten, stellten sie fest, dass der Kopf des Mannes auf der linken Hand ruhte. Und als sie um die Hand herum tiefer gruben, entdeckten sie, dass die Hand zärtlich auf die Brust eines vier oder fünf Monate alten Welpen gelegt worden war. Ein überraschter Forscher stand auf und fuhr sich mit dem Rücken seiner sandigen Hand über ein Auge. «Er muss Hunde wirklich geliebt haben», sagte er, «wenn er beschlossen hat, einen auf seine Reise in die Ewigkeit mitzunehmen.»

Ich hatt' einen Kameraden

In der Morgendämmerung der Kultur, vor ungefähr fünfhundert Menschenaltern, war das Band zwischen Mensch und Hund schon fest geknüpft. Wenn wir so etwas wie eine Videokamera hätten, die in der Zeitdimension funktioniert, würde sie uns anschauliche Beweise davon liefern, wie eng die Verbindung zwischen Mensch und Hund schon in fernster Vergangenheit war. Aus einer Inschrift auf seinem Sarkophag wissen wir, dass Ramses der Große vier Hunde hatte, die er besonders liebte. Einer davon war ein großer Jagdhund mit Namen Pahates, der aber von seinem Herrn Kami genannt wurde. Dieser Hund genoss das Privileg, beim Pharao schlafen zu dürfen. Wenn unsere durch die vierte Dimension reisende Kamera nun einen Zeitsprung nach vorn macht, dann zeigt sie uns andere große Gestalten der Geschichte, die ihr Nachtlager mit ihrem Hund teilten. Von Alexander dem Großen ist bekannt, dass er neben seinem großen Mastiff Peritas schlief, wenn er sich von seinen Schlachten ausruhte. Königin Maria Stuart von Schottland verbrachte die langen Stunden ihrer Gefangenschaft mit ihren kleinen Spaniels, und sie trösteten die Königin in der Nacht. Als sie 1587 enthauptet wurde, entdeckte man, dass sie unter ihren weiten Gewändern einen dieser Toy-Hunde versteckt hatte. Nach der Hinrichtung «wich er der Leiche nicht von der Seite», so ein Augenzeuge, und musste weggetragen werden. Es ist überliefert, dass Elizabeth I. von England, der Mensch, der Marias Hinrichtung befahl, die letzte Nacht ihres Lebens «nur von ihrem Hund getröstet» verbrachte – einem ganz ähnlichen Toy-Spaniel. Einer von Elizabeth' Nachfolgern auf dem englischen Thron wurde am Ende sogar zum Namenspatron dieses speziellen Spanielschlags. Karl II. von England ließ seine Cavalier-King-Charles-Spaniels ebenfalls bei sich im Bett schlafen, und sogar ein Deckengemälde in einem seiner Schlafzimmer verschönerten sie mit ihrer Anwesenheit.

Machen wir noch einen Zeitsprung in die Epoche Peters des Großen, des Zaren von Russland. Er teilte das Lager mit seiner italienischen Laufhündin Lisette. Bei einer Gelegenheit hat diese Beziehung vielleicht ein Menschenleben gerettet. Die Geschichte begann damit, dass ein Höfling der Bestechlichkeit beschuldigt wurde. Die Anschuldigung stellte sich später als bösartige Verleumdung heraus. Auf jeden Fall wurde Zar Peters Gemahlin Katharina von der Sache unterrichtet, und sie versuchte, zugunsten des Angeschuldigten zu vermitteln. Der Zar, ein reizbarer Mann, geriet in heftigen Zorn. Er untersagte Katharina, die Angelegenheit jemals wieder ihm gegenüber zu erwähnen. Aufgewühlt angesichts zunehmender Beweise für die Unschuld des Mannes, schrieb Katharina ein Billett an Peter und bat um Milde. Sie unterschrieb es mit «Lisette», fügte noch einen Abdruck von Lisettes Pfote hinzu und befestigte das Billett an dem silbernen Halsband der Hündin. Später am Abend, als Peter sich fürs Schlafengehen fertig machte, fand er das Briefchen. Er saß auf der Bettkante und tätschelte Lisettes Kopf, dann rief er ohne weitere Erklärung seinen Sekretär und ließ ihn noch am selben Abend einen Gnadenerlass ausfertigen.

Etwa zur gleichen Zeit, als der Russenfürst neben seiner italienischen Laufhündin nächtigte, teilte der Preußenfürst Friedrich der Große sein Nachtlager mit einem ähnlichen Hund. Wie der ältere Mann von der Ausgrabungsstätte 'Aïn Mallaha liebte er seine Hunde so sehr, dass er in ihrer Nähe begraben sein wollte. Aus diesem Grund ließ er sich im Park von Sanssouci eigens ein Mausoleum erbauen, das in Sichtweite der Gräber von elf seiner Hunde lag. Wenngleich die unruhigen Zeitläufte die Erfüllung von Friedrichs Wunsch beinah vereitelt hätten, ruht er heute in der Königsgruft unweit vom Leichnam seines letzten Hundes.

Solche Anekdoten, die zeigen, wie stark die Bindung zwischen Menschen und ihren Hunden ist, könnte man von buchstäblich Millionen Menschen, gewöhnlichen wie erlauchten, erzählen. Von Königen und auch von US-Präsidenten, wie zum Beispiel Lyndon Baines Johnson (1963–1969), der den Garten des Weißen Hauses mit seinem Rudel Beagles bevölkerte, oder Ulysses S. Grant (1869–1877), der seinen Neufundländer zum Majordomus des Weißen Hauses ernannte, oder George Bush (senior), der mir erzählte, dass sich während seiner Präsidentschaft häufig seine Springer-Spanielhündin Millie morgens zum Duschen zu ihm gesellte (Abb. 1). Es gibt Schauspieler und andere Unterhaltungskünstler, die ganz vernarrt in ihre Hunde sind, wie zum Beispiel die Entertainerin Joan Rivers. Ihr Yorkshire-Terrier Spike wird «der faulste Hund der Welt» genannt, weil er nirgends auf seinen eigenen vier Beinen hingehen muss. Joan Rivers hat einen Mann engagiert, der ihn in einer Louis-Vuitton-Designertragetasche herumträgt. Sie richtete für Spike sogar ein Bar-Mizwa-Fest aus, zu dem ein Catering-Service koscheres Essen lieferte, und garnierte obendrein ihr Hündchen mit einer Jarmulke, auf die sein Name gestickt war. Dann gibt es andererseits die bedeutenden Wissenschaftler und ihre zärtlich geliebten Hunde, wie zum Beispiel Sigmund Freud, dessen Chow-Chow Jo-Fi bei vielen seiner Therapiesitzungen dabei war (Abb. 2). Laut Freud hatte die Hündin eine beruhigende und entspannende Wirkung auf seine Patienten, besonders auf Kinder. Außerdem sagte er, Jo-Fi gebe ihm wertvolle Auskünfte über die innere Verfassung seiner Patienten. Die Hündin legte sich mal in größerer, mal in geringerer Entfernung zum Patienten hin, je nach dem Grad der inneren Spannung, unter der dieser stand. Darüber hinaus gibt es noch Millionen und Abermillionen gewöhnlicher Sterblicher, die ihren Familienhund von Herzen lieben. Da haben wir zum Beispiel Tante Martha – sie knipst ein Gruppenbild von den Kindern zusammen mit ihrem Golden Retriever und Onkel Max, der sich als Nikolaus verkleidet hat. Das fertige Foto wird die diesjährige Weihnachtskarte zieren. Und da ist das Video, das wir zu unserer Überraschung in der Post gefunden haben, das uns eine musikalische Darbietung präsentiert, bei der Vetter Fred Klarinette spielt und sein Border-Collie Babe mit Heulen und Jaulen den Gesangspart bestreitet.

Hunde zum Verlieben – oder auch nicht

Wenn man solche Anekdoten hört, hat man förmlich das Gefühl, dass Hunde die Silberstreifen zwischen den Gewitterwolken des Lebens sind. Man kann dann kaum den Impuls unterdrücken, loszugehen und sich einen Hund anzuschaffen. Unglücklicherweise ist die Beziehung zwischen Mensch und Hund nicht immer so ungetrübt und herzlich. Manche Menschen sind so veranlagt, dass sie für Hunde überhaupt keine Sympathie aufbringen können. Andere wieder kommen anscheinend mit manchen Hunderassen zurecht, können dafür aber andere gar nicht leiden. Das Geheimnis besteht darin, den richtigen Menschen mit dem richtigen Hund zu paaren. Am besten sind die Paarungen, bei denen die Persönlichkeit des Menschen zu den Verhaltensmerkmalen des Hundes passt. Wenn die Persönlichkeit des Menschen und die Verhaltensmerkmale des Hundes inkompatibel sind, kann das zu einem Desaster werden.

Ich habe schon von einigen berühmten Königen und Feldherren gesprochen, die ihre Hunde so sehr liebten, dass sie sie bei sich im Bett schlafen ließen. Den Hund bei sich im Bett schlafen zu lassen ist für Menschen, die mit ihrem Haustier glücklich sind, tatsächlich etwas ganz Normales. Einer neueren Untersuchung zufolge schläft bei der Hälfte der amerikanischen Hundebesitzer der Hund mit im Bett. Das umfangreichste Kontingent stellen die unverheirateten Frauen zwischen achtzehn und vierunddreißig Jahren. Nahezu sechzig Prozent der Frauen dieses Alters erlauben ihrem Hund, mit im Bett zu schlafen. Das höchste Risiko, mit einem Fußtritt aus dem Bett befördert zu werden, läuft der Hund bei Ehemännern über fünfundvierzig. Dennoch sind es selbst innerhalb dieser Bevölkerungsgruppe praktisch vier von zehn, die ihren Hund mit im Bett schlafen lassen. Aber die Liebe zu Hunden kann Probleme nach sich ziehen. In derselben Untersuchung fand man heraus, bei dreizehn Prozent der befragten Ehepaare war einer der Partner so sehr dagegen, dass der Hund mit im Bett schlief, dass dieser Umstand faktisch zum Auslöser eines Dauerstreits wurde, der die Beziehung nachhaltig störte. Denken wir zum Beispiel an General Custer, ebenjenen, der 1876 mitsamt zweihundertfünfundsechzig Mann am Little Big Horn von Indianern niedergemacht wurde. Custer hatte mit seiner Frau Libbie häufig heftige Auseinandersetzungen darüber, ob Hunde etwas im Bett zu suchen haben oder nicht. Es kam schließlich so weit, dass sie damit drohte, nicht länger an der Seite ihres Mannes zu schlafen, wenn das bedeutete, dass sie auch das Nachtlager seiner Hunde teilte. Custer und Libbie einigten sich am Ende auf einen Kompromiss. Wenn Custer zu Hause war, durften die Hunde bei ihnen im Schlafzimmer, aber nicht mit im Bett schlafen. Im Feld aber teilte Custer das Lager mit seinen Greyhounds Blücher und Byron und der Bulldogge Turk.

Für manche Menschen hängt die Zuneigung zu Hunden beziehungsweise die Abneigung gegen sie weitgehend von der Rasse ab. Charles Darwin, dessen Evolutionstheorie die Grundlage unseres heutigen biologischen Denkens ist, war wirklich ein Hundeliebhaber. Seine Lieblinge waren Terrier. Er schrieb mehrmals über die Abenteuer, die sein West-Highland-White-Terrier allerorten im Haus bestand, und stellte Mutmaßungen über das Denken des Hundes an. Dagegen brachte Darwin für große Hunde weder Geduld noch Liebe auf. Einmal bekam er einen Talbot geschenkt (Talbots sind die direkten Vorfahren unserer heutigen Bloodhounds). Für ihn war das Tier «plump, laut und sabbernd», «dumm und unbeherrscht» und «ohne erkennbaren Wert von irgendwelcher Bedeutung für die zivilisierte Gesellschaft». Schließlich ließ der Terrier-begeisterte Darwin den Hund wegbringen und erschießen.

Ein weiteres Beispiel, wie die Lebensstile von Mensch und Hund zusammenpassen oder nicht zusammenpassen, liefert uns der ehemalige US-Präsident Ronald Reagan. Reagan hat im Laufe seines Leben viele Hunde gehabt. Vor Beginn seiner politischen Karriere war er der Besitzer zweier Scotchterrier. Später, als Gouverneur von Kalifornien und dann als Präsident der Vereinigten Staaten, bekam er häufig Hunde geschenkt. Da gab es einen Golden Retriever namens Victory, einen Irishsetter namens Peggy, einen Sibirischen Husky namens Taca, einen Cavalier-King-Charles-Spaniel namens Rex und einen Belgischen Schäferhund namens Fuzzy. Reagans Lieblinge waren Scotchterrier und Cavalier-King-Charles-Spaniels. Da gab es freilich auch noch Lucky, eine Bouvier-des-Flandres-Hündin, die er während seiner ersten Jahre im Weißen Haus geschenkt bekommen hatte. Die arme Lucky passte einfach nicht zu Reagans Persönlichkeit.

Bouviers sind große Hirtenhunde. Zwar sind sie recht freundlich, können aber auch dominant und fordernd sein. Dieses energetische Naturell passte einfach nicht zu Reagans Lebensgewohnheiten und Arbeitsstil. Er hatte keine Geduld beziehungsweise keine Lust, sich auf einen so stürmischen Hund einzulassen, der ständig versuchte, ihn über den Rasen zu scheuchen, indem er nach seinen Hacken schnappte und ihn anrempelte. Einmal zwickte Lucky das Präsidenten-Hinterteil so fest, dass es sogar ein wenig blutete, ein Kniff, mit dem Bouviers das Herdenvieh anzutreiben pflegen. Obwohl Lucky eindeutig ein Quell des Ärgers für Reagan war, erging es ihr besser als Darwins Talbot. Statt hinter der Scheune erschossen zu werden, wurde sie schließlich auf der Ranch der Reagans in Santa Barbara, Kalifornien, «in den Ruhestand versetzt» und ihre störende Gegenwart somit aus Reagans alltäglichem Leben entfernt.

Ich war ziemlich überrascht, als ich erfuhr, wie viele Hund-Mensch-Paarungen nicht funktionieren. Eine Reihe von Untersuchungen in Nordamerika und England spricht dafür, dass es vier von zehn Junghunden nicht schaffen, das erste Jahr bei ihren Besitzern erfolgreich zu bestehen. Sie werden zu ihrem Züchter zurückgebracht oder in andere Hände gegeben, sie werden von ihren Besitzern getötet, vom Tierarzt eingeschläfert oder einfach ausgesetzt. Hinzu kommen weitere acht bis zehn Prozent, die im zweiten Jahr dasselbe Schicksal erleiden. Selbst in scheinbar guten Häusern geben rund neun Prozent der Hundebesitzer zu, dass sie sich den Hund hin und wieder ganz bewusst vom Hals schaffen wollten. Am häufigsten fand sich dieses Verhalten unter verheirateten Frauen zwischen fünfundzwanzig und vierunddreißig Jahren. Glücklicherweise bleiben nur rund zwei Prozent dieser Hunde verschollen, da das schlechte Gewissen ihre Besitzer an den Ort ihrer Schandtat zurückführt, wo sie sich bemühen, ihren ausgesetzten vierbeinigen Freund wiederzufinden. Man kann daraus den Schluss ziehen, dass viele Mensch-Hund-Kombinationen nicht funktionieren.

Sie sind wahrscheinlich schon in Häusern gewesen, wo Hunde geliebt werden, und in anderen, wo sie ein weniger glückliches Leben führen. Am Verhalten der Menschen ist leicht auszumachen, ob die Beziehung zwischen Mensch und Hund intakt ist oder nicht. Sehen wir uns das Zuhause von zwei hypothetischen Hunden an, die wir Lassie und Laddie nennen wollen.

Bei Lassie zu Hause ist alles eitel Sonnenschein. Der Hund ist gerade in die Küche gepirscht, um den Wohlgerüchen auf den Grund zu gehen, die dort herkommen, und sein Frauchen unterbricht die Essensvorbereitungen und spricht mit ihm. «Hast du Hunger, Lassie, oder machst du dir einfach nur Hoffnungen? Ich wette, du willst hier bei mir herumwuseln, weil du hoffst, dass ich nicht aufpasse und irgendetwas runterfallen lasse. Spekulierst du darauf, meine Süße? Na, dann bleib nur da, Pelzkopf, vielleicht hast du Glück.»

In dieser simplen Kommunikation sind alle Elemente einer gut funktionierenden Beziehung präsent. Die Anwesenheit der Hündin wird bemerkt und mit einer Reaktion beantwortet, und vielleicht wird dem Tier eine spontane freundliche Berührung zuteil. Es hat einen Namen und sogar einen Spitznamen. Spitznamen, selbst wenn sie aus dem Augenblick geboren und im nächsten Moment schon wieder vergessen sind (wie in diesem Fall «Pelzkopf»), sind wichtige Zeichen von Zuneigung. Menschen gebrauchen solche Namen in ihrer Beziehung zu anderen Menschen. Die systematische Beobachtung hat gezeigt, dass wir Dutzende solcher Namen für eine geliebte Frau oder ein geliebtes Kind haben können. Meine Tochter Rebecca musste sich Namen wie «Prinzessin» oder «Pummelchen» gefallen lassen, während mein Sohn Ben sich mal als «Tarzan», mal als «Großer Häuptling» tituliert fand, um nur zwei von den zahlreichen wechselnden Namen zu nennen, mit denen er bedacht wurde.

Psychologen zufolge sind solche wechselnden Namen echte Zeichen von Liebe oder Zuneigung – sie sind Teil einer Art von Geheimcode zwischen einem selbst und einem Menschen, den man liebt.

Sehen wir uns nun die weniger herzliche Atmosphäre in Laddies Zuhause an. Der Handlungsrahmen ist derselbe: Laddie pirscht in die Küche, angelockt von den Essensdüften, die das Haus durchziehen. Laddies Frauchen übersieht den Hund in der Küche, sie macht ihre Arbeit weiter, als wäre er gar nicht da. Der Hund steht in der Mitte des Raums, und so kann es nicht ausbleiben, dass seine Besitzerin ihn zufällig streift. Sie dreht sich um und sieht ihn an. «Warum läufst du mir dauernd zwischen den Füßen herum? Mach, dass du wegkommst, und fall mir nicht auf die Nerven. Glaub ja nicht, dass du von mir was außer der Reihe kriegst – du bist sowieso schon zu dick. Los, hau ab!»

Während dieser Szene kommt ihr Mann in die Küche, und die Frau wendet sich an ihn. «Das Hundevieh ist mir überall im Weg, und ich stolpere darüber. Ich verstehe nicht, warum es nicht kapiert, dass es mir nicht dauernd im Weg rumstehen soll. Warum tust du's nicht 'ne Weile raus, damit ich meine Arbeit machen kann?»

Diese kleine Szene spricht Bände über die Beziehung zwischen Mensch und Hund. Zunächst einmal wird die Anwesenheit des Hundes nicht als etwas Willkommenes betrachtet oder als eine Gelegenheit, einen Funken Zuneigung zu zeigen. Sein Erscheinen ist einfach nur eine Störung, auf die mit Ärger reagiert wird. Man beachte, dass Laddie nur ein «Es» ist, ohne Geschlecht beziehungsweise Identität. Laddie ist kein Familienmitglied, er ist «der Hund». Wenn in der Familie von ihm gesprochen wird, hat er keinen Namen und auch keinen lustigen Spitznamen. Psychologen bezeichnen das als Depersonalisierung. Wir zeigen dieses Verhalten, wenn wir jemanden nicht als Individuum mit eigener

Identität und eigenen Gefühlen wahrhaben wollen. So könnte ein Henker sagen: «Man bringe den Gefangenen her. Es ist Zeit, das Urteil zu vollstrecken.» Er würde nicht sagen: «Bring Freddie her. Es ist Zeit, ihn umzulegen.» Das Wort «Gefangener» ist ein Etikett, das nicht auf eine spezielle Individualität verweist, da es viele Gefangene gibt. «Der Hund» ist ein ähnlich depersonalisierendes Etikett, da es viele Hunde gibt. Namen wie Freddie oder Laddie beziehen sich auf Individuen, von denen jedes eine eigene Identität hat und ein Recht auf Bewusstsein, Leben und vielleicht auch Glück. Man beachte, die Etiketten «Gefangener» beziehungsweise «Hund» erlauben es einem, das Individuum als ein «Es» zu betrachten. Wenn etwas namenlos ist, hat es kein Recht, seine besonderen Merkmale, wie zum Beispiel sein Geschlecht, berücksichtigt zu sehen. Wenn wir einen Eigennamen gebrauchen, verlangt dieser als Substitut ein kongruentes Personalpronomen. So wird aus Freddie ein «er», und aus Laddie würde eine «sie».

Das Depersonalisierende dieser Umgangsform bleibt vielen Menschen verborgen, solange es sich auf einen Hund bezieht. Was allerdings würde man von einem Elternteil halten, das sich an seinen Partner wendet mit den Worten: «Hol mal das Kind. Es muss frisch gewindelt und gefüttert werden»? Würde von dem Baby immer per «das Kind» und «es» nie mit Namen genannt, würde man sofort an eine lieblose Beziehung denken und sich um die Sicherheit und das Wohlbefinden des Kindes Sorgen machen.

Rex Harrisons Basset Hound

Selbst wenn ein Hund von seinem Herrn geliebt wird, ist das noch keine Garantie dafür, dass ihn auch die übrigen Hausbewohner mögen. Manchmal macht die Liebe zu einem speziellen

Hund einen Menschen blind für die Abneigung, die andere Familienmitglieder gegen ihn haben. Das führt nicht selten zu peinlichen und unerfreulichen Situationen und wirkt sich auf die Beziehungen zwischen den Menschen aus. Nehmen wir zum Beispiel Rex Harrison, den englischen Bühnen- und Filmschauspieler.[1] Harrison wurde am bekanntesten durch seine Rolle als Dr. Henry Higgins in dem Musical *My Fair Lady*, für die er den Tony und einen Oscar bekam. Er spielte auch in zahlreichen Filmen mit, wie zum Beispiel *Major Barbara* und *Doktor Doolittle*. Harrison hatte einen Basset Hound namens Homer. Zu der Zeit, als Harrison Elizabeth Rees Harris heiratete, hatten Herr und Hund schon eine Weile zusammengelebt. Elizabeth' Sohn Damian erinnert sich an seine erste Begegnung mit Homer. «Homer war der verwöhnteste Hund, den es gab. Er war ein riesiger Basset Hound, der schon jahrelang im Haus war, und das einzige Lebewesen, das es auf Dauer mit Rex aushalten konnte – und Rex liebte ihn.» Homer konnte nichts verkehrt machen. Der Hund lag Rex zu Füßen, und einmal am Tag wurde eine Bürste hereingebracht, und Rex bürstete ihm die Ohren. «Homer war wie er – die beiden wussten, dass sie seelenverwandt waren.»

Das Dumme war, dass Harrison Homer liebte, seine ihm frisch angetraute Frau Elizabeth tat das aber nicht. Sie kamen einfach nicht miteinander aus, und Harrison schien den Stress gar nicht zu bemerken, der sich daraus ergab. Elizabeth hat sich später heftig über den Hund beklagt und dabei unterstellt, dass alles, was er in ihrer Gegenwart tat, bewusst geplant und von Verachtung ihrer Person, Sexismus und Böswilligkeit diktiert war. «Homer war schrecklich. Er hasste Frauen. Er stand immer genau dann vor der Tür, wenn man hinausgehen wollte, und brachte einen ins Stolpern. Und man weiß ja, was für einen Speichelfluss Basset Hounds haben und wie sehr sie sabbern. Morgens kam Homer immer ins Schlafzimmer, wo Rex und ich im Bett frühstückten. Rex' Tablett stand auf der einen Seite vom

Bett und meins auf der anderen Seite. Homer kam auf direktem Weg zu mir, sabberte auf mein Frühstück und verteilte seinen Speichel darüber; dann ging er schwanzwedelnd zu Rex, der ihn tätschelte und ihm sagte, was für ein guter Hund er sei – und mein Frühstück war jedes gottverdammte Mal versaut.»

Elizabeth hatte das Gefühl, dass der Hund sie gezielt schikanierte. «Homer hasste mich. Wenn wir ausgehen wollten, stand er immer da und zog seine Sabbernummer ab; deshalb musste ich immer vor ihm weglaufen, mich mit einem Satz nach vorn oder zur Seite in Sicherheit bringen oder mich hinter dem Vorhang verstecken.»

Elizabeth war überzeugt, dass noch hinter dem kleinsten Ärger, den Homer ihr machte, Vorsatz und Planung steckten, selbst wenn sie es mit nichts anderem als den für einen faulen alten Hund typischen Verhaltensweisen zu tun hatte. «Homer schlief im Keller und musste immer vom Damenzimmer aus über die Kellertreppe gehen, wenn er an seinem Platz schlafen wollte. Wenn ich allein war (Harrison war oft weg auf Tournee oder bei Außenaufnahmen), weigerte sich Homer, in den Keller zu gehen, es sei denn, ich brachte ihn mit dem Fahrstuhl nach unten. Er blieb einfach sitzen, und er wog eine Tonne, sodass ich ihn nicht heben konnte. Also musste ich den Fahrstuhl holen, und erst dann bequemte er sich. Ich weiß, dass er das nur machte, um mich zu ärgern.»

Am Ende war Elizabeth der Meinung, dass Homer ein wesentlicher Faktor gewesen war, dass ihre Beziehung zu Harrison in die Brüche ging, und dass er vielleicht auch zu ihrer Scheidung beigetragen hatte. «Rex liebte ihn wirklich … Wenn ich ihm sagte, was für ein Chauvinist dieser Hund war und dass Homer versuchte, mir das Leben zu vergällen, lächelte Rex nur und antwortete, das sei doch wohl übertrieben. Dann beugte er sich vor und streichelte Homer – als wollte er den Mistköter beruhigen, anstatt mir zuzuhören. Das machte mich furchtbar wütend. Es veränderte das Klima zwischen uns, und später, als dann alles in die Brüche ging, konnte ich mich gegen den Gedanken nicht wehren, dass ihm offenbar mehr an dem elenden Hundevieh lag als an mir.»

Der Senator und die Dichterin

In Nordamerika gibt es in jedem vierten Haushalt einen Hund und in manchen Ländern, wie zum Beispiel England, Deutschland und Frankreich, sogar in jedem zweiten oder dritten Haushalt. Ungeachtet dieser Zahlen sind die Faktoren, die unsere Wahl eines Hundes bestimmen, und die Voraussetzungen einer gelungenen Paarung von Mensch und Hund noch unerforscht. Das liegt wahrscheinlich daran, dass Liebe und Zuneigung schon als Faktoren zwischenmenschlicher Beziehungen und erst recht in der Beziehung Mensch–Hund in den Augen vieler Sozialwissenschaftler keine ernst zu nehmenden Forschungsgegenstände, sondern vernachlässigenswerte Petitessen sind und dass diese Wissenschaftler den Eindruck vermitteln möchten, sie hätten Wichtigeres zu tun, als sich mit solchen Kinkerlitzchen zu beschäftigen. Es wird für vernünftiger gehalten, die Umstände zu untersuchen, die zu Stress oder Aggressionen innerhalb einer Familie führen, oder auch die Hintergründe einer Scheidung, aber es ist irgendwie nicht «wissenschaftlich», Faktoren zu untersuchen, die Wohlbefinden beziehungsweise Liebe auslösen. Der Senator des Staates Wisconsin, William Proxmire, bekam einmal fast einen Schlaganfall, als er erfuhr, dass die U.S. National Science Foundation einem Psychologen vierundachtzigtausend Dollar Fördermittel für eine Untersuchung über Liebe gewährt hatte. Er wetterte: «Ich erhebe Einspruch dagegen, nicht nur weil niemand – auch die National Science Foundation nicht – behaupten kann, dass sich zu verlieben eine Wissenschaft ist; nicht nur weil ich sicher bin, dass sie keine glaubhafte Antwort finden würde, selbst wenn sie vierundachtzig Millionen oder vierundachtzig Milliarden Dollar darauf verwendete. Ich bin auch dagegen, weil ich es gar nicht wissen will. Deshalb, National Science Foundation, Hände weg von den Machenschaften mit der Liebe! Überlassen Sie das Elizabeth Barrett Browning und Irving Berlin.»[2]

Wenn schon der Versuch, die Anziehung zwischen Mann und Frau zu untersuchen, so viel Ärger ausgelöst hat, dann wagt man gar nicht, sich vorzustellen, was Senator Proxmire wohl gesagt hätte, wenn die Frage, wie und warum wir für bestimmte Hundearten eine Zuneigung entwickeln, Gegenstand des Forschungsvorhabens gewesen wäre. Oder die Frage, warum wir bestimmte Hunderassen lieben und mit anderen nicht zurechtkommen. Als Psychologe weiß ich allerdings, dass diese Fragen auf wissenschaftlicher Grundlage beantwortet werden können und dass Menschen Wert auf diese Antworten legen. Wenn Sie einen Hund auswählen, zu dem Sie dank seiner Rassemerkmale eine herzliche Kameradschaft aufbauen können, verbessert das Ihre Lebensqualität möglicherweise erheblich. Einen Hund aus einer falschen Rasse auszuwählen kann dazu führen, dass sich der Stress und der Ärger in Ihrem Leben beträchtlich vergrößern, und endet nicht selten damit, dass der Hund getötet oder ausgesetzt wird. Deshalb glaube ich, obwohl ich die Gedichte von Elizabeth Barrett Browning und die Songs von Irving Berlin liebe, dass wir uns bei der Beantwortung der Frage, warum wir bestimmte Hunderassen lieben und anderen gleichgültig oder völlig ablehnend gegenüberstehen, auf die Wissenschaft verlassen sollten.

Zur wissenschaftlichen Klärung der Frage der Kompatibilität bestimmter Hunderassen und bestimmter Menschen mag Elizabeth Barrett Browning nicht unmittelbar beigetragen haben, sie selbst ist jedoch ein interessantes Beispiel dafür, welch eine tiefe Neigung zwischen Mensch und Hund sich ausbilden kann.[3] Elizabeth Barrett Browning ist berühmt als Dichterin romantischer Lyrik. Zu ihren bekanntesten Werken gehört die Sammlung *Sonette aus dem Portugiesischen*, die sie ihrem Mann, dem Dichter Robert Browning, gewidmet hat. Sie enthält einige der unvergesslichsten Liebesgedichte, die je in englischer Sprache geschrieben worden sind, mit so populären Zeilen wie zum Beispiel: «Wie ich dich liebe? Lass mich zählen wie» (deutsch von Rainer Maria Rilke). Elizabeth hatte seit ihrem fünfzehnten Lebensjahr eine schlechte Gesundheit, wahrscheinlich infolge einer Wirbelsäulenverletzung, die man ursprünglich für nicht heilbar hielt und die sie die meiste Zeit ans Bett fesselte. Dadurch bekam sie aber reichlich Gelegenheit zum Schreiben, und mehrere Gedichtbände machten sie in literarischen Zirkeln bekannt.

Robert Browning las einige von Elizabeth' Gedichten und fing an, ihr Lobendes über ihre Dichtung zu schreiben. Er selbst war, vor allem wegen seiner dramatischen Monologe, bereits auf dem Weg, einer der bekanntesten viktorianischen Dichter zu werden. Kurz darauf lernten der Dichter und die Dichterin sich kennen und verliebten sich ineinander. Ihre Liebe stieß auf heftigen Widerstand bei Elizabeth' Vater, einem dominanten, besitzergreifenden Mann. Die ganze Geschichte hatte einen hoch melodramatischen Zug. Auch die unerlässliche spannungsgeladene Klimax und das Happy End fehlten nicht, als die beiden heimlich ihr Elternhaus verließen und zusammen nach Italien flüchteten, wo sie von da an ein glückliches Leben miteinander führten.

Als junge Frau war Elizabeth infolge ihrer Krankheit und Bettlägerigkeit häufig mutlos und deprimiert, und ihre Freundin Mary Russell Mitford meinte, ein Hund würde ihr vielleicht Zerstreuung und Ablenkung bringen. Elizabeth war im Allgemeinen tierlieb, hatte jedoch, was Hunde betraf, einen ganz eigenen Geschmack. Ihre Brüder hatten Hunde, die sie nicht mochte. Elizabeth zufolge war der Hund von einem ihrer Brüder «ein ekelhafter Bloodhound». Dann gab es noch einen Mastiff, der war «ein Kannibale, dessen höchste Freude der Kampf und rohes Fleisch waren». Schließlich hatte ihr jüngster Bruder einen Terrier, den sie für «den hässlichsten Hund der ganzen Christenheit» hielt. Sie hatte aber eine Zuneigung zu Mary Mitfords Cocker-Spaniel gefasst. Als Flush schließlich Vater von einem Wurf wurde, schenkte Mary Elizabeth eins von seinen Kindern. Es war ein kleiner goldfarbener Rüde, den sie nach seinem Vater Flush nannte.

Kaum war er im Haus, wirkte sich Flushs Gegenwart sofort auf Elizabeth' Gemütsverfassung aus. «Flush erheitert mich auch dann, wenn mich nichts anderes zu erheitern vermag», sagte sie zu ihrem Bruder George. Flush verbrachte schon bald den größten Teil des Tages und der Nacht bei Elizabeth im Bett, und «seine Ohren waren oft das Erste, worauf meine Tränen tropften».

Jeder Laune von Flush wurde nachgegeben. Eine Zeit lang rührte er kein Brot an, wenn es nicht mit Butter bestrichen war, dann wieder aß er nur Muffins, und schließlich entwickelte er eine Vorliebe für Biskuit und Makronen. Was Fleisch betraf, aß er kein Lamm, sondern nur Rindfleisch und Geflügel, und das auch nur dann, wenn es ihm in winzigen Stückchen von Hand gefüttert wurde. «Wenn du nur sehen könntest, wie er Rebhuhn von einer silbernen Gabel isst», schrieb sie an Mary. Wenn Elizabeth ein Glas Milch trank, hob sie immer die Hälfte davon für Flush auf. Sie erkannte selbst, dass sie ihrem Hund gegenüber allzu nachgiebig war. «Alle Welt schreit: ‹Flush ist verwöhnt!›», schrieb sie, aber mochten Flushs Vorlieben auch mit den Jahreszeiten wechseln, sie verwöhnte ihn trotzdem immer weiter. «Natürlich hat er in dieser Jahreszeit aufgehört, Eis zu essen, und sein Lieblingsersatz ist offenbar Kaffee – Kaffee, wohlgemerkt, nicht in die Untertasse gegossen, sondern aus meinem Tässchen getrunken … Er sieht, dass ich aus der Tasse und nicht aus der

Untertasse trinke, und trotz seiner Nase will er das auch tun. Mein lieber, hübscher kleiner Flushie.»

Im viktorianischen England gab es mehrere Hundefängerringe, die Hunde von Familien der Mittel- und Oberklasse entführten und dann Lösegeld für sie verlangten. Das war ein lukratives und relativ risikoarmes Geschäft, da die englischen Gesetze keine eindeutige Antwort auf die Frage gaben, ob es ein Eigentumsrecht an Hunden gab. Flush wurde nicht weniger als dreimal entführt, und jedes Mal wurde eine höhere Summe für ihn verlangt. Beim dritten Mal war das geforderte Lösegeld viel höher, als Elizabeth' Vater zu zahlen bereit war, und auch weit höher, als Elizabeth aus ihrer Tasche bezahlen konnte. Sie war außer sich vor Kummer und Angst, aß nichts, schlief kaum und jammerte ihrer Umgebung vor: «Flush weiß ja nicht, dass wir ihn wiederbekommen können, und ist die ganze Zeit über zutiefst verzweifelt, der arme liebe Flush mit seinen quälenden Ängsten und seinen kleinen Launen und seiner Anhänglichkeit an mich. Er wird die ganze Nacht heulen und jammern, das weiß ich ganz genau – denn ich fürchte, wir werden es nicht schaffen, ihn heute Abend noch auszulösen.»

Schließlich wurde die Nervenbelastung unerträglich, und aus Liebe zu ihrem Hund beschloss Elizabeth, zu den Dieben zu gehen und Flushs Freilassung mit ihnen auszuhandeln. Ihr Vater hatte keine Ahnung von ihrem Vorhaben, aber ihre Brüder warnten sie, dass man sie möglicherweise ausrauben und umbringen würde. Ungeachtet dessen nahm Elizabeth eines Abends, fünf Tage nach Flushs Verschwinden, zusammen mit ihrer angsterfüllten, ihr aber treu ergebenen Zofe, eine Droschke, und sie fuhren durch «abgelegene Straßen», wie Elizabeth später beschrieb, zu dem wenig Vertrauen erweckenden Viertel Shoreditch. Hier residierte die als «The Fancy» bekannte «Sozietät» der *dog banditti*, und sie wusste von den vorangegangenen Entführungen Flushs, dass ihr Anführer ein Mann namens Taylor war. Der Droschkenkutscher hielt an einer Schenke an und fragte nach dem Weg, und als sie bei der Adresse ankamen, die man ihnen genannt hatte, kamen mehrere Männer heraus und luden Elizabeth ein, mit hereinzukommen und auf Taylor zu warten, der gerade nicht zu Hause sei. Elizabeth' Zofe war außer sich vor Angst und bat ihre Herrin, das nur ja nicht zu tun. Die stimmte ihr zu und blieb in der Droschke sitzen. Zum Glück hatte der Droschkenkutscher, als er sich in der Schenke nach Taylors Adresse erkundigte, erzählt, warum Elizabeth gekommen war. Mehrere Besucher der Schenke hatten Mitleid mit Elizabeth und folgten der Droschke. Als sie und ihre Zofe nun darin saßen, drängte sich eine «Horde wohlwollender Männer und Jungen, ‹die nichts weiter wollten, als uns zu Diensten zu sein›», um die Droschke, wie sie später berichtete.

Nach einiger Zeit erschien Mrs. Taylor – Elizabeth beschrieb sie als «einen unförmigen weiblichen Banditen» – und versprach gnädig, ihren «lieben Mann», wenn er zurückkam, davon zu unterrichten, dass eine Dame da gewesen wäre und auf ihren Hund wartete. Elizabeth nannte einen Betrag, den sie als «Belohnung» für Flushs Wiederbeschaffung aufbringen konnte, und es wurde ihr zugesichert, dass eine derart großzügige Spende durchaus akzeptabel wäre. Elizabeth kehrte nach Hause zurück, um dort auf den endgültigen Austausch von Hund und Lösegeld zu warten. Am Ende bekam sie Flush zurück, und das Lösegeld, das bei dieser Gelegenheit den Besitzer wechselte, war die günstigere Summe, die Elizabeth bei ihrem Abenteuer ausgehandelt hatte.

Wenn sie sich keine Gedanken um Flushs Sicherheit machte, war Elizabeth um seine Erziehung besorgt. Sie war mittlerweile ganz überzeugt davon, dass der Spaniel eine fast menschliche Intelligenz besaß. «Es ist eindeutig, dass mein Flush artikulierte Sprache versteht; er reagiert richtig und verständig, wenn ich ‹Essen›, ‹Kekse›, ‹Milch›, ‹geh die Treppe runter›, ‹geh nach draußen› sage und sogar wenn Crow (Elizabeth' Haushälterin) zu ihm sagt: ‹Geh zu Miss Barrett und gib ihr einen Kuss.›» Da Flush ihrer Meinung nach die Sprache so gut beherrschte, beschloss sie, ihm das Lesen beizubringen. Als sie das ihren Brüdern erzählte, lachten die Tränen. Sie sahen verwundert zu, wie sie eine Karte hochhielt, auf der ein A stand, und dann eine andere Karte mit einem B darauf. In jeder Hand eine Karte haltend, wies sie den Hund an, «Küss A, Flush, – und jetzt küss B» und wartete darauf, dass der Hund seine Nase auf die entsprechende Karte drückte. Wenn er es tat, wurde er mit einem Stückchen Kuchen belohnt. Unglücklicherweise zeitigte der Unterricht im Lesen bei Flush nicht den Erfolg, den Elizabeth sich erhofft hatte, und sie tat sein Scheitern später dann mit einem entschuldigenden «Ich fürchte, er hat keine ausgeprägte Neigung zur Literatur» ab.

Als Nächstes versuchte sie, ihm die Zahlen und das Rechnen beizubringen. Sie wollte ihn so weit mit der Materie vertraut machen, dass er mit ihr Domino spielen konnte. «Ich habe gelesen, dass ein Mann und sein Hund das machten, und ich war neidisch … ich kann's nicht ändern.» Es war erheiternd, ihnen beim Unterricht zuzusehen. Elizabeth hielt ein Stückchen Kuchen in der Hand und zählte langsam bis drei. Flush durfte den Kuchen erst bei drei und nicht vorher nehmen. Wie eine mit Affenliebe an ihrem Kind hängende Mutter schrieb sie sein Versagen auf dem Feld der Mathematik nicht mangelnder Intelligenz, sondern fehlendem Interesse zu. «Seine Seele ist so empfindsam wie die eines Künstlers, daher findet er das Handwerk des Rechnens ebenso langweilig wie lästig.»

Als Robert Elizabeth entführte, hatte sie nur zwei Gepäckstücke und natürlich Flush bei sich. Die Jungvermählten reisten nach Italien, um dort ihr neues Leben zu beginnen, und bald wurde von Robert erwartet», dass er um Flush genauso besorgt war wie sein Frauchen. Er kümmerte sich Elizabeth zuliebe tatsächlich liebevoll um Flush, beklagte sich aber oft darüber, dass der Hund in seiner Gegenwart laut, arrogant, sekkant und tyrannisch wäre. Er sagte auch, dass Flush offenbar glaubte, er, Robert, «sei einzig dazu da, ihm zu dienen».

Elizabeth hörte nie auf, Flush zu lieben. Sie verlor auch nie den Glauben, dass Flush intelligent genug sei, die Sprache zu erlernen, wenn er es nur wollte. Von ihrem neuen Zuhause in Italien aus schrieb sie an Mary Mitford, dass Flush höchst angetan sei von seiner neuen Heimat und den verschiedenen Hundespielgefährten, die er in seiner jetzigen Umgebung gefunden habe. Sie berichtete ihrer Freundin, dass Flush jetzt «jeden Tag ausging und mit den kleinen Hunden italienisch sprach».

Zwar hat Elizabeth Barrett Browning nicht unbedingt zur Erforschung der Hund-Mensch-Kompatibilitätsproblematik beigetragen, sie ist jedoch ein Musterbeispiel dafür, warum wir uns die Frage stellen: «Warum lieben wir bestimmte Hunde und können andere nicht leiden?» Warum hatte sie eine solche Abneigung gegen den Bloodhound, den Mastiff und den Terrier ihrer Brüder und andererseits eine so dauerhafte Zuneigung zu ihrem Spaniel Flush? Trotz Senator Proxmires lautstarker Beschwerde sind einige von uns an der Antwort auf solche Fragen interessiert – und die Wissenschaft kann uns eine Antwort geben. Wir werden in diesem Buch herausfinden, warum wir die Hunde lieben, die wir lieben, und ebenso, warum manche Sorten Hund mit manchen Menschen zu einem Desaster werden. Im Folgenden werde ich den Versuch unternehmen, Ihnen zu zeigen, wie Sie die Hunderasse auswählen können, die aufgrund Ihrer Persönlichkeit am besten zu Ihnen passt. Wir werden uns dabei auf die Ergebnisse einer wissenschaftlichen Studie stützen, durchgeführt an über sechstausend Menschen und den Hunden, die ihre Lebensqualität verbessert beziehungsweise verschlechtert haben.

2

Kann man Hunde lieben und trotzdem noch Menschen lieben?

Es war Mittag, und ich hatte mich mit dem Essen beeilt, weil ich meinen Flat-Coated-Retriever Odin draußen noch ein wenig rennen lassen wollte. An den Tagen, an denen er mich in mein Büro in der Universität begleitete, bemühte ich mich, wenigstens eine kurze Gymnastikstunde draußen auf einer der nahe gelegenen Rasenflächen für ihn einzulegen. An diesem Tag hatte ich einen Plastikfrisbee mitgenommen, den er apportieren sollte.

Die ersten Frisbees sollen einfach nur leere Kuchendosen von der Frisbee Pie Company in Vermont gewesen sein. Angeblich haben Studenten vom benachbarten Middlebury College sie sich zuerst gegenseitig zugeworfen und dann später das Spielzeug daraus entwickelt. Es war als Spielzeug für Menschen gedacht, aber jeder weiß, dass diese Plastikscheibe für einen Hund das Allerhöchste an Sportgerät ist. Im Jahr 1989 wurde zu Ehren des fünfzigsten Jahrestags der «Erfindung» des Frisbee im Middlebury College sogar eine Bronzestatue enthüllt, die einen Hund darstellt, der nach einem Frisbee springt. Ich mag diese Plastikscheiben, weil sie keinen Lärm machen, leicht zu handhaben sind, lange in der Luft bleiben, dadurch die Aufmerksamkeit des Hundes erregen, und vor allem, weil meine Hunde durch sie viel Bewegung haben, während ich einfach nur dastehe und ab und zu das Handgelenk bewege, um eine dieser Scheiben in die Luft zu werfen.

Während Odin hinter seinem Spielzeug herrannte, blieb eine Frau stehen und sah zu. Dann kam sie zu mir und sagte: «Ich verstehe nicht, warum Leute wie Sie so viel Liebe und Zuneigung auf ihren Hund verschwenden, Sie wissen, wie viele arme und misshandelte Kinder es gibt, die etwas von dieser Aufmerksamkeit und Fürsorge brauchen könnten.»

Etwas verdutzt platzte ich heraus: «Sie haben keinen Hund, nicht wahr?»

«Natürlich nicht! Ich habe nicht die geringste Lust, meine Zeit an irgendein nutzloses Haustier zu verschwenden. Ich habe Wichtigeres und Sinnvolleres zu tun», sagte sie mit einem geringschätzigen Unterton in der Stimme. Dann kehrte sie mir mit etwas wie einem verächtlichen Schnauben den Rücken zu und entfernte sich raschen, entschlossenen Schrittes. Ihrem dramatischen Abgang wurde durch Odin einiges von seiner Wirkung genommen, der, seinen orangefarbenen Frisbee im Maul, unter heftigem Schwanzwedeln um sie herumsprang. Es war deutlich zu sehen, dass er hoffte, in ihr eine neue Spielgefährtin gefunden zu haben. Sie scheuchte ihn mit einem harschen «Hau ab, blödes Vieh!» weg und stürmte davon. Odin ließ auf der Stelle seinen Frisbee fallen und starrte ihr mit auf Halbmast gesenktem Schwanz nach.

In mancher Beziehung spiegelt sich in der Bemerkung dieser Frau eine von zwei Meinungen wider, die von einer nicht unerheblichen Zahl von Menschen geteilt wird. Die andere Meinung hat der englische Humorist und Essayist am besten mit den Worten zum Ausdruck gebracht: «Die Frau, die echte freundliche Gefühle für Hunde hat, ist eine Frau, der es nicht gelingt, die Zuneigung eines Mannes zu gewinnen.» Stimmt es tatsächlich, dass wir unseren Hund lieben, weil wir zu unseren Mitmenschen keine liebevolle Beziehung unterhalten wollen oder können?

Dem widersprechen die Fakten. Es hat in jüngster Zeit eine

Reihe psychologischer Studien gegeben, die eindeutig gezeigt haben, dass die Liebe zu einem Hund und die Liebe zu Menschen nicht im Widerspruch zueinander stehen. Mehreren groß angelegten Untersuchungen zufolge, durchgeführt von Dr. Reinhold Bergler[1], Direktor des Instituts für Psychologie der Universität Bonn, und Dr. Nienke Endenburg[2] von der Universität Utrecht, ist offenkundig, dass Menschen, die eine emotionale Bindung zu Hunden und anderen Tieren eingehen, auch in ihrem Alltagsleben zu Fürsorglichkeit und Menschenfreundlichkeit neigen. Das lässt darauf schließen, dass Hundebesitzer genau die Menschen sind, die den Armen und Entrechteten in der Gesellschaft am besten helfen können.

Mehr oder weniger wussten wir das bereits. Die meisten Menschen kennen die Geschichte vom heiligen Bernhard von Aosta. Er sah kaum einen Unterschied zwischen der Fürsorge für Tiere und der für Menschen. Im 10. Jahrhundert gründete er in den Schweizer Alpen in über 2400 Meter Höhe zwei Hospize. Sie lagen an der Hauptstraße, die Italien und die Schweiz miteinander verband. Diese Straße wurde von Kaufleuten, Arbeitern aus der Schweiz, die für den Winter eine Anstellung in Italien suchten beziehungsweise für die Dauer des Sommers nach Hause zurückkehrten, und von Menschen aus den nördlichen Ländern benutzt, die eine Pilgerreise nach Rom machten. Diese abgelegenen Hospize boten Reisenden im Winter Schutz vor Wind, Kälte, Schneestürmen und Lawinen. Der heilige Bernhard und seine Gefährten hatten es sich zur Aufgabe gemacht, Verirrten, Verletzten und in Schnee und Eis Eingeschlossenen zu helfen. Die Hunde, die nach dem heiligen Bernhard benannt waren, halfen bei der Suche nach Reisenden, die von der Hauptstraße abgekommen waren. Die frommen Männer waren bereit, ihr eigenes Leben zu riskieren, um das Leben anderer zu retten. Und von entscheidender Bedeutung für dieses Bemühen waren ihre Hunde. Die Helfer verließen das Hospiz selten ohne die

Hunde, denn im Gebirge kann sich plötzlich und ohne Vorwarnung ein so dichter Nebel bilden, dass man die Hand vor Augen nicht mehr sieht. Ohne ihre Hunde hätten die Männer nie den Weg zum Hospiz zurückgefunden. Gemeinsam haben sie und ihre Hunde Tausende von Reisenden gerettet. Barry, der Champion, hat allein vierundvierzig Menschen gerettet und wurde das Vorbild für die meisten Rettungshunde am Passo di San Bernardino. Dazu gehört zuallererst ein Team von drei Hunden. Wenn ein Reisender gefunden wird, der sich verirrt hat, legen sich zwei von den Hunden neben ihn, um ihn zu wärmen, während der dritte zum Hospiz zurückläuft und Hilfe holt. Die Hunde entscheiden bei jeder Rettungsaktion selber, welche beiden dableiben und welcher Hund zum Hospiz zurückläuft.

Es ist schwerlich zu bestreiten, dass der heilige Bernhard die Menschen liebte, denn sonst hätte er wohl kaum sein eigenes Leben in den Dienst der Rettung anderer Menschen gestellt. Und außerdem empfand er eine tiefe Liebe für Hunde. Er ist die früheste Quelle, der dieser Satz zugeschrieben wird: «Qui me amat, amat et canem meum», was sich in die bekannte Redensart übersetzen lässt: «Wer mich liebt, liebt auch meinen Hund.» Ich wüsste gern, was meine Kritikerin dazu gesagt hätte.

Um die Sache jedoch genauer zu prüfen, wollen wir uns zwei Menschen ansehen, die eine Menge Liebe und Fürsorge für Hunde und andere Tiere gezeigt haben. In diesen beiden Fällen haben die Liebe zu Tieren und der Wunsch, sie zu schützen, tatsächlich das Leben dieser Menschen geprägt. Wenn die Tierliebe, aus welchen Gründen auch immer, zwangsläufig mit Misanthropie verbunden wäre, dann müssten sich diese beiden in Bezug auf Menschen als völlig asozial und lieblos herausstellen. Diese Folgerung beruht auf der Prämisse, dass solche Menschen ihre ganze Herzlichkeit an Tiere wenden und für Menschen keine Zuneigung mehr übrig haben.

Humanity Martin

Im Vereinigten Königreich wird der Beginn des Tierschutzes gewöhnlich Richard Martin zugeschrieben.[3] Martin war ein lachlustiger irischer Hüne mit einem aufbrausenden Temperament, was ihm den Spitznamen «Dick Brausekopf» einbrachte. Er ließ es sich gern gut gehen, und sein Hang zu einer verschwenderischen Lebensweise machte seinen Gläubigern oft große Sorgen. Anfang des neunzehnten Jahrhunderts wurde Martin Abgeordneter für Galway im britischen Unterhaus. Eine seiner ersten parlamentarischen Aktivitäten bestand darin, einen Gesetzesvorschlag einzubringen, mit dem Tierquälerei unter Strafe gestellt werden sollte. Den anderen Abgeordneten sagten seine Vorstellungen nicht zu. Sie reagierten auf seine Reden mit Spott und unterbrachen ihn mit Missfallensäußerungen, Gelächter und Pfiffen. Als er sie aufforderte, zu seinen Vorschlägen Stellung zu nehmen, sprachen sie nicht zu Sache, sondern brachten persönliche Angriffe gegen ihn vor. Sie machten sich über seinen irischen Akzent lustig, zweifelten seine persönliche Integrität an und versuchten sogar, ihn öffentlich als geistesgestört hinzustellen. Martin indessen hatte sich dem Tierschutz verschrieben und gab nicht auf. Als sein erster Gesetzentwurf abgelehnt wurde, brachte er sofort einen neuen ein. Als der bis zu völligen Sinnentleertheit abgewandelt war, legte er dem Parlament einen neuen vor – und so ging es immer weiter.

Martins Kampagne machte keine großen Fortschritte, bis es eines Tages zu einem ziemlich dramatischen Vorfall kam. Er sprach – wieder einmal – über Grausamkeit gegenüber Tieren, als einer seiner Gegner anfing, ihn zu verhöhnen. Der Politiker lachte ihn aus und spottete: «Sie wissen ja selber nicht, was Grausamkeit ist!»

Dieses Mal bemühte Martin sich nicht, seiner Wut Herr zu werden. «Oh, doch, mein Herr. Wenn Sie das hohe Haus mit mir verlassen und mit nach draußen kommen wollen, erkläre ich es Ihnen.»

Die beiden Männer verließen den Sitzungssaal und auch das Parlamentsgebäude. Auf dem Treppenvorplatz blieb der rundliche Politiker stehen und lachte wieder. «Sie wollten mir eine Erklärung geben …»

Martin erwiderte seinen zornigen Blick. Plötzlich schwenkte er seinen prächtigen Spazierstock und streckte seinen Opponenten damit nieder. «Das ist eine kleine Kostprobe davon, mein Herr, was ich unter Grausamkeit verstehe. Möchten Sie noch etwas mehr davon?»

«Nein», stöhnte der Politiker, während er sich vom Boden aufrappelte. «Das war mehr als genug.»

«Sehen Sie, mein Herr», sagte Martin. «Ein armer Hund oder Esel kann nicht sagen, dass er genug oder zu viel davon hat, deshalb muss man ihn schützen.»

Der Opponent sah Martin an. Er schwankte ein wenig und legte Martin dann eine Hand auf die Schulter, um sich zu stützen. «Jetzt verstehe ich es. Es war mir eine schmerzhafte Lehre, aber gerade deshalb will ich Ihr Gesetz unterstützen.»

Der Parlamentarier hielt sein Versprechen. Mit erkennbarer Unterstützung aus den Reihen der gegnerischen Partei wurde der Gesetzentwurf ernster genommen und im Jahr 1822 das erste Tierschutzgesetz verabschiedet. Es war noch sehr lückenhaft, aber Novellierungen sollten es im Laufe der Zeit effektiver machen. Zwei Jahre später gründete Martin den ersten Tierschutzverein in Großbritannien. Er wurde dabei von König George IV. unterstützt, der ihm den Spitznamen «Humanity Martin» gab. Georges Tochter Victoria, die bald darauf Königin wurde, gestattete Martin, dem Verein den Namen *Royal Society for Prevention of Cruelty to Animals* zu geben.

Es dürfte klar sein, dass Martin außerordentlich tierlieb war, wir müssen uns nun aber fragen, ob seine Tierliebe einem verminderten Interesse für seine Mitmenschen entsprach, wie Zyniker uns weismachen wollen. Zu der Zeit, als Martin sein Amt als Parlamentarier antrat, war er in Irland ein reicher Landbesitzer. Er besaß ausgedehnte Ländereien, die sich von Galway bis nach Clifden erstreckten und zu denen die vierzig Meilen lange Straße gehörte, die beide Städte miteinander verband. Martin hätte seinen riesigen Grundbesitz dazu nutzen können, seinen Reichtum ins Ungemessene zu vermehren. Er zog es aber vor, ihn in solchem Umfang zu karitativen Zwecken zu verwenden, dass er dabei unterm Strich einen Großteil seines Vermögens einbüßte. Damals kam es in Irland – wie heute übrigens auch noch – nicht selten zu gewalttätigen Ausschreitungen. Es war nahezu unmöglich, der Unruhen Herr zu werden, und der allgemeine Aufruhr und die herrschende Gesetzlosigkeit hinderten viele Menschen daran, ein normales Leben zu führen. Als die Katholiken wegen ihres Glaubens aus dem Norden vertrieben wurden, schaltete Martin sich ein, um ihnen einen Lebensraum zu schaffen. Er parzellierte Teile seines Landes zu Kleinbauernhöfen und stellte so mehr als tausend Familien pachtfreie Unterkunft und die Möglichkeit zum Erwerb des Lebensunterhalts zur Verfügung. Eine ähnliche Aktion unternahm er zu einem späteren Zeitpunkt; diesmal ließ er auf anderen Abschnitten seines Grundbesitzes Katen als Heimstätten für Flüchtlinge errichten, die durch die napoleonischen Kriege heimatlos geworden waren. Das war bestimmt kein Mann, der nichts für Menschen übrig hatte.

Was Martin für Menschen empfand, lässt sich vielleicht am besten in der Situation erkennen, wo seine Tierliebe scheinbar in Widerspruch zu seiner Menschenfreundlichkeit geriet. In solchen Fällen löste er das Problem oft auf mitfühlende Weise. So wird zum Beispiel berichtet, dass Martin einmal ziemlich wütend wurde, als er einem Straßenhändler begegnete, der seinen Esel mit Obst und Gemüse völlig überladen hatte. Das arme Tier konnte kaum laufen und taumelte unter der Last hin und her. Sein Besitzer nahm die Not des Esels gar nicht wahr. Er versuchte, ihn durch heftiges Rucken an der Leine zu einer schnelleren Gangart anzutreiben. Das machte die Sache nur noch schlimmer, denn mit jedem Ruck wurde das überladene Tier unsicherer auf den Beinen und brach schließlich in die Knie, während sein Besitzer es anschrie und anflehte, aufzustehen und weiterzugehen. Außer sich vor Zorn rief Martin einen in der Nähe stehenden Konstabler herbei und ließ den Eselbesitzer unverzüglich einem Polizeirichter vorführen. In der Verhandlung schilderte Martin als Zeuge eindringlich, was für eine Tierquälerei es gewesen war, dem Esel eine so große Last aufzubürden. Er wies außerdem darauf hin, dass der Händler durch das heftige Reißen und Zerren am Geschirr des Esels das Leiden des Tiers noch vergrößert hatte. Am Ende der Anhörung stimmte der Richter Martin zu. Nach den neuen Tierschutzgesetzen war der Händler eindeutig schuldig. Der Richter verurteilte ihn zu einer Geldstrafe und wies ihn darauf hin, dass eine härtere Strafe folgen würde, wenn er noch mal bei demselben Delikt erwischt würde.

Der arme Gemüsehändler war am Boden zerstört. «Ich bin nur ein armer Mann, Euer Ehren», stöhnte er. «Ich wollte meinem Esel nichts zuleide tun. Ohne die Arbeitskraft dieses Tiers bin ich nicht in der Lage, den Unterhalt für meine Familie zu verdienen. Die Geldstrafe, die Sie mir aufgebrummt haben, ist sehr hoch – zumindest für einen Mann, der so wenig verdient wie ich. Ich weiß nicht, wie ich sie bezahlen soll, und ich mache mir große Sorgen, was aus meiner Frau und meinen Kindern werden soll, wenn ich ins Gefängnis muss.»

Noch ehe der Richter auf diesen Einwand etwas sagen konnte, war Martin schon aufgesprungen. «Euer Ehren, ich denke, dass ich in dieser Verhandlung mein Ziel erreicht habe, und bin überzeugt davon, dass diesem Tier dank Ihrer gerechten und angemessenen Entscheidung kein Leid mehr geschehen wird. Ich bin auch der Meinung, dass mein Vorgehen einem werktätigen Menschen, der so wenig Geld hat, keinen ungebührlichen Kummer bereiten sollte. Deshalb will die ihm vom Gericht auferlegte Geldstrafe ich zahlen.» Dann ging Martin zum Kassierer, bezahlte die Strafe und eilte schnellen Schritts aus dem Gerichtsgebäude – wahrscheinlich um sich sofort nach einem neuen Missstand umzusehen, den er abstellen konnte. Offensichtlich war Martin fähig, Menschen und Hunde gleichermaßen zu lieben.

Hilfe für Mary Ellen

Henry Bergh, der später die *American Society for the Prevention of Cruelty to Animals* gründete, ließ sich sehr viel mehr Zeit damit, seine besondere Zuneigung und Fürsorge für Hunde und andere Tiere zu zeigen.[4] Bergh wurde als Sohn eines erfolgreichen New Yorker Schiffbauers in ein reiches Elternhaus hineingeboren. Bis zu seinem fünfzigsten Geburtstag pflegte er den Lebensstil der vornehmen New Yorker Gesellschaft und tat die Dinge, die von einem reichen jungen Mann mit einer «standesgemäßen» Erziehung erwartet wurden. In seiner Jugend bereiste er Europa, besuchte Sehenswürdigkeiten und schrieb ab und zu Gedichte. Nach seiner Rückkehr in die USA ging er oft ins Theater und hatte, als er sich auf die dramatische Dichtung verlegte, mit seinen Theaterstücken sogar einen bescheidenen Erfolg. Bei diesem Hintergrund ist es nicht weiter verwunderlich, dass Bergh überaus modebewusst war. Man sah ihn fast immer in maßgeschneiderten Anzügen, mit Gamaschen und einem Spazierstock mit geschnitztem Knauf. Berghs Reichtum erlaubte es ihm, die Hälfte des Jahres an teuren und mondänen Treffpunkten der High Society in Amerika und Europa zu verbringen; die restliche Zeit war er zu Hause in New York City. Sein Lebensstil ließ ihn gewandt und sicher auf jedem gesellschaftlichen Parkett auftreten und brachte ihm die Bekanntschaft vieler Politiker und Künstler.

Im Jahr 1863 trat eines von mehreren Ereignissen ein, die Berghs Leben verändern sollten. Nachdem Abraham Lincoln Präsident der Vereinigten Staaten geworden war, besetzte er einige diplomatische Posten neu. Dabei ernannte er Bergh zum neuen Botschaftssekretär in Sankt Petersburg. Es war ein Akt politischer Taktik, der darauf abzielte, sich ein paar reiche und einflussreiche Leute in New York gewogen zu machen. Bergh wurde zu dieser Zeit nur als wohlhabender Dilettant angesehen, der intelligent war, gute Umgangsformen hatte, Kunstverstand besaß und der bei formellen Anlässen ein vorzeigbarer Vertreter der Vereinigten Staaten sein würde. Man hielt ihn zu dieser Zeit für politisch völlig uninteressiert, obwohl er sowohl Lincolns Republikanische Partei als auch die Sklavenbefreiungsbewegung unterstützt hatte, und betrachtete ihn ganz sicher nicht als einen Vorkämpfer für den Tierschutz.

Einen Tag nachdem Bergh sein Amt in Sankt Petersburg angetreten hatte, ging er eine Avenue entlang, als er einen Schmerzensschrei hörte. Er sah die Straße hinunter und erblickte eine Droschke. Es war ein niedriger, vierrädriger, offener Wagen mit einer Bank in der Längsrichtung. Die Fahrgäste saßen auf der Bank, ließen die Beine an den Seiten herunterhängen und stellten die Füße auf eine in Bodennähe angebrachte Stange. Diese Droschken waren billige Personenbeförderungsmittel, aber da sie ringsherum offen waren und infolge der holprigen Straßen hin und her rüttelten, war es nichts Ungewöhnliches, dass Fahrgäste von ihrem Sitz geschleudert wurden und auf die Fahrbahn fielen. Wenn der unglückselige Fahrgast zufällig in die Nähe eines Rads geriet, drohten ihm schwere Verletzungen. Aus der Art der Schreie, die Bergh an jenem Morgen hörte, schloss er, dass eine Frau oder ein Kind von der Droschke herabgefallen und schwer verletzt worden war.

Bergh stürzte los, um zu sehen, ob er irgendwie helfen konnte; als er aber um das Vorderteil des Fahrzeugs bog, stellte er zu seiner Überraschung fest, dass die Laute von einem Pferd ausgestoßen wurden, das von seinem wütenden Kutscher heftig geschlagen wurde. «Obwohl ich sah, dass es nur ein Pferd war, das da so grausam ausgepeitscht wurde, klangen die Schreie in meinen Ohren, als ob sie der Pein eines gequälten Menschen entsprängen. Das brannte wie Feuer in meiner Seele, und als der Kutscher einhielt, starrte ich auf die stumme Kreatur, deren Fell mit Striemen überzogen war. Ich sah in sein dunkelbraunes Gesicht und entdeckte Tränenspuren auf seinen Wangen. Es waren dieselben Tränen der Angst, die ein gequältes, geschundenes Kind vergießen würde.»

Bergh sollte diesen Anblick bis an sein Lebensende nicht vergessen. Er bekannte später: «Ich habe mich nie besonders für Tiere interessiert – obwohl ich immer ein natürliches Mitgefühl mit leidenden Kreaturen hatte. Am allermeisten befremdete es mich, dass die Menschen ungeheuer von diesen Tieren profitierten und ihnen dafür nicht den geringsten Schutz gewährten.» Bergh muss lange und intensiv über diesen Vorfall und die Schlüsse, die man daraus zu ziehen hatte, nachgedacht haben. Er kam sicher verändert aus Russland zurück – als engagierter Vorkämpfer für den Tierschutz. Um die Sache voranzutreiben, benutzte er all die Fähigkeiten, die ihm als Dramatiker gute Dienste geleistet hatten, und seine sämtlichen gesellschaftlichen und politischen Kontakte, um auf Gesetze, Verordnungen und amtliche Sonderprogramme zur Verbesserung der Lage der Tiere hinzuarbeiten. Dazu gehörte auch die Gründung der *American Society for the Prevention of Cruelty to Animals*. Die ASPCA wurde zum Ausgangspunkt für lobbyistische Manöver, und binnen kurzem hatten Bergh und seine Helfer Druck genug auf

Politiker ausgeübt, dass New York strenge substanzielle Tierschutzgesetze bekam, die zum Modell für die Tierschutzgesetzgebung in anderen Staaten der USA wurden.

Es ist interessant festzustellen, dass an Bergh oft dieselbe Art Kritik geübt wurde, nachdem er die ASPCA gegründet hatte, wie meine Kritikerin sie an mir geübt hat und wie sie an Hundeliebhabern im Allgemeinen geübt wird. Bergh wurde häufig in Zeitungen kritisiert, in denen behauptet wurde, dass er Tiere mehr liebe als Menschen. Der Herausgeber einer Sportillustrierten schrieb: «Er zieht durch die Lande und hält Ausschau, wo Hunde und Katzen, Kühe und Droschkengäule misshandelt werden. In seinem Eifer schreckt er nicht davor zurück, eine voll besetzte Pferdebahn anzuhalten, wenn er der Meinung ist, dass das Zugtier überanstrengt ist. Welch schlechte Verwendung von Kräften, wenn gleichzeitig unzählige Kinder hungern und geschlagen werden. Die Jungen und Schwachen unseres Menschengeschlechts werden zu qualvoller Schwerarbeit gezwungen. Mr. Bergh würde besser daran tun, sich zuerst um die eigenen Artgenossen zu kümmern, als seine Kräfte an vierbeinige Kreaturen zu verschwenden, die Gott zu Nutz und Frommen des Menschen geschaffen hat.»

Hatte Bergh wirklich keine Gefühle für Menschen, weil zu viel von seiner Liebe und Fürsorge Tieren vorbehalten war? Sehen wir uns die Fakten an. In den Großstädten dieser Zeit, wie zum Beispiel Berghs New York, mussten viele Kinder betteln, stehlen und Straßen fegen, um zu überleben. Manche wurden zur Fabrikarbeit unter allerschlechtesten Bedingungen gezwungen, mussten für einen Hungerlohn die längste Zeit des Tages Schwerstarbeit verrichten. Andere mussten auf den schmutzigen Straßen leben und schlafen – und manchmal auch sterben. Bergh hatte fraglos mitgeholfen, dass Tierschutzgesetze erlassen wurden. Es gab aber zum Kinderschutz noch keine nennenswerte Rechtsprechung, auf die man sich hätte berufen können.

Das galt bis zum Beginn des Jahres 1874. Da rief ein extremer Fall von Kindesmisshandlung Bergh auf den Plan.

Das Ganze begann mit einer Mrs. Etta Wheeler, der Mitarbeiterin einer Kirche, die sich bemühte, etwas für die Menschen zu tun, die in den Mietskasernen arbeiteten. Ein Mitglied der Kirche war sehr bekümmert über die grausame Behandlung, die einem Mädchen namens Mary Ellen zuteil wurde, und sprach mit Mrs. Wheeler darüber in der Hoffnung, dass sie etwas dagegen unternehmen konnte.

Das Kind Mary Ellen war als *indentured servant* (an einen befristeten Vertrag gebundene Dienstbotin) im Haus eines Maurers beschäftigt. Die Institution der *indentured servants* ist heute nicht vielen Leuten bekannt, hat aber eine lange Geschichte. Im Wesentlichen war es eine Art Kontraktarbeit: Jemand, der bei einem anderen in der Schuld stand, schloss mit seinem Gläubiger einen befristeten Dienstvertrag und arbeitete sein Obligo ab. Das Los mancher *indentured servants* war oft schlimmer als das der Sklaven vor dem Bürgerkrieg. Das war unter wirtschaftspolititschen Gesichtspunkten insofern logisch, als Sklavenbesitzer ihre Sklaven als Langzeitinvestitionen betrachteten, deren Wiederverkaufs- und Langfristwert sinkt, wenn sie schlecht behandelt werden. Auf der anderen Seite wurden die kurzfristigen *indentured servants* unter Umständen fast zu Tode misshandelt, weil ihre «Besitzer» nur ein kurzes, vorübergehendes Interesse an ihnen hatten und sie wieder weggingen, wenn ihr Vertrag erfüllt war. Für arme Familien wurde die Institution der *indentured servants* in anderer Weise von Bedeutung, die darauf hinauslief, dass Eltern ihre Kinder in die Sklaverei verkauften. Das sah so aus, dass ein Elternteil sich Geld lieh und dafür ein Kind gewöhnlich für einen Zeitraum von sieben Jahren oder länger als *indentured servant* verdingte. So war es auch bei Mary Ellen gewesen.

Selbst an dem gemessen, was zu damaliger Zeit an schlechter

Behandlung dieser Dienstboten an der Tagesordnung war, war die Zeit als *indentured servant* für Mary Ellen die reinste Hölle. Das Kind wurde jeden Tag mit der Lederpeitsche geschlagen, und ihre Schreie konnten Dutzende von Nachbarn in den überfüllten Mietskasernen hören. Mrs. Wheeler hatte mehrere Monate versucht, der kleinen Mary Ellen zu helfen. Aber jedes Mal, wenn sie sich der Wohnung näherte, wurde sie mit Beschimpfungen empfangen, und man schlug ihr die Tür vor der Nase zu. Dann versuchte Mrs. Wheeler, den Arm des Gesetzes zum Eingreifen zu bewegen. Sie ging zur Polizei und berichtete, was sich da abspielte. Die Polizei wies sie jedoch lediglich darauf hin, dass im Vertrag den Dienstherren die volle elterliche Gewalt über das Kind übertragen war. Nach dem Gesetz galten sie für die Dauer des Arbeitsvertrags als Adoptiveltern des Kindes, und es gab kein Gesetz, dass Eltern beziehungsweise Adoptiveltern daran hindern konnte, ihre Kinder körperlich zu züchtigen. Unglücklicherweise hatte man keinerlei Handhabe, Mary Ellen ihren Peinigern wegzunehmen. Jeder Versuch, es dennoch zu tun, hätte nach dem Gesetz als Störung und Verletzung der Eltern-Kind-Beziehung gegolten, was zur damaligen Zeit praktisch etwas nie Dagewesenes war. Und als Mrs. Wheeler verschiedene kirchliche Organisationen um Hilfe bat, erging es ihr nicht besser. Man sagte ihr, dass man ebenso wenig tun könne wie die Polizei, wenn die Familie, bei der Mary Ellen als *indentured servant* arbeitete, auf humanitäre Appelle nicht reagiere.

Mrs. Wheeler war enttäuscht und wurde immer deprimierter, weil sie dem unglückseligen Kind nicht helfen konnte. Schließlich fragte ihre Nichte: «Wenn sonst niemand diesem misshandelten Kind helfen will, warum gehst du dann nicht zu Mr. Bergh? Er war es, der sich um das Wohlergehen der Tiere gekümmert hat, und ich habe einsehen gelernt, dass wir Menschen nur höhere Tiere sind.» Zu allem bereit, was versprach, dem Kind zu helfen, machte sich Mrs. Wheeler sofort auf den Weg. In nicht mehr als einer Stunde nach diesem Gespräch kam sie in der Zentrale der ASPCA an. Dort schaffte sie es durch ihr flehentliches Bitten, sie brauche unbedingt Berghs Hilfe, dass sie sofort mit ihm sprechen konnte. Sie saß in seinem formidabel eingerichteten Büro und erzählte noch einmal Mary Ellens Geschichte.

«Wenn die Polizei sagt, dass es keine rechtliche Grundlage zum Eingreifen gibt, Mrs. Wheeler, was soll ich Ihrer Meinung nach dann tun?», fragte Bergh betroffen.

«Mr. Bergh», erwiderte sie. «Sie schützen die stumme Kreatur, weil sie absolut hilflos gegenüber menschlicher Grausamkeit ist. Sagen Sie mir, gibt es etwas Hilfloseres als ein schutzloses Kind? Wenn Sie aus anderen Gründen nicht eingreifen können, dann finden Sie vielleicht einen Weg, an das Kind heranzukommen mit der Begründung, dass es eine leidende kleine Kreatur der menschlichen Rasse ist.»

Bergh stand auf und sagte: «Ich werde das für Mary Ellen tun, und vielleicht wird es auch anderen helfen, die sich in derselben Lage befinden.»

Um das Ende der Geschichte zu erfahren, müssen wir uns an den Zeitungsreporter und Fotografen Jacob A. Riis halten, der später ein einflussreicher Sozialreformer wurde.[5] Riis war 1874 noch nicht ganz ein Jahr Gerichtsreporter für das New Yorker Stadtgebiet Lower East Side. Jemand hatte ihm einen Wink gegeben, dass Bergh an diesem Tag vor Gericht erscheinen würde, und zwar nicht in einer Sache, bei der es um einen Hund oder ein anderes Tier, sondern um ein Kind ging. In Anbetracht von Berghs hohem Bekanntheitsgrad hielt Riis es für möglich, dass es da eine Story für ihn gab, und machte sich schleunigst auf den Weg zum Gericht. Er beschrieb den Vorgang dann mit folgenden Worten:

«Ich befand mich in einem Gerichtssaal voller Menschen mit ernsten, bleichen Gesichtern. Ich sah, wie ein Kind auf einer

Pferdedecke hereingetragen wurde, bei dessen Anblick Männer laut aufschluchzten. Es wurde dem Richter zu Füßen gelegt, der das Gesicht abwandte, und in die Stille des Gerichtssaals hinein hörte ich die Stimme von Henry Bergh.

‹Das Kind ist eine Kreatur›, sagte er. ‹Wenn es als menschliches Wesen rechtlos ist, soll es zumindest die Rechte haben, die einem Straßenköter zustehen. Es soll nicht misshandelt werden.› Und ich als Zuschauer im Gerichtssaal wusste, dass ich mich an dem Ort befand, wo unter den Auspizien des Tierschutzgesetzes das erste Kapitel des Kinderschutzgesetzes geschrieben worden war. Denn von diesem schmuddeligen Gerichtssaal, aus dem eine böse Frau ins Gefängnis wanderte, nahm die *New York Society for the Prevention of Cruelty to Children*, mit allem, was sie für die Welt bedeuten sollte, ihren Anfang.»

Und Riis hatte Recht. Die Anfänge der Kinderschutzbewegung datierten auf den Moment, als die Menschen nach dem Ende der Verhandlung mit ernsten Gesichtern einer nach dem anderen den Gerichtssaal verließen. Unter der Tür blieb Mrs. Wheeler stehen, um Bergh zu danken. Sie sah ihn mit noch vom Weinen geröteten Augen an und fragte: «Könnte man nicht einen Kinderschutzbund gründen und so für misshandelte Kinder das tun, was sich bei Tieren so bewährt hat?»

Bergh nahm ihre Hand und antwortete mit ruhiger, fester Stimme: «Das brauchen Sie mich nicht zu fragen, Mrs. Wheeler. In dem Moment, als ich Mary Ellen zum ersten Mal sah, hatte ich auch schon beschlossen, dass es einen geben soll.»

Den neuen Kinderschutzbund hatte sich Bergh als eine von der ASPCA unabhängige Organisation gewünscht. In über dreihundert Zusammenschlüssen in Nordamerika hingegen sind Kinderschutz- und Tierschutzbewegungen unter einer Flagge vereint. Die Gründer dieser Organisationen waren der Meinung, dass die meisten Menschen dem Beispiel Henry Berghs folgen konnten. Sie sagten sich, dass das menschliche Herz

Raum genug hatte für die Liebe zu Tieren und Kindern und anderen hilfsbedürftigen Menschen. Wie die Beispiele Richard Martin und Henry Bergh deutlich zeigen, wird durch eine Zuneigung, ja selbst durch eine leidenschaftliche und das Leben beherrschende Passion für Tiere der Vorrat an Liebe und Herzlichkeit, über den ein Mensch verfügt, nicht erschöpft – es ist noch genug davon da, um Menschen genauso zu lieben und für sie zu sorgen. Man könnte sich fragen, ob nicht vielleicht auch der umgekehrte Fall zutrifft. Könnte es nicht sein, dass, wer Hunde und andere Tiere nicht liebt, auch Menschen nicht wirklich lieben kann?

3

Hunde als Imagepfleger

Es gibt vielerlei Gründe, warum man sich einen Hund anschafft. Manchmal *braucht* man einen Hund für eine bestimmte Aufgabe, zum Beispiel damit er Rebhühner apportiert, wenn wir auf der Jagd sind, Schafe hütet, unsere Wohnung beziehungsweise unser Geschäft bewacht oder einfach nur unser Gefährte ist. In manchen Fällen ist unsere Wahlfreiheit eingeschränkt durch die instinktive Intelligenz und die physische Leistungsfähigkeit der einzelnen Rassen. Es macht keine große Mühe, einem Collie oder einem Australischen Schäferhund beizubringen, eine Schaf- beziehungsweise Rinderherde oder sogar eine Schar Gänse zusammenzuhalten und weiterzutreiben. Ein Dobermann oder ein Airedale dagegen lernt das nie, da ihre natürlichen Instinkte mehr auf das Jagen und Zersprengen der Herde ausgerichtet sind, während die winzigen Lhasa Apso oder Shih-Tzu, obwohl sie Hüteinstinkte haben, einfach zu klein und zu langsam für diese Aufgabe sind.

Benötigt man jedoch eine andere Eignung, wie zum Beispiel die zum Wachhund, ist die Auswahl sehr viel größer. Die Aufgabe eines Wachhunds ist es, Alarm zu schlagen, wenn jemand sich dem Haus nähert. Zwar fallen einem hier vielleicht als Erste Rottweiler, Boxer und Deutsche Schäferhunde ein, doch können Dachshunde, Yorkshire-Terrier und sogar Chihuahuas sie effektiv erledigen. Der Grund ist, dass auch kleine Hunde Krach machen. Hundegebell wird in jedem Fall die Hausbewohner durchschlagend alarmieren und einen potenziellen Einbrecher wahrscheinlich die Flucht ergreifen und sich nach einem ruhigeren Arbeitsplatz umsehen lassen. Ein Beispiel: Der schottische Dichter Sir Walter Scott, am bekanntesten durch seine Romane *Ivanhoe* und *Rob Roy*, bekam einmal zum Thema Wachhund einen Rat aus einer sehr zuverlässigen Quelle. Scott begann seine Laufbahn als Anwalt und arbeitete in der Kanzlei seines Vaters. Zu seinen ersten Auftritten bei Gericht gehörte die erfolgreiche Verteidigung eines Einbrechers. Der Mann war in Wirklichkeit schuldig, nicht nur des Verbrechens, für das man ihn angeklagt hatte, sondern auch noch mehrerer anderer. Aber er gab Scott den folgenden klugen Rat: «Halten Sie sich immer einen kleinen Hund, der bellt, statt einem großen, den Sie vielleicht für einen Furcht einflößenden Beschützer halten, der aber wahrscheinlich die meiste Zeit schläft. Die Größe zählt nicht, bloß der Lärm.» Scott beherzigte diesen Rat und hielt sich immer Terrier, wachsame Hündchen, die jederzeit bereit sind, Laut zu geben, wenn sie ein ungewohntes Geräusch hören oder wenn sich ein Fremder dem Haus nähert.

Bei vielen anderen Verwendungszwecken ist die Auswahl unter den Rassen ebenfalls groß. Angenommen, Sie sind Entenjäger und suchen einen Hund, der Ihnen Ihre Jagdbeute apportiert. Für die meisten Leute sind die klassischen Apportierhunde die einzigen Hunde, die sie sich für diese Aufgabe vorstellen können: den Labrador-Retriever, den Flat Coated Retriever, den Chesapeake-Retriever und so weiter. Zwar machen diese Hunde ihre Arbeit sehr gut und brauchen kaum Training, aber Pointer, alle Arten Setter, die meisten großen und kleinen Arten Spaniels und sogar Pudel können Jagdvögel genauso apportieren. Pudel in der Rolle als Apportierhunde, das dürfte die meisten Menschen überraschen, aber diese Rasse war ursprünglich tatsächlich als Jagdhund gezüchtet. Urvater des Pudels ist der heute ausgestorbene Europäische Wasserhund, von dem außerdem der Portugiesische Wasserhund, der Irische Wasserspaniel und der Amerikanische Wasserhund abstammen. Wenn beide, der Pudel wie der Labrador-Retriever, die Aufgabe erledigen können, was könnte dann den einen Menschen dazu veranlassen, den Labrador, und einen anderen, den Pudel auszuwählen?

Das passende Erscheinungsbild für die Aufgabe

Warum bestimmte Hunde ausgewählt werden und andere nicht, hängt ebenso sehr vom Wesen des Menschen wie von dem des Hundes ab. Es lässt sich nicht leugnen, dass die Wahl einer Hunderasse mitunter eng mit dem Bild zusammenhängt, das wir für andere Menschen abgeben möchten. Man sollte die Bedeutung des Images, das ein Hund seinem Besitzer verleiht, nicht unterschätzen. Das veranlasst Menschen mitunter dazu, bestimmte Hunderassen aus der Wahl auszuschließen, zu denen sie sich gefühlsmäßig hingezogen fühlen, einfach nur weil sie das Gefühl haben, dass sie mit Hunden von einer speziellen Art oder Größe «nicht das richtige Bild abgeben würden». Manchmal spielt die Frage, welches Image ein Hund fördert, auch dort eine Rolle, wo man annehmen würde, dass seine Leistungsfähigkeit wichtiger ist als sein Aussehen. Das ist mir vor ein paar Jahren in Kalifornien klar geworden.

Man hatte mich nach Van Nuys in Kalifornien zu einem Vortrag vor der California Narcotic Canine Association eingeladen, einer Gesellschaft, die Drogenfahnder, die mit Hunden arbeiten, ausbildet und berät. Ich sah mich von ein paar hundert Polizisten umgeben, die mit etwas zusammenarbeiteten, was sie liebevoll «Drogenhunde» nannten. Das ist eine Gruppe intelligenter, engagierter Polizeibeamter, denen ihr Beruf und ihr Hund wirklich am Herzen liegen; sie waren hier, um an Fortbildungskursen teilzunehmen, die ihnen nicht zuletzt auch helfen sollten, ihre Hunde besser zu verstehen und auf ihre Bedürfnisse einzugehen.

Jeder weiß, dass der Geruchssinn eines Hundes besser ist als der eines Menschen, aber man ist sich vielleicht nicht bewusst, was für eine feine Nase ein Hund hat. Er hat um die zweihundertzwanzig Millionen Geruchsrezeptoren in der Nase gegenüber dem durchschnittlichen Menschen mit lediglich fünf Millionen. Oder anders ausgedrückt, würde man die Nasenschleimhaut des durchschnittlichen Hundes vollkommen flach ausbreiten, dann würde sie sieben Quadratmeter bedecken (eine Fläche, die größer ist als die äußere Oberfläche des durchschnittlichen Hundes), während die Fläche unserer eigenen Nasenschleimhaut nur einen halben Quadratmeter betrüge (weniger als eine Zeitungsseite). Dank diesem Prä können Hunde Gerüche ausmachen, die so schwach sind, dass sogar unsere empfindlichsten wissenschaftlichen Instrumente sie nicht erkennen können.

Auf den Gedanken, Hunde als Drogenhunde einzusetzen, kam man in den späten 1960er Jahren. Seit dieser Zeit werden Hunde zum Aufspüren von Marihuana, Heroin, Kokain, Sprengstoff und landwirtschaftlichen Produkten wie Obst oder Gemüse ausgebildet, deren Einfuhr in bestimmte Länder verboten ist. Heutzutage haben die meisten größeren Polizeieinheiten Drogenhunde, und man begegnet ihnen häufig an Grenzübergängen und internationalen Flughäfen, wo das Schmuggelgut im Regelfall ins Land geschleust wird.

Eine Reihe von Drogenhunden hat es dank individueller Qualifikation zu erklecklichem Ruhm gebracht. Da gab es zum Beispiel das Team von Rocky und Barco, zwei Belgischen Malinois-Hunden, die zu Hauptwachtmeistern ehrenhalber des Drogendezernats der texanischen Staatspolizei ernannt wurden. Allein im Jahr 1987 schufen Rocky und Barco die Voraussetzungen für mehr als zweihundertfünfzig Verhaftungen und Beschlagnahmen von Drogen im Handelswert von über dreihundert Millionen Mark. Die mexikanischen Drogenschmuggler, die von diesen Aktivitäten am meisten betroffen waren, gerieten so in Wut, dass sie für jeden Hund ein Kopfgeld von siebzigtausend Dollar aussetzten. Das mag einem zwar als eine horrende Belohnung vorkommen, reicht aber bei weitem nicht an die Millionen Dollar heran, die kolumbianische Drogenbosse auf den Kopf des Labrador-Retrievers Winston der britischen Regierung ausgesetzt hatten, der sie fast den Gegenwert von einer Milliarde Dollar an konfiszierten Drogenlieferungen gekostet hatte.

Manche von diesen Drogenhunden werden tatsächlich wie «Stars» behandelt, und viele Polizeidienststellen in Städten und Kreisen der USA verteilten ihnen zu Ehren *Hundesammelkarten*. Im Jahr 1993 legte die amerikanische Zollbehörde zum Beispiel die «Superdrogenspürhund»-Sammelkartenserie auf. Das sind Karten aus Hochglanzpapier, auf denen statt Baseball-, Basketball- oder Hockeystars besondere Drogenhunde farbig abgebildet sind. Auf der Rückseite sind der Name des Hundes, seine Rasse, sein Alter, sein Gewicht und die Nummer auf seiner Dienstmarke angegeben. Statt durchschnittlicher Trefferquote und Gesamtpunktzahl steht dort die «Gesamtzahl der Festnahmen, die seiner Vorarbeit zu danken sind» sowie eine kurze Beschreibung von einigen seiner wichtigsten Heldentaten. Cliff, ein Deutscher Schäferhund, der für die Polizei von Kansas arbeitet, hatte so viele tolle Leistungen aufzuweisen, dass der Staat ihm allein eine ganze Hundesammelkartenserie widmete, von der ihn jede Karte bei der Arbeit an irgendeinem anderen Projekt zeigt.

Meine Aufgabe bei dem Meeting in Kalifornien war es, darüber zu sprechen, unter welchen Gesichtspunkten man am besten Hunde für die Arbeit bei der Drogenfahndung auswählt. Das ist im Grunde eine sehr einfache Aufgabe, wenn man sich nur für die Spürnase des Hundes interessiert. Im Prinzip kann jede Hunderasse diese Arbeit machen, da alle Hunde eine außerordentlich feine Nase haben. Es ist aber wahrscheinlich besser, von Hunden mit sehr kurzen und gequetschten Gesichtern wie der Englischen Bulldogge oder Pekinesen Abstand zu nehmen, vor allem, weil sie für mancherlei Atmungsprobleme anfällig sind, und es ist ziemlich schwierig, etwas zu riechen, wenn einem dauernd die Nase läuft. Von einiger Bedeutung ist das Geschlecht des Hundes, da einige wissenschaftliche Studien darauf hindeuten, dass Rüden die etwas besseren Spürhunde sind. Diese geschlechtsspezifische Besonderheit ist vielleicht kein Unterschied in der rein biologisch bedingten Sensibilität des Riechorgans, sondern eine Folge des Umstands, dass Rüden täglich ihre Nase ausgiebiger bei territorialen und sexualitätsbezogenen Aktivitäten einsetzen.

Natürlich gehört zu einem guten Drogenhund mehr als nur die Fähigkeit, eine Fährte aufzunehmen. Er muss zur Zusammenarbeit mit Menschen bereit sein, muss fähig sein, einigermaßen schnell zu lernen und so weiter. Es gibt außerdem eine ganze Menge Beweise dafür, dass Übung die Spürfähigkeit bei Hunden erheblich verbessert. Aber selbst wenn man diese Überlegungen in Betracht zieht, bleiben trotzdem noch Dutzende Hunderassen – große, mittlere, kleine und sogar ganz kleine –, die diese Arbeit machen können.

Ich unterhielt mich eine ganze Weile mit Beamten, die in dieser Woche mit Drogenhunden zusammenarbeiteten. Dabei trat eines ganz deutlich zutage: dass es für sie alle eine große Rolle spielte, welche spezielle Hunderasse mit ihnen im Einsatz war. Faktisch waren Drogenhunde alles Tiere aus großen Rassen wie Malinois, Deutsche Schäferhunde, Labrador-Retriever, Dobermänner, Rottweiler. Solche großen Hunde braucht man auf Streife und zur Ergreifung von Straftätern, da es häufig wichtig ist, dass der Hund groß genug ist, um einen Straftäter umzuwerfen, und gefährlich genug wirkt, um einen Verdächtigen zu stellen. Im Verlauf meines Vortrags wies ich jedoch darauf hin, dass für bestimmte Aufgaben beim Aufspüren von Drogen große Hunde nicht besser geeignet waren als viele kleine. Als ich das sagte, fingen viele meiner Zuhörer an zu glucksen. Ein Polizist deutete auf einen anderen und spottete: «Hey, er versucht sogar, mit einem Springer-Spaniel zu arbeiten.»

Der Angesprochene wand sich und sagte: «Lass gut sein, der macht seine Arbeit sehr ordentlich.»

Ein anderer Polizist rief: «Kommen Sie, Sie wollen doch nicht sagen, dass so etwas wie ein Zwergpudel diesen Job machen kann?»

«Doch», erwiderte ich.

«Na ja, ich würd lieber zur Verkehrspolizei zurückgehen, als mich mit'm Staubwedel an der Leine auf der Straße blicken zu lassen.»

Die Flachserei ließ erkennen, dass sich alle anwesenden Polizeibeamten einig waren. Für sie ging es nicht nur darum, ob der Hund in der Lage war, Drogen aufzuspüren, für sie war sein Äußeres wichtig. Es sagte etwas aus über die Person am anderen Ende der Leine, und für jemanden bei der Polizei war das, was ein kleiner, zarter Hund aussagte, unvereinbar mit dem Image des knallharten Burschen, das er von sich verbreiten wollte.

Während ich dasaß und mich mit einer Reihe von Polizeibeamten unterhielt, trat der Unterschied zwischen den Hunden, die sie sich für ihr Image, und denen, die sie sich als Begleiter ausgewählt hatten, deutlich zutage. Da waren nicht selten «ganz andere Hunde» zu Hause. Ein Polizist hatte preisgekrönte Lhasa Apsos zu Hause, ein anderer Shih Tzus. Diese winzigen, flaumigen Hunde passten ganz und gar nicht zu ihrem Image. Der eine legte Wert auf die Feststellung mir gegenüber, dass die Hündchen zu Hause eine Idee seiner Frau wären und dass sie ihr gehörten. Der andere gab zu, dass er seine kleinen Hunde liebte. Er gestand: «Ich habe lange Zeit niemandem erzählt, dass wir Toyhunde haben. Ich hatte Angst, dass ich deswegen endlos gehänselt werde. Aber Tatsache ist, dass ich diese kleinen Kerle wirklich mag. Na schön, es sind keine Gebrauchshunde, aber das müssen sie ja auch nicht sein. Und als es schließlich herausgekommen ist (Sie müssen wissen, dass man vor anderen Polizisten nichts geheim halten kann), musste ich eine Menge Spott über mich ergehen lassen. Aber weil ich meinen Dienst auf der Straße mit einem *richtigen* Polizeihund machte, haben es die Burschen zu guter Letzt aufgegeben. Unter uns beiden, wenn meine Kumpels mich mal zu Hause besuchen, dann endet es damit, dass sie meine Hunde wie richtige Hunde behandeln – ich meine wie große Hunde –, zum Beispiel streicheln sie sie und so weiter und geben keinerlei Anzeichen von sich, dass es ihnen peinlich ist, sich mit ihnen abzugeben oder so.»

Es war nicht zu verkennen, dass hier immer noch eine gewisse Ambivalenz mit im Spiel war, aber immerhin hatte er bei seinem Dienst auf der Straße einen «richtigen Polizeihund» bei sich, und daher blieb sein Image intakt.

Es gab ein interessantes Nachspiel zu diesem speziellen Meeting. Anfang des Jahres lernte ich einen Mann kennen, der für die U.S. Drug Enforcement Agency (DEA) arbeitet. Er erzählte mir, dass die DEA angefangen hatte, kleine Hunde wie zum Beispiel Zwergpudel an Flughäfen einzusetzen. «Im Terminal kann man einen großen Hund schon von weitem erkennen, und viele Leute weichen ihm aus, weil sie nicht in die Nähe von etwas kommen möchten, das aussieht, als könnte es ein Drogenhund sein. Andererseits beachten sie die kleinen Hunde gar nicht oder ziehen sogar die ‹Was-für-ein-niedliches-Hündchens›-Nummer ab und spielen mit ihnen. Diese Leute haben nicht den leisesten Verdacht, dass irgendetwas nicht stimmen könnte, bis man sie mitsamt den Drogen, die sie bei sich haben, hochgehen lässt.»

Mir fiel meine Erfahrung bei der California Narcotic Canine

Association ein, und ich fragte ihn nach Imageproblemen bei den Beamten, die mit kleinen Hunden Dienst taten. «Na ja, einigen von ihnen war der Gedanke nicht besonders angenehm, im Dienst mit einem ‹Schwulenhund› gesehen zu werden. Zum Mitmachen brachten wir sie, indem wir ihnen erklärten, dass es sich um eine Undercover-Aktion handele und der Hund eigentlich auch ein verdeckter Ermittler sei – eine Art verkleideter Drogenhund – in Kostüm und Maske sozusagen. Kaum hatten wir die Sache so dargestellt, fühlten sie sich gleich viel wohler. Undercover-Arbeit ist spitze und machomäßig, ganz gleich, in welcher Aufmachung man auftritt und was man zu tun hat.»

Hunde von Reichen und Berühmten

Das Imageproblem spielt auch für Menschen eine große Rolle, die in den Medien auftreten oder sonst wie im Blickpunkt der Öffentlichkeit stehen. Für manche Zelebritäten wird der Hund, mit dem sie gesehen werden, zu einem Selbstkommentar, der der Mitwelt verdeutlicht, wer sie sind. Eine ganze Reihe von diesen Leuten wählt eine Hunderasse aus, die sie als Erweiterung ihres Selbstbilds betrachtet. Nehmen wir zum Beispiel Gerald McClellan, den früheren Titelhalter im Mittelgewicht der World Boxing Commission. McClellan hielt sich ein ganzes Haus voller Pitbulls. «Wenn ich trainiere, denke ich an meine Hunde», sagte er. Dann erzählte er weiter von seinem Kampf gegen Julian Jackson um die Weltmeisterschaft im Mittelgewicht. Es war ein erbitterter Kampf mit heftigen Schlägen, der die Menge zum Toben brachte. Plötzlich hielten alle die Luft an, als McClellan offensichtlich infolge eines Tiefschlags von Jackson in die Knie ging.

«Mann, der hat mir wehgetan. Ich sah hoch und dachte, ich muss aufstehen – meine Hunde würden aufstehen. Ich kann nicht aufgeben – meine Hunde geben auch nicht auf.» McClellan stand tatsächlich auf und stürzte sich mit einer solchen Angriffslust auf Jackson, dass er noch in derselben Runde einen technischen K. o. erzielte und den Ring als Titelhalter verließ.

Vielleicht waren es die Pitbulls, mit denen er sich identifizierte, die McClellan auch in seinem letzten Kampf gegen Nigel Benn in London zum Weitermachen motivierten. Wieder ging es um den Weltmeistertitel im Mittelgewicht, und wieder gab McClellan nicht auf. Der Kampf endete damit, dass er mit einem Knie auf dem Boden mitanhörte, wie der Kampfrichter ihn auszählte und damit seine Zeit als Weltmeister beendete. Was zu diesem Zeitpunkt niemand wusste: McClellan hatte auch dann noch weitergekämpft, als es mit Rücksicht auf die gesundheitlichen Risiken für ihn längst nicht mehr zu vertreten war. Er hatte eine Gehirnblutung, und in diesem Moment bildete sich ein Blutgerinnsel. Er schaffte es gerade noch bis in seine Ecke, ehe er zusammenbrach. McClellans nächster Kampf sollte in einem Krankenhaus stattfinden und ums nackte Überleben gehen – und vielleicht hat ihm die Inspiration, die seine Hunde ihm sonst immer vermittelten, auch dabei geholfen.

McClellans Neigung, sein Selbstbild mit dem seiner Hunde in eins zu setzen, zeigte sich deutlich bei einem Interview, das er einmal Tom Junod für *Sports Illustrated* gab. Zu dieser Zeit hatte McClellan vier Pitbulls. Die Zahl schwankte allerdings, da die Rüden gelegentlich miteinander kämpften und dabei hin und wieder ein Hund getötet wurde. Junod fragte McClellan, ob er schon mal dran gedacht hätte, seine Hunde kastrieren zu lassen. Es entstand eine merkliche Pause, ehe er Boxer antwortete, und er tat es dann mit gepresster Stimme, in der sich unterdrückte Empörung verriet, so als ob er soeben persönlich angegriffen oder beleidigt worden wäre.

«Kastrieren lassen? Sie meinen … ihnen die *Eier* abschneiden lassen? Warum sollte ich ihnen die Eier abschneiden? Ich würde mir ja auch von niemand *meine* Eier abschneiden lassen, und meine Hunde sind meine besten Freunde, warum sollte ich ihnen von irgendjemand die Eier abschneiden lassen?» Seine Stimme war eine Oktave höher als gewöhnlich, und auf seinem Gesicht erschienen Zornesflecken. «Sie kämpfen ab und zu miteinander – na und? Zwei Männer können nicht im selben Haus wohnen. Zwei Männer können nicht gleichzeitig der Boss sein. Deshalb kämpfen sie miteinander. Ich meine, ich liebe meinen Bruder, aber wir haben uns andauernd in der Wolle. Meine Hunde kastrieren lassen? Nein. Nein. Auf gar keinen Fall.»

Groß gewachsene Männer, vor allem Berufssportler, deren Körperkraft und athletische Konstitution zu ihrem Image gehören, neigen dazu, sich große, kräftige Hunde auszuwählen, die dann zu einem Teil des Bildes werden, das sie der Mitwelt von sich präsentieren wollen. Jemand wie Curt Schilling, ein Werfer bei den «Philadelphia Phillies», der von seinen Mitmenschen als Spitzenathlet und Leistungsträger gesehen werden möchte, hält es anscheinend für angemessen, sich mit einer Schar von Rottweilern zu umgeben. Es genügt schon, mit Hunden gesehen zu werden, die als groß, kraftvoll, energiegeladen und standfest gelten, um sich als Besitzer das Image zu erwerben, genauso zu sein. Heutzutage betrachtet man Rottweiler als massige, dominante, gefährliche Hunde.

Natürlich können diese bekannten Persönlichkeiten ihre Hunde nicht dauernd bei sich haben. Einige von ihnen haben aber eine Möglichkeit gefunden, trotzdem von ihrem Image zu profitieren. Sie bewerkstelligen das, indem sie das Bild ihres Hundes immer gut sichtbar mit sich führen. So zum Beispiel der Profibaseballer Greg Vaughn, ein Außenfeldspieler bei den «Milwaukee Brewers», und ebenso der Footballer Bryant Young, Defensive Lineman bei den «San Francisco '49ers». Beide Männer tragen das Konterfei ihrer Rottweiler als auffällige Tätowierung auf ihrer Haut.

Außer Rottweilern und Pitbulls suchen sich Profispitzensportler auch Dobermänner, Akitas, Mastiffs und Deutsche Doggen zur Verstärkung ihres Images aus. Da ist zum Beispiel Evander Holyfield, Boxweltmeister im Schwergewicht. Er besitzt eine Fünfhundert-Morgen-Farm mit einer weitläufigen Zwingeranlage und einem Rudel Akitas. Er hatte einmal einen Deutschen Schäferhund namens Ego. Anscheinend hatte Ego «nicht genug Feuer in sich oder so» für das Image, das Holyfield von sich verbreiten wollte, deshalb umgibt er sich jetzt mit einer Schar Akitas, die größer, kräftiger und aggressiver sind. Da Akitas nicht selten recht aggressiv gegen andere Hunde sind, ihre eigenen Rassegenossen eingeschlossen, kommt es häufig zu Kämpfen unter Holyfields vierbeinigen Freunden. Er betrachtet diese Ausbrüche von Feindseligkeit nicht als Problem. Er deutet jeden Ausdruck von Aggressivität als ein Zeichen für die Unbezähmbarkeit seiner Hunde. «Es sind ruppige Hunde, und manchmal müssen sie sich ruppig benehmen, um das zu beweisen.»

Holyfields berühmtester Gegner war wohl Mike Tyson.[1] 1986 war Tyson der jüngste Weltmeister im Schwergewicht. Sechs Jahre später kam er wegen Vergewaltigung ins Gefängnis und versuchte dann nach seiner Freilassung ein Comeback als Boxer. 1997 stand Tyson in einem Kampf um die Weltmeisterschaft wieder Holyfield gegenüber, der in Las Vegas stattfand. Das Ganze endete in einer Katastrophe: Tyson wurde förmlich zum Berserker im Ring und biss Holyfield ein Stück von seinem Ohr ab. Blut spritzte durch die Gegend, und der Kampf wurde abgebrochen. Kurz darauf wurde Tyson die Boxlizenz entzogen. Er behauptete, Holyfield habe ihn durch einen absichtlichen Kopfstoß in einer der vorhergehenden Runden zu dem Biss provoziert. Es hätte sein Image ruiniert, wenn er diesen Übergriff nicht geahndet hätte.

Die Hunderasse, die Tyson für sein Image als knallharter Bursche auswählte, war der Bullmastiff. In gewisser Beziehung ist dieses sechzig Kilogramm schwere Tier der ideale Hund für einen Profiboxer. Der eigentliche Zweck, der mit der Züchtung des Bullmastiffs verfolgt wurde, war der, einen Hund zu schaffen, der schnell genug war, einen Flüchtigen einzuholen, und doch groß und kräftig genug, einen Mann zu Boden zu werfen.

Tyson scheint bei allem, was er tat, so auch bei der Auswahl seines Hundes, ein Pechvogel gewesen zu sein. Er wollte einfach dasselbe Image haben wie der Boxchampion Rocky in dem ersten der beiden *Rocky*-Filme. Dort trat Sylvester Stallone mit einem stattlichen roten Bullmastiff namens Butkus auf, der überdies sein eigener persönlicher Lieblingshund war. Das bedeutete für Tyson, dass er zur Abrundung seines Images als Boxchampion auch einen Bullmastiff haben musste.

Tyson beauftragte seine Berater, sich auf dem Markt für die Rasse umzusehen, und sie berichteten ihm schließlich, dass «Superstar», geführt von Mimi Einstein, der beste Zwinger für Bullmastiffs sei. Man setzte sich mit ihr in Verbindung, und sie verkaufte Tyson schließlich einen Welpen, der durch eine Laune des Schicksals nach einem anderen Schauspieler genannt war, den Tyson bewunderte, nach dem Superstar Mel Gibson. Trotz dieses scheinbar guten Omens lief die Sache nicht so gut. Tyson hatte kein Interesse daran, sich wirklich um den Hund zu kümmern, weil er ihn lediglich seines Images wegen und nicht als Begleit- oder Gebrauchshund ausgewählt hatte. Stattdessen engagierte er ein Ehepaar, dessen Aufgabe es unter anderem war, sich um den Hund zu kümmern. Mimi Einstein ist eine gewissenhafte Züchterin und wie alle ihres Schlags um das Wohlergehen ihrer Tiere besorgt. Deshalb instruierte sie das Ehepaar ausführlich, wie sie den Hund halten sollten. Außerdem pflegte sie ab und zu bei Tyson anzurufen, um zu hören, wie es dem Hund ging, und um sich zu vergewissern, ob alles in Ordnung war.

Nach mehreren Monaten bekam Mimi Einstein einen besorgten Anruf von dem Ehepaar, das sich um Tysons Hund kümmerte. Die beiden waren gekündigt worden und sagten Mimi Einstein, dass sie sich Sorgen um das Wohlergehen des Hundes machten. Die Hauptaufgabe des Hundes bestand offenbar darin, mit Tyson gesehen zu werden, und der Boxer hatte wenig liebevolle Fürsorge für den Hund gezeigt. Er betrachtete ihn anscheinend mehr oder weniger als modisches Accessoire. Die schlanke fünfzigjährige Züchterin sprang sofort in ihr Auto und fuhr zu Tysons Haus in New Jersey. Sie stürmte ins Wohnzimmer, wo er sich inmitten einer Schar Leibwächter, Mitarbeiter und verschiedenartiger Kumpel aufhielt. «Wo ist der Hund?», fragte sie. Ratlose Blicke, dann deutete jemand auf eine Tür. Mimi Einstein öffnete die Tür und entdeckte einen niedergeschlagenen, vernachlässigten Hund, der in der Küche so kurz angebunden war, dass er kaum Bewegungsspielraum hatte. Ohne sich darum zu scheren, dass sie jetzt faktisch einen Hund kidnappte, der dem Boxweltmeister im Schwergewicht gehörte, band sie dem Tier eine Leine um, ging mit ihm zu ihrem Auto und brachte es zurück in den Schutz ihres Zwingers. Tyson und seine Kumpel meldeten sich danach bei Mimi Einstein und bedrohten sie mehrfach, was sie ziemlich in Angst versetzte, sodass sie sich eine Alarmanlage einbauen ließ. Sie war bereit, den Hund zurückzugeben, aber nur, wenn eine Reihe von Bedingungen bezüglich der Haltung des Tiers erfüllt wurden – Bedingungen, die sich nicht viel von denen unterschieden, die auch viele Tierschutzvereine den angehenden neuen Herren ausgesetzter Haustiere stellen. Angesichts solcher Forderungen, zu denen gehörte, dass das Tier auch wirklich wie ein Haustier und nicht wie ein imagefördernes Accessoire behandelt wurde, verlor Tyson bald das Interesse, und die Anrufe bei Mimi Einstein hörten auf.

Manchen Boxern reicht selbst ein Sechzig-Kilogramm-Bullmastiff nicht aus, um Eindruck zu schinden. Mark Breland, ehemaliger Boxweltmeister im Weltergewicht, hatte einen Dobermann. Er bereitete sich mental auf seine Kämpfe vor, indem er sich im Spiegel betrachtete. «Nach einer Weile sah ich, dass ich allmählich wie mein Hund aussah. Wenn meine Nase lang und schmal wurde und meine Ohren oben gewissermaßen Spitzen kriegten, dann wusste ich, dass ich kampfbereit war.» Trotz der Liebe und Hochachtung, die er für seinen Dobermann empfand, machte er doch für das Image eines Boxweltmeisters nicht genug von sich her. Deshalb hält sich Breland jetzt zwei Mastiffs mit Namen Diamond und Static, von denen jeder rund neunzig Kilogramm wiegt.

Dann ist da Wilt Chamberlain, der zwei Meter sechzehn große Basketballspieler, der im Lauf seiner Sportlerkarriere 31 419 Punkte erzielte und der einzige Spieler ist, der es jemals in einem einzigen Spiel auf hundert Punkte brachte. Chamberlain besaß zwei Deutsche Doggen. Dazu erklärte er: «Ich bin selber groß, und ich mag große Hunde.» Unglücklicherweise waren sie wahrscheinlich zu groß. Chamberlain wohnte in einem älteren eleganten Apartmenthaus am Central Park West in New York City. Und wie er später bemerkte: «Die Hunde wuchsen und wuchsen, bis nur noch einer von uns in den Fahrstuhl passte. Das gab dann jede Menge Scherereien, und deshalb hat man mich schließlich auf die Straße gesetzt.»

Wenn man sich einen Hund als Imageförderer auswählt, so deutet das auf eine andere Geisteshaltung hin, als wenn man ihn sich als Helfer oder Kameraden auswählt. Auf einer Hundeausstellung begann ich eine Unterhaltung mit einem bedeutenderen Hundezüchter aus der Gegend nordwestlich von Philadelphia. «Wir verkaufen viele Hunde an alle möglichen Sportler und einige auch an Filmstars. Ich züchte Dobies (Dobermänner) und Rotties (Rottweiler), und mein Bruder züchtet Akitas. Es hat sich herumgesprochen, dass wir gute Hunde haben, und manche Leute kommen von sehr weit her, bloß weil sie von uns einen Hund haben wollen. Erst letztes Wochenende ist ein Footballspieler hier runtergekommen, um sich einen Hund zu holen – den ganzen weiten Weg von Chicago. Er hatte gerade bei irgendeinem Profiverein einen Vertrag unterschrieben und hatte nun das Geld, sich einen Hund zu kaufen. Als er mich anrief, wollte er wissen, wie groß meine Rotties sind – er hat nicht nach ihrem Wesen, er hat nach ihrer Größe gefragt.

Eins hat mich immer überrascht, als ich anfing, solchen Leuten Hunde zu verkaufen: Die wollten gewöhnlich nicht bloß einen Hund. Immer hieß es: ‹Ich brauche zwei Hunde, die zusammen gut aussehen›, oder so. Einmal kam ein Footballspieler zu meinem Bruder, um sich einen Wurf Akita-Welpen anzusehen, den der gerade hatte. Es waren insgesamt sechs Welpen, vier Rüden und zwei Hündinnen. Der Footballspieler wollte unbedingt den Deckrüden sehen, und als er sah, wie groß und kräftig der war, schien er sehr beeindruckt. Er fragte: ‹Werden die Welpen später mal so groß wie ihr Vater?› Mein Bruder sagte ihm, er rechne damit, dass die Rüden so groß würden wie ihr Vater, wenn sie ausgewachsen wären, dass die Hündinnen aber wie ihre Mutter ein bisschen kleiner sein würden. Daraufhin zog der Footballspieler einfach nur sein Scheckheft heraus und sagte: ‹Dann ist es o. k., ich nehm die vier Jungs.› Wir reden hier von Hunden aus einer guten Zucht, das heißt, dass für diese vier Hunde Tausende Dollar über den Tisch gingen!»

Wie dieser Züchter sagte, werden Hunde, die dazu dienen sollen, das Image zu verstärken, gewöhnlich zu mehreren angeschafft. Wenn ein großer Hund zum Ausdruck bringt, dass man stark und männlich ist, dann formulieren drei oder vier diese Aussage ohne Frage noch deutlicher. Evander Holyfield zum Beispiel hat sieben Akitas, und Chris Green, ein Profifootballspieler bei den «Miami Dolphins», hat zwei. Kenny Norman, ein Profibasketballer bei den «Atlanta Hawks», hat vier Rottweiler und so weiter.

Sich mehrere Hunde ein und derselben Rasse anzuschaffen, um ein bestimmtes Image auszustrahlen, ist kein Monopol von Profisportlern. Adrian Paul, der gut aussehende Machotyp, der in der Fernsehserie *Highlanders* die Hauptrolle spielt, besitzt fünf Rottweiler. William Shatner, bekannt durch seine Rolle als Captain Kirk in *Raumschiff Enterprise*, hat zu verschiedenen Zeiten Dobermänner und Deutsche Doggen gehabt – manchmal bis zu sechs Stück auf einmal. Rudolph Valentino, bekannt aus Filmen wie *Der Scheich* und *Die Kameliendame*, bemühte sich, sein männliches Image mit Hilfe von vier Irischen Wolfshunden zu unterstreichen. Sie sind die größten Hunde überhaupt, und der Verein der amerikanischen Hundezüchter schreibt für Zuchtrüden eine *Mindest*widerristhöhe von einundachtzig Zentimetern und ein Mindestgewicht von 54,5 Kilogramm vor. Auch imagebewusste Frauen können mehrere Hunde ein und derselben Rasse besitzen, um das Bild zu verstärken, das sie vor der Welt abgeben möchten. Elvira, Talkmasterin und schriller Horrorfilmstar, hat ein Rottweilerpärchen.

Mehrere Hunde zu besitzen kann unter Umständen das Image eines Menschen verstärken, eine Schar Hunde im Haus zu haben trägt jedoch nicht unbedingt dazu bei, zu jedem von ihnen eine intensive persönliche Beziehung aufzubauen. Im selben Maß, wie die Zahl der Hunde im Haus steigt, verringert sich notwendigerweise die Zeit, die man dem einzelnen widmen kann. Ein Hund als Haustier oder Begleiter hat einen Anspruch darauf, dass man einen Teil seiner Zeit in ihn investiert. Ein Hund, der nur ein Teil Ihrer Garderobe ist, mag Pflege und Sorgfalt verlangen wie ein exklusives Kleidungsstück, er braucht aber keine längeren Zeitabschnitte persönlicher Zuwendung.

Der wirkliche Maßstab für den Wert eines Hundes oder zumindest für die psychologische Bedeutung, die er für seinen Herrn hat, ist die Zeit, die der Herr in seinen Hund investiert hat. Der springende Punkt ist die Zeit, nicht das Geld. Die

Mühe, die es einen Hundebesitzer kostet, seinen Hund zu einem Begleithund auszubilden und ihm die Leistungen anzutrainieren, die er von ihm erwartet, schafft eine Bindung, die eine Trennung von dem Hund sehr schmerzhaft macht. Ich sehe häufig Rassehundechampions, die für ihre Schönheit und ihren Adel zahlreiche Preise gewonnen haben und von ihren Besitzern leichten Herzens und ohne Bedauern verkauft worden sind. Wenn Sie andererseits eine interessante menschliche Reaktion erleben wollen, bieten Sie jemandem, der seinen Hund selbst ausgebildet und mit ihm mehrere Prädikate erworben hat, an, ihm das Tier abzukaufen. Der Hundebesitzer wird schockiert oder mit homerischem Gelächter darauf reagieren. Solche Hunde kann man einfach nicht kaufen.

Hunde, die angeschafft werden, um das Image ihres Herrn zu verstärken, werden nur selten von ihm ausgebildet. Stattdessen wird der Ausbilder eher wie ein Automechaniker betrachtet, den man unter Umständen einstellt, damit er einen Sportwagen wartet und einsatzbereit hält, den man gelegentlich gern fährt, weil das so schick und trendy aussieht. Vielleicht zieht man einen professionellen Ausbilder oder Abrichter zurate, um den Hund leichter lenkbar zu machen, aber wenn der Hundebesitzer später selber die Befehle gibt, ist es nicht hundertprozentig sicher, dass der Hund auch wirklich gehorcht. Dazu sagte Evander Holyfield über Ing, einen seiner Akitas, der gerade einen Kurs bei einem professionellen Abrichter hinter sich hatte: «Er hat seine Sache wirklich gut gemacht. Er hat seinem Ausbilder richtig gut gehorcht. Er gehorcht bloß mir nicht. Ich kriege ihn immer noch nicht dazu, irgendetwas zu machen.»

Manchmal wird das Ausbildungsziel lediglich seiner imageverstärkenden Funktion wegen gewählt. Das knallharte Macho-Image wird verstärkt durch die professionelle Abrichtung des Hundes zum Wach- oder Angriffshund. Chris Green, der Footballspieler von den «Miami Dolphins», beschreibt seine Akitas als «ruhig, aber lebensgefährlich». Der Basketballer Kenny Norman hat vier auf den Mann abgerichtete Rottweiler, er besitzt aber auch eine Cocker-Spaniel-Hündin und bemerkt (mit einigem Erstaunen): «Also, die ist auch ganz schön ruppig!»

Hunde als modisches Accessoire

Ein interessantes Beispiel für die Wahl von Hunden nach dem Kriterium, welchen speziellen Eindruck von sich der künftige Besitzer der Welt vermitteln will, lieferte mir ein reizendes Model aus Montreal. Während wir darauf warteten, in einer Fernsehsendung interviewt zu werden, plauderten wir eine Weile miteinander. «Wegen Ihrem Buch *[Die Intelligenz der Hunde]* haben mich einige Leute mächtig aufgezogen, denn ich besitze Afghanische Windhunde, und Sie haben geschrieben, dass die nicht besonders intelligent seien. Ich habe sie, um die Wahrheit zu sagen, eigentlich nicht ihrer Intelligenz wegen ausgesucht. Sie sind klug genug, um gute Haustiere zu sein, und darauf kommt es an. Ich habe sie im Grunde genommen wegen ihres Äußeren ausgesucht. Sie sind sehr schön und bewegen sich sehr elegant. Ich finde, sie bringen eine Frau mit meiner Figur sehr schön zur Geltung. Ich besitze vier Afghanen. Einen schwarzen, einen in so einem Honigbraunton und zwei weiße, deren Fell nur im Gesicht ein wenig grau ist. Ich habe diese Farben ausgewählt, weil sie am besten zu meiner Garderobe passen. In den Farbkombinationen, die ich trage, ist immer Weiß mit drin, wenn auch manchmal nur in Form eines Accessoires, und ich trage am liebsten schwarze oder braune Sachen. Das heißt, wenn ich einen schwarzen und einen braunen Hund bei mir habe, sind meine Hunde und ich perfekt aufeinander abgestimmt. Und die weißen Hunde habe ich für die Fälle, wo ich bunte Farben tragen muss. Zwei weiße Afghanische Windhunde sind die Krönung für jedes Outfit.

Ich bin nicht die Erste, die Hunde als Vervollständigung ihrer Garderobe verwendet … Als ich in meinem Beruf anfing, hat mir jemand eine Geschichte über die schöne blonde Schauspielerin Jean Harlow erzählt – sie hatte ihre Glanzzeit, glaube ich, in den dreißiger und vierziger Jahren. Sie wissen doch, sie hat in dem Film *Dinner at Eight* mitgemacht und noch in einigen anderen Filmen, wo sie immer die schöne, verführerische Frau gespielt hat. Jedenfalls gab es da so ein Agenturfoto mit ein oder zwei Bobtails von ihr [Abb. 3]. Irgendjemand fragte sie, warum sie diese Rasse mochte, und Jean Harlow sagte: ‹Ich mag jeden Hund, neben dem ich gut aussehe.› Das habe ich mir gemerkt. Deshalb habe ich Afghanische Windhunde – neben ihnen gebe ich ein schönes Bild ab.»

Während das Model seine Hunde als Accessoire für seine Garderobe auswählte, suchte sich eine andere schöne Frau ihren Hund für ihr hüllenloses Image. Rose Louise Hovick, bekannter unter dem Namen Gypsy Rose Lee, war eine witzige und gescheite Varietékünstlerin, deren Lebensgeschichte den Stoff für das später auch verfilmte Musical *Gypsy* abgab. Sie war eine der ersten Music-Hall-Künstlerinnen, die den Striptease mit Eleganz und Anmut zu etwas machten, das man zu Recht «Schönheitstanz» nennen könnte. Bei ihren Auftritten am Broadway und bei den Ziegfeld Follies begeisterte sie das Publikum dadurch, dass sie ihre Darbietung in einem tollen Kostüm begann und damit beendete, dass sie nur noch ein paar Federn und Pelzstückchen an strategisch wichtigen Stellen an ihrem Körper hatte. Der Hund, für den sie sich entschied, war ein Chinesischer Schopfhund. Diese Rasse hat im Lauf der Zeiten unter vielfach wechselnden Namen firmiert, so zum Beispiel als Chinesischer Seemannshund und als Chinesischer essbarer Hund. Diese beiden Namen spiegelten den Umstand wider, dass diese Hunde oft auf chinesischen Handelsschiffen mitgenommen wurden, wo sie die Ratten an Bord aufspüren und töten sollten. Wenn alle Ratten beseitigt waren, wurden die Hunde von den Schiffsoffizieren als besondere Delikatesse verspeist.

Als die ersten Exemplare der Rasse in die westlichen Länder gelangten, hatten sie noch einen anderen Namen: Chinesische Nackthunde. Das geht darauf zurück, dass ein Schlag dieser Rasse praktisch unbehaart ist, nur ein Haarbüschel am Kopf, eine spärliche Haarkrause um den Hals und ein paar seidige Fransen an Knien, Knöcheln und am Schwanz hat. Ansonsten trägt der Hund am ganzen Körper nichts als rosa nackte Haut, die stellenweise silbergrau getupft ist. «Der Hund trägt dasselbe wie ich auf dem Höhepunkt meiner Nummer», witzelte Lee. Sie posierte mit wahrer Begeisterung mit diesen Hunden für die Fotografen, und es kursiert die Anekdote, dass sich ein Gouverneur eines Bundesstaats einen Chinesischen Schopfhund anschaffte, damit er sich mit Gypsy Rose Lee fotografieren lassen konnte.

Betrachtet der imagebewusste Mensch den Hund als einen Teil seiner äußeren Aufmachung, so muss er sich andererseits oft auch Gedanken über das Image des Hundes machen. Wenn Sie stark und dominant wirken wollen, müssen Sie Ihren Hund entsprechend ausstaffieren – mit einer schweren Kette um den Hals oder mit einem Stachelhalsband. Außerdem muss der Hund den richtigen Namen haben. Herschel Walker, der 1995 zum unübertroffenen Torjäger der Profifootballer erklärt wurde, hat einen Rottweiler mit Namen Al Capone. Einige andere Hunde von Profisportlern heißen Slugger, Rocky, Hawk, Ghost, Jagger, Trooper, Rocket und Shaka Zulu. Namen wie Fluffy, Honey oder Fifi bringen's einfach nicht.

Ein Hund, der wegen seines Äußeren und wegen des Eindrucks, den er von seinem Herrn vermittelt, angeschafft worden ist, ist kein Hund, den man sich als Begleiter und Kameraden ausgesucht hat. Er ist in gewisser Weise nur ein Werkzeug oder ein Objekt. Wie bei einem Wachhund, der auf ein Haus oder auf ein Geschäft aufpasst, besteht auch hier keinerlei Anlass, den Hund auf irgendeine Weise lieb zu gewinnen – er arbeitet einfach nur, um sich seinen Lebensunterhalt zu verdienen. Deshalb sagt die Anwesenheit eines Wachhunds praktisch nichts über den Menschen aus, dem dieser Hund gehört. Ob der Besitzer des Wachhunds warmherzig ist oder gefühllos, dominant oder nachgiebig, introvertiert oder extravertiert, es ist völlig gleichgültig, denn der Hund ist kein Freund, sondern ein Angestellter. Genauso sagen Hunde, die angeschafft wurden, um ein bestimmtes Image zu vermitteln, wenig über die Persönlichkeit des Menschen aus (außer dass er offenbar eine Persönlichkeit hat, die den Hund zur Pflege seines Images in der Öffentlichkeit braucht).

Wie verbreitet ist es, dass Menschen den Hund in den Dienst ihres Verlangens stellen, den Eindruck, den sie auf andere machen, zu manipulieren?

Es dürfte verbreiteter sein, als wir wahrhaben möchten. Eines der extremeren Beispiele dafür kommt aus New York. Ich war dort auf einer Hundeausstellung und unterhielt mich mit einem Rottweilerzüchter. «Ich dachte mir, Sie als Psychologen würde es interessieren, dass ich in den letzten zwei Jahren einem Mann im Barrio [das hispanische Viertel von New York] acht Hunde verkauft habe. Er hat mir erzählt, er betreibe ein Geschäft mit Namen ‹Rottie-Vermietung›. Der Gedanke dabei war, Rottweiler an junge Männer zu verleihen, die knallhart wirken wollten. Auf die Weise kamen sie an ein oder zwei große, gefährlich aussehende Hunde mit eindrucksvollen schweren Halsketten, die neben ihnen herliefen. Dann konnten sie durch ihr Wohnviertel stolzieren, dabei richtig machohaft und stark aussehen und auf die Mädchen und die anderen Jungen Eindruck machen. Die Hunde waren alle darauf abgerichtet, bei Fuß zu gehen und gefährlich auszusehen. Das war alles, was sie machen mussten. Er hat mir erzählt, dass seine Kunden sich in der Regel zwei Hunde für ein Wochenende oder für ‹besondere Gelegenheiten› ausleihen. Danach bringen sie die Hunde einfach wieder zurück. Er muss dabei ganz schön verdienen, denn alle halbe Jahr kauft er sich wieder ein oder zwei Hunde dazu für sein Geschäft.»

4

Sehen Sie aus wie Ihr Hund?

Es gibt ein Reservoir von Erfahrungswissen, das man als «Volkspsychologie» bezeichnet. Die volkspsychologischen Überzeugungen sind meistenteils in prägnanten Redensarten gespeichert, wie zum Beispiel «Gleich und Gleich gesellt sich gern», «Abwechslung ist das Salz der Erde» oder «Der Apfel fällt nicht weit vom Stamm». Diese Redensarten werden immer von Ihrer Tante Petra oder Ihrem Onkel Walter gebraucht, um ihrer Weltsicht Ausdruck zu verleihen und die unterschiedlichen Verhaltensweisen von Menschen zu erklären. Die Psychologen akademischer Observanz misstrauen den meisten volkspsychologischen Einsichten, weil sie, wie es scheint, alles und damit eigentlich nichts erklären. So sagt der Volkspsychologe, «dass die Liebe mit der Entfernung wächst», wenn Ihre Liebste sich während Ihrer längeren Geschäftsreise vor Sehnsucht nach Ihnen verzehrt; wenn sie jedoch die Gelegenheit benutzt, mit einem Rotschopf durchzubrennen, lautet die Erklärung prompt: «Aus den Augen, aus dem Sinn.» Einer der interessantesten Aspekte der Volkspsychologie ist der, dass sie nicht totzukriegen ist, ganz gleich, wie oft sich herausstellt, dass sie Unsinn oder Belanglosigkeiten verbreitet.

Die Volkspsychologie weiß eine Menge über Hundeverhalten zu sagen («Hunde, die bellen, beißen nicht») und noch mehr über die Beziehung zwischen Mensch und Hund («Der Hund ist der beste Freund des Menschen»). Eine der Meinungen, die sich am hartnäckigsten hält, ist die, «dass Menschen sich einen

Hund anschaffen, der ihnen ähnlich sieht», oder die noch erstaunlichere Behauptung, «dass Menschen mit der Zeit das Aussehen ihres Hundes annehmen».

Mensch und Hund im Partnerlook

Die Fernsehtalkmasterin Oprah Winfrey stellte fest, wie verbreitet dieser Glaube war, als sie eine Sendung speziell über Hunde und Menschen vorbereitete. Sie fragte die Leute, ob sie glaubten, dass sie ihrem Hund ähnlich sähen. Leute, die der Meinung waren, dass zwischen ihnen und ihrem Hund eine Ähnlichkeit bestünde, wurden gebeten, ein Foto von sich und dem Hund zu schicken, das diese Ähnlichkeit dokumentierte. Oprahs Team staunte nicht schlecht, als es mit einer Flut von Hunderten von Fotos überschüttet wurde. Diese Hundebesitzer glaubten nicht nur, dass sie ihren Hunden ähnlich sähen, sondern viele von ihnen behaupteten auch, dass sie ganz stolz darauf seien, ihren vierbeinigen Freunden ähnlich zu sehen.

Man hatte mich zur Teilnahme an der Sendung eingeladen, damit ich etwas über Intelligenz und Kommunikation von Hunden sagte. Während ich darauf wartete, dass mit der Aufzeichnung der Sendung begonnen wurde, sah ich mich von acht oder neun Hund-Mensch-Paaren umgeben, die alle ihrer nicht zu übersehenden Ähnlichkeit wegen ausgewählt worden waren. Da waren zum Beispiel Joe, ein großer, schwerer, rundgesichtiger Mann mit einem Doppelkinn, und seine Bulldogge Buffalo. Joe erklärte Oprah, dass er Bulldoggen schon immer gern gehabt hatte und dass es ihm überhaupt nichts ausmachte, wie eine Bulldogge auszusehen. «Wenn ich mit Buffalo draußen bin, gucken uns die Leute immer an und fragen sich, wer da wen spazieren führt», sagte er.

In einigen Fällen bestand die augenfällige Ähnlichkeit in

übereinstimmenden Farben. Eine blonde Frau namens Jennifer zum Beispiel hatte Chelsea, eine Golden-Retriever-Hündin, mitgebracht, deren Fell genau zu Jennys Haarfarbe passte. Die scheinbare Ähnlichkeit wurde noch dadurch vergrößert, dass Jennifer auch ein honigbraunes Kostüm anhatte. Dann war da Colleen, deren langes braunes lockiges Haar in ganz ähnlicher Weise ihr Gesicht einrahmte, wie die langen braunen lockigen Ohren ihres Springer-Spaniels Becket sein Gesicht einrahmten.

Während sie im Flur darauf warteten, ins Studio gerufen zu werden, siegte meine Neugier. Ich fragte die Leute, die in meiner Nähe standen: «Sagen Sie, haben Sie absichtlich eine Hunderasse oder einen Hund ausgewählt, weil Sie der Meinung waren, dass er Ihnen ähnlich sieht, oder haben Sie diese Ähnlichkeit erst später festgestellt?»

Ein Mann namens Art sah liebevoll auf seinen schwerfälligen Basset A. J. hinunter und sagte: «Ich glaube, ich wollte einen Hund, der so geht wie ich, irgendwie langsam und lässig.» Eine Frau namens Irene mit einem lächelnden Mondgesicht knuddelte ihren Mops Kelty und sagte: «Also, ich fand Möpse einfach so süß und freundlich, dass ich unbedingt einen haben musste.» Sandy, deren quadratisches Gesicht nur eine vage Ähnlichkeit mit dem ihres Boston-Terriers Golden Nugget aufwies, beteuerte, dass sie ihrem Hund überhaupt nicht ähnlich sähe, «es sei denn, ich hab das hier an». Sie wies mit einer wedelnden Handbewegung vor ihrem Körper auf ihr schwarzweißes Outfit hin, das gut mit der schwarzweißen Zeichnung ihres Hundes harmonierte.

Der Ähnlichkeitsfaktor

Es gibt sogar wissenschaftliche Befunde, die die Vorhersage erlauben, dass Hundekäufer mit signifikanter Wahrscheinlichkeit solche Tiere bevorzugen, die eine gewisse äußere Ähnlichkeit mit ihnen aufweisen. Erhoben wurden diese Befunde im Zusammenhang mit der Frage, unter welchen Bedingungen wir Interesse oder Zuneigung für irgendein Objekt entwickeln, sei es belebt oder unbelebt. Am besten können wir die Forschungsergebnisse mit dem vorher schon erwähnten Sprichwort «Gleich und Gleich gesellt sich gern» zusammenfassen. Das heißt, je mehr uns andere Lebewesen ähneln, desto wahrscheinlicher ist es, dass wir sie lieb gewinnen.

Wenn wir davon sprechen, dass wir jemanden aufgrund seiner Ähnlichkeit mit uns mögen, kann zu dem Begriff Ähnlichkeit mehr gehören als nur körperliche Merkmale. Der Psychologe Theodore Newcomb hat in einem ausgeklügelten Feldversuch gezeigt, was für eine große Bedeutung die psychologische Ähnlichkeit – die Ähnlichkeit der Persönlichkeit, der Meinungen und der Einstellungen – bei der Entscheidung darüber hat, wen wir anziehend finden. Zu Newcombs Versuchsanordnung gehörte unter anderem die totale Isolierung des Studentenwohnheims der Universität von Michigan für ein volles Semester.[1] Die Studenten, die dort wohnten, bekamen als Gegenleistung für ihre Teilnahme an dem Versuch einen Teil ihrer Kosten für Miete und Verpflegung erlassen. Dafür mussten sie bei ihrem Einzug eine Reihe Fragebögen zur Person ausfüllen und am Ende des Semesters noch einmal eine Reihe von Fragen bezüglich ihrer Einstellung zu ihren Mitbewohnern schriftlich beantworten. Newcomb stellte fest, dass Ähnlichkeit in Lebensstil und Meinungen die Vorhersage erlaubte, wer sich mit wem anfreunden würde. So bildeten sich beispielsweise innerhalb einer Gruppe von Studenten an der philosophischen Fakultät, die sich für Literatur und Kunst interessierten, starke freundschaftliche Bindungen. Zu weiteren engen Freundschaften kam es zwischen einer Reihe von Studenten, die politisch konservativ eingestellt, an Technologie interessiert waren und ihren Militärdienst vor ihrer Rückkehr an die Universität absolviert hatten und so weiter. Die Menschen neigten dazu, sich zu Gruppen zusammenzuschließen, deren Mitglieder einander ähnlich waren.

Andere Studien haben gezeigt, dass die Leute häufig der Meinung sind, dass ihnen Menschen mit einer ähnlichen Persönlichkeit mehr liegen. Sonderbarerweise kommt es selten vor, dass ein chronisch Depressiver und ein glücklicher Optimist zusammenfinden, obwohl man doch annehmen müsste, dass dies das Beste wäre, was passieren könnte. Fröhliche Menschen sind lieber mit anderen glücklichen Menschen zusammen, während depressive Menschen sich offenbar unter ihresgleichen wohl fühlen und so ein weiteres Stückchen Volkspsychologie zu bestätigen scheinen: «Geteiltes Leid ist halbes Leid.»

Haben Sie sich jemals gefragt, was das Erfolgsgeheimnis der Eheanbahnung per Computer ist? Dahinter steckt nicht mehr als Partnerwahl anhand von Ähnlichkeit. Die einschlägig spezialisierten Institute verwenden umfangreiche Fragebögen zur Erhebung elementarer Daten ihrer Kunden, zu denen ihre Religion, die gesellschaftliche Stellung ihrer Familie, ihr Einkommen, ihre politischen Überzeugungen und ihre Vorlieben in Bezug auf Musik, Unterhaltung und Sport und so weiter gehören. Dann führen sie ihre Klienten auf der Grundlage einer Übereinstimmung in so vielen Kategorien wie möglich zusammen. Je größer die Übereinstimmung, desto höher die Wahrscheinlichkeit, dass sie eine Anziehung aufeinander ausüben. Das Interessante ist, dass dabei sowohl die äußere Erscheinung als auch die Einstellungen und die Lebensgeschichte eine Rolle spielen. Die Größe, das Gewicht, die Haarfarbe, der Teint eines Menschen beeinflussen unsere Gefühle für ihn. Den meisten Menschen gefallen zwar attraktive Artgenossen, doch hat sich gezeigt, dass die erfolgreichsten Paarbildungen diejenigen sind, bei denen sich Individuen ungefähr gleichen Attraktivitätsgrades zusammentun. So sind schöne Menschen am glücklichsten mit anderen schönen Menschen, durchschnittlich aussehende Menschen mit durchschnittlich aussehenden Partnern – und sie lassen es sehr unwahrscheinlich erscheinen, dass im wirklichen Leben der hässliche Krüppel Quasimodo aus *Der Glöckner von Notre-Dame* mit der schönen Zigeunerin Esmeralda schließlich glücklich und zufrieden zusammenlebt bis ans Ende seiner Tage.

Hunde haben keine religiösen oder politischen Überzeugungen, die harmonieren können, sie haben aber eine Persönlichkeit und Einstellungen. Nehmen wir Humphrey Bogart, der bekannt war für die hartgesottenen, ruppigen, unzugänglichen Burschen, die er in Filmklassikern wie *Die Spur des Falken (Der Malteser Falke), Gangster in Key Largo* und *Der Schatz der Sierra Madre* spielt. Der Regisseur Howard Hawks sagte einmal: «Bogey glaubt, dem Ruf all der knallharten Burschen gerecht werden zu müssen, die er spielt.» So gesehen überrascht es nicht, dass der Trinker und Rowdy Bogart in seinem Privatleben Hunde von unerschrockener und selbstzentrierter Wesensart wie zum Beispiel Boxer und Scotchterrier hatte (Abb. 4).

Ein anderer Filmstar, der gelegentlich als unerschrocken und autark beschrieben wurde, ist Whoopi Goldberg, die in bekannten Filmen wie *Die Farbe Lila* und *Nachricht von Sam* zu sehen war. In einem Interview schilderte sie sich selbst als der – temperamentvollen, selbstbewussten, dominierenden – Figur sehr ähnlich, die sie in *Sister Act* gespielt hat, «allerdings ohne die Nonnentracht», wie sie schnell hinzufügte. Vielleicht liegt es an der Übereinstimmung der Persönlichkeitsstrukturen, warum sie sich einen unerschrockenen, dominanten Rhodesian Ridgeback zum Kameraden erkoren hat.

Einen erklecklichen Gegensatz zu Whoopi Goldberg verkörpert die Schauspielerin Jamie Lee Curtis. Sie hat in Filmen unterschiedlichen Genres die weibliche Hauptrolle gespielt, in dem Horrorfilm *Halloween – Die Nacht des Grauens*, dem Actionfilm *True Lies* und in den romantischen Komödien *Forever*

Young und *Ein Fisch namens Wanda*. Jamie Lee Curtis wird nachgesagt, dass sie quirlig, intelligent, vital, fröhlich, liebevoll und von großer Anhänglichkeit an ihre Familie sei, alles Attribute, die man auch in einer Aufzählung der Rassemerkmale der Hunde finden könnte, mit denen sie sich zu Hause umgibt: der Golden Retriever. Man könnte versucht sein zu sagen, dass die Vorliebe für die Rasse in diesem Fall in der Ähnlichkeit der Temperamente begründet ist, aber wie wir noch sehen werden, ist dieses Auswahlprinzip bei weitem noch nicht die ganze Geschichte.

Der Vertrautheitseffekt

Sie denken vielleicht, dass man einen riesigen Gedankensprung machen muss, um von der Auswahl eines Hundes, der in der Wesensart seinem Herrn entspricht, zur Auswahl eines Hundes zu kommen, der seinem Herrn allen Ernstes äußerlich ähnlich sieht. Aber nein, es ist zu schaffen, und zwar indem man den raffinierten und dennoch einfachen Mechanismus namens *Vertrautheit* zu Hilfe nimmt. Die nordamerikanische Volksweisheit «Vertrautheit gebiert Verachtung» ist nämlich ganz falsch. Wir sollten vielmehr sagen: «Vertrautheit gebiert Zufriedenheit.»

Um festzustellen, wie Vertrautheit wirkt, wollen wir uns eine Studie der Psychologen Richard Moreland und Scott Beach ansehen.[2] Die beiden Forscher suchten sich zunächst vier junge Frauen, die wie durchschnittliche Collegestudentinnen aussahen. Sie sollten ihnen bei ihrem Experiment als Helferinnen dienen. Eine der Frauen hatte eine einfache Aufgabe, sie brauchte sich nur fotografieren zu lassen. Die anderen drei wurden auch fotografiert, mussten aber darüber hinaus noch eine bestimmte Anzahl an Stunden am Unterricht im College teilnehmen. Die erste Frau musste fünf Unterrichtsstunden absolvieren, die zweite zehn und die dritte fünfzehn. Diese Stunden waren ungleichmäßig über das Semester verteilt. Der Unterricht, den man für die Studie ausgewählt hatte, fand in einem großen Hörsaal statt, in dem zweihundert Studenten Platz hatten. Jedes Mal wenn eine der Frauen am Unterricht teilnahm, kam sie schon frühzeitig herein, sodass sie einen Platz in der ersten Reihe bekam, wo sie beiläufig von den anderen Studenten gesehen werden konnte. Die Frauen stellten keine Fragen und sprachen nie mit den anderen Studenten. Sie saßen nur da und schrieben mit wie alle anderen auch.

Am Ende des Semesters kamen die Studenten, die an dem Unterricht teilgenommen hatten, noch ein letztes Mal zusammen. Sie bekamen die Fotos der vier Frauen gezeigt und wurden gefragt, ob sie sie wiedererkannten. Keiner der Kursteilnehmer erkannte sie, weil sie sich so unauffällig verhalten hatten. Als Nächstes wurden die Studenten gebeten, sich die Fotos noch einmal anzusehen und die Frauen dann in Bezug auf eine Anzahl von Eigenschaften zu benoten: anzugeben, wie intelligent, herzlich, beliebt und ehrlich sie sie fanden. Zuletzt wurden die Studenten gefragt, wie viel Sympathie sie glaubten, für die einzelnen Frauen aufbringen zu können, und mit welchen von ihnen sie gern mehr und mit welchen lieber weniger oder gar keine Zeit verbringen würden. Das Resultat zeigte, dass die Sympathie der Studenten für die einzelnen Frauen am stärksten durch den Grad ihrer Vertrautheit mit ihnen determiniert war: Je häufiger eine Frau dem Unterricht beigewohnt hatte, als desto attraktiver und begehrenswerter wurde sie benotet. Mit anderen Worten, sich einfach nur an Orten aufzuhalten, wo man sie sehen kann, verschafft Menschen häufig einen Sympathiebonus.

Das Interessante dabei ist, dass dies bei allem funktioniert, bei Dingen genauso wie bei Menschen. Nehmen wir zum Beispiel die türkischen Wörter *biwongi* und *afworbu*. Ist ihre Bedeutung positiver oder negativer als die türkischen Wörter *kadirga* oder *nansoma*? Also, wenn man kein Türkisch kann, gibt es keinen Grund, warum man eines der Wörter erfreulicher finden sollte als die anderen. In einer Untersuchung, die an der Universität von Michigan durchgeführt wurde, zeigte der Psychologe Robert Zajonc Studenten aber solche Wörter – einige davon häufig, andere wiederum nicht so oft.[3] Später wurden die Studenten gebeten, diese Wörter einfach nur mit Punkten zu benoten und zu entscheiden, ob sie die Bedeutung der einzelnen Wörter für positiv oder negativ hielten. Wörter, die häufiger zu sehen waren, wurden als positiver, ansprechender und sympathischer eingestuft. Diese Sache funktioniert auch mit Gesichtern, Mustern oder chinesischen Ideogrammen: Je öfter man sie sieht, desto besser gefallen sie einem. Dieses Phänomen wurde als «Effekt der bloßen Exposition» bezeichnet, da man einer Sache nur lange genug exponiert zu sein braucht, um sie lieber zu mögen.

Der Expositionseffekt ist die Erklärung dafür, wieso bestimmte öffentliche Scheußlichkeiten zu geliebten und geschätzten Symbolen des Kollektivgeists werden konnten. Nehmen wir folgendes Beispiel: Gegen Ende des vorigen Jahrhunderts wurde anlässlich der Weltausstellung ein Projekt auf die Beine gestellt, das den Fortschritt der Wissenschaft dokumentieren sollte. Eine riesige Konstruktion sollte mitten in der Stadt errichtet werden, sie sollte zweimal so hoch wie die Kuppel des Petersdoms in Rom und doppelt so hoch wie die Cheopspyramide in Gizeh sein, und trotzdem sollte sie innerhalb von Monaten entstehen. Das Ergebnis war ein dreihundert Meter hohes, weitmaschiges Geflecht von Eisenstreben, für das 6300 Tonnen Metall verbaut wurden.

Zwar überraschte es die Leute, dass eine solche Konstruktion in so kurzer Zeit errichtet werden konnte, sie waren aber nicht sonderlich beeindruckt von ihren ästhetischen Vorzügen. Es gab viel Kritik an dem «Schrottgebirge, das man mitten in einer schönen Stadt voller Stein und Marmor aufgetürmt hatte». Die

Leute dachten öffentlich darüber nach, wann dieses «nutzlose Eisengerüst» wohl wieder aus dem Stadtbild verschwinden würde. Nun muss man allerdings wissen, dass dieser Koloss aus Eisen kein Kunstwerk und an und für sich nicht schön ist. Es ist kein Denkmal für ein großes Ereignis, es dient nicht der Verherrlichung einer Religion oder einer politischen Bewegung. Man kann es nicht besuchen wie ein Museum – einfach weil es keine Innenräume gibt. Und dennoch hat dieses inhaltsleere Monument heutzutage doppelt so viele Besucher wie der berühmte Louvre.

Falls Sie noch nicht erraten haben, wovon ich spreche, es ist der Eiffelturm in Paris. Wieso ist dieser kahle, funktionslose Turm so berühmt geworden? Die Antwort lautet: Einfach weil er da ist und praktisch von jedem Punkt der Stadt aus zu sehen ist. Fast auf jeder Panoramaansicht von Paris entdeckt man irgendwo den Eiffelturm, sodass viele Millionen Menschen auf der ganzen Welt ihm mehrmals in ihrem Leben «exponiert» sind. Das ist die ideale Voraussetzung für das Eintreten des Expositionseffekts, mit der Folge, dass der Turm uns gefällt. Einfach weil wir ihn dauernd sehen, finden wir ihn mit der Zeit schön und beginnen etwas für ihn zu empfinden, obwohl er den Leuten, die ihn als Erste sahen, ziemlich hässlich vorgekommen ist.

Dasselbe hat es viele Male an anderen Orten mit anderen Dingen gegeben. 1969 bekamen die Einwohner von Grand Rapids, Michigan, eine neue gigantische Plastik, die im Zentrum der Stadt aufgestellt werden sollte. Es war eine riesige abstrakte Metallkonstruktion von dem Plastiker Alexander Calder. Zwar hielten ein paar Leute sie für eindrucksvoll, die Mehrzahl sagte jedoch in den Medien oder in Leserbriefen dazu, dass sie «eine Geldverschwendung», «ein Ärgernis» und sogar «eine Scheußlichkeit» sei. Sie war aber sehr gut zu sehen, und jemand, der durch die Innenstadt kam, konnte es kaum vermeiden, einen

Blick davon zu erhaschen. Das musste sich im Laufe jedes Jahres zu Hunderten von Anblicken summieren. Wie wir unschwer hätten voraussagen können, wuchs die Zuneigung zu dem Kunstwerk, je vertrauter es den Leuten wurde. Wenn man heute nach Grand Rapids kommt, stellt man fest, dass diese Plastik – genau wie der Eiffelturm in Paris – Gegenstand eines beträchtlichen Bürgerstolzes ist. Sie ist auf Postern mit Ansichten der Stadt, auf Werbeplakaten und in Reiseführern an hervorstechender Stelle zu sehen.

Sehen Sie aus wie Ihr Hund?

Ob Sie es glauben oder nicht, wir haben auf unserer Wanderung durch die Wissenschaft jetzt eine Etappe erreicht, wo wir uns dem eigentlich interessanten Thema nähern, nämlich Ihrem Gesicht. Wir alle sind ziemlich vertraut mit unserem Gesicht. Wir sehen es jeden Morgen, wenn wir aufstehen und uns ins Badezimmer trollen. Im Spiegel, beim Rasieren, beim Make-up-Auftragen, beim Haarekämmen – da ist unser Gesicht, das unseren Blick erwidert. Wir sind Tausende von Malen im Jahr mit diesem speziellen Bild konfrontiert, sobald wir an irgendwelchen spiegelnden Oberflächen vorbeigehen. Deshalb müssten wir es, genauso wie das bei allem der Fall ist, was wir häufig sehen, ziemlich gern mögen. Dass es tatsächlich so ist, haben die Psychologen Theodore Mita, Marshal Dermer und Jeffrey Knight auf kluge Weise demonstriert[4], die Studenten von der Universität Milwaukee fotografiert haben. Jeder Student bekam zwei Fotos von sich und wurde gefragt, welches von beiden ihm besser gefiele. Das eine Foto war einfach ein normaler Abzug, das zweite Foto war seitenverkehrt, zeigte also das Spiegelbild. Praktisch allen Studenten gefiel das seitenverkehrte Foto besser, was verständlich ist, da wir unser Gesicht am häufigsten im

Spiegel sehen, der genau diese Seitenverkehrung vollbringt. Als dieselben beiden Fotos aber guten Freunden der Studenten gezeigt wurden, erklärten diese die normalen Fotos für die gelungeneren. Auch das ist verständlich, da die Freunde sie natürlich sehen und nicht seitenverkehrt wie auf dem Spiegelbild.

Nachdem wir unser Gesicht so oft gesehen haben, haben wir sicherlich eine Zuneigung zu diesem Bild entwickelt, und es ist auch wahrscheinlich, dass wir einen Teil dieser Zuneigung auf alles übertragen, das uns in irgendeinem Grad an unser Gesicht erinnert. Einige Psychologen behaupten, darin liege die Erklärung dafür, dass Kinder, die einem Elternteil sehr ähnlich sehen, von diesem Elternteil in der Regel vorgezogen und liebevoller behandelt werden. Das könnte auch erklären, warum sich Menschen schließlich einen Hund anschaffen, der ihnen irgendwie ähnlich sieht. Wenn der Gesichtsschnitt einer Hunderasse dem unseren in irgendeiner Beziehung ähnelt, dann müsste unter sonst gleichen Umständen diese Rasse ein klein wenig mehr Zuneigung und Liebe in uns erwecken.

Die Wissenschaft hat sich mit dieser Frage bislang nur wenig beschäftigt, deshalb habe ich, um Datenmaterial zusammenzutragen, mit einhundertvier Studentinnen von der University of British Columbia ein Experiment durchgeführt. Den Probandinnen wurden zuerst Dias von vier verschiedenen Hunderassen gezeigt, und zwar Bilder lediglich vom Kopf des Tiers mit Blick in die Kamera. Bei den Hunderassen handelte es sich um einen English Springer-Spaniel, einen Beagle, einen Sibirischen Husky und einen Basenji. Die Studentinnen sollten jeden Hund einfach nur mit Punkten danach bewerten, wie gut ihnen sein Äußeres gefiel und für wie freundlich, treu und intelligent sie ihn hielten.

Anschließend stellte ich ihnen ein paar Fragen zur Person und nach ihrem Lebensstil. Außerdem wurden sie gebeten, sich ein paar Schemabilder von Frisurentypen anzusehen und anzugeben, welcher davon ihrem Typ am nächsten kam. Ich war nicht an Einzelheiten ihrer Frisur interessiert, sondern lediglich an gewissen, für den Gesamteindruck maßgeblichen Hauptmerkmalen. Konkret unterteilte ich die Frisuren in zwei Kategorien: erstens, längeres Haar, das die Ohren bedeckte, zweitens, kürzeres oder nach hinten gekämmtes längeres Haar, das die Ohren der jungen Frauen frei ließ. Die Ergebnisse waren recht interessant. Im Allgemeinen neigten die Frauen mit dem längeren Haar dazu, dem Springer-Spaniel und dem Beagle den Vorzug zu geben, indem sie diese Rassen als liebenswerter, freundlicher, treuer und intelligenter einstuften. Die Frauen mit kürzerem Haar und sichtbaren Ohren dagegen bewerteten im Allgemeinen bei denselben Eigenschaften den Sibirischen Husky und den Basenji höher.

Diese Ergebnisse können sehr wohl etwas mit dem Vertrautheitseffekt zu tun haben. Längeres Haar umrahmt das Gesicht einer Frau in ganz ähnlicher Weise wie die längeren Hängeohren das Gesicht eines Spaniels oder Beagles. Kürzeres Haar lässt die Konturen des weiblichen Gesichts deutlicher hervortreten und macht die Ohren sichtbar. Beiden, dem Sibirischen Husky wie dem Basenji, fehlen die Hängeohren, die das Gesicht wie langes Haar umrahmen, und beide haben deutlich sichtbare Stehohren. Wir sprechen nicht von generellen Vorlieben – einige Frauen mit kurzen Haaren gaben Hunden mit langen Haaren den Vorzug und umgekehrt –, aber die Korrelation ist in den Befunden stark genug ausgeprägt, um statistische Relevanz zu besitzen. Auf den ersten Blick könnte das Datenmaterial darauf schließen lassen, dass wir eine gewisse Vorliebe für Hunde haben, deren Äußeres ein wenig an unser eigenes Äußeres erinnert, und so den volkspsychologischen Glauben bestätigen, dass wir bis zu einem gewissen Grade aussehen wie unser Hund.

Trotzdem sollten wir die These, dass wir aussehen wie unser Hund, mit Vorsicht und Augenmaß vertreten. Einige Fälle, die in diesem Zusammenhang als Beweis zitiert werden, sind nicht unproblematisch. Die Volkspsychologie trifft wie die Volksmusik nicht selten den falschen Ton. Das gängigste Beispiel, das ich als Beweis für die Ähnlichkeitstheorie zu hören bekomme, ist Winston Churchill. Er war natürlich der Premierminister, der mithalf, England durch die dunklen Tage des Zweiten Weltkriegs zu führen. Ich kann nicht sagen, wie oft Leute mir erklärt haben, «dass er einfach ausgesehen hat wie seine Bulldogge». Dass Churchill in reiferem Alter wie eine Bulldogge ausgesehen hat, ist unbestreitbar. Das runde, volle Gesicht, die platt gedrückten Züge, das Doppelkinn, der große, breite Mund, die Falten um die Augen – das alles ähnelt der Englischen Bulldogge sehr. Das Dumme ist nur, dass Churchill gar keine Bulldogge hatte. Die Engländer betrachten die Bulldogge häufig als Bildsymbol für ihr Land, und Churchill war eine der prominentesten Figuren auf der politischen Bühne Englands. Das führte wahrscheinlich im öffentlichen Bewusstsein zu der irrigen Annahme, dass der große Mann, der aussah wie eine Bulldogge und dessen Land symbolisch als Bulldogge dargestellt wurde, auch eine Bulldogge besaß.

Gelegentlich korrigiert jemand die eben aufgestellte Behauptung mit einem raschen: «Oh, Churchill hatte keine Bulldogge, er hatte einen Mops.» Was das Aussehen anbelangt, bin ich der Meinung, dass Churchill sicherlich eher wie ein Mops als wie ein Afghane aussah. Ich persönlich glaube, dass es die Sache besser trifft, sich Churchill als Bulldogge und nicht als Mops vorzustellen, obwohl seine Physiognomie eine flüchtige Ähnlichkeit mit einem Mops hatte. In seinem Landhaus in Chartwell konnte man Churchill von mehreren Hunden umringt antreffen. Drei davon gehörten seinen Kindern. Der Mops war der Hund seiner Tochter Mary. Der Grund dafür, dass manche Leute den Eindruck haben, der Mops gehörte Churchill, bestand (neben dem Ähnlichkeitsfaktor) darin, dass er einmal ein Gedicht über den Hund geschrieben hat. Es entstand, als der Mops krank war und Churchill beschloss, ein lustiges kleines Gedicht zu schreiben, um seine Tochter aufzuheitern:

> Ach, was ist bloß unsrem armen Mops widerfahren?
> Streichle und küss ihn an Ohren und Haaren.
> Hol rasch ein Heilkräutlein herein
> Und wickle ihn bis oben in eine Decke ein.
> Dann wird unser Möpslein bald genesen sein.

Churchill hat sich seine Hunde ganz sicher nicht aufgrund äußerer Ähnlichkeiten ausgesucht. Wenn Sie einen Blick in Churchills Schlafzimmer hätten werfen können, hätten Sie, zusammengerollt an seinem Fußende, einen Pudel namens Rufus entdecken können (Abb. 5). Mit seiner spitzen Schnauze, dem profilierten, faltenlosen Gesicht und den eng stehenden Augen hatte dieser Hund nicht die allergeringste Ähnlichkeit mit seinem Herrn. Doch war er ein aufrichtig geliebter Kamerad. Rufus begleitete Churchill auf vielen Reisen und schloss bei mehreren Gelegenheiten sogar Freundschaft mit Franklin D. Roosevelts Hund Fala. Einmal spielten die beiden zusammen auf dem amerikanischen Kriegsschiff *Augusta* unter Deck, während ihre Herren über wichtige politische Entscheidungen sprachen, die den Verlauf des Zweiten Weltkriegs bestimmen sollten.

Churchill redete oft auf dieselbe Weise und im selben Ton mit Rufus, in dem er auch mit Kindern sprach. Er nahm den Hund auf den Schoß und begann einen Vortrag etwa folgendermaßen: «Hör mir mal zu, mein Lieber. Du erfährst jetzt vielleicht etwas Neues, und später kannst du dann deine eigenen Stellungnahmen und Kommentare dazu abgeben.» Man wusste nie so recht, ob die folgenden Bemerkungen nur für den Hund oder nicht eigentlich für einen zufällig in der Nähe weilenden menschlichen Zuhörer bestimmt waren.

Es war manchmal deutlich zu sehen, dass Churchill nur mit Rufus sprach. Einmal verbrachte er wie gewöhnlich den Abend auf seinem Landsitz in Chequers, sah sich den Film *Oliver Twist* an, und Rufus saß wie gewöhnlich auf seinem Schoß. Der Film war gerade an der Stelle angekommen, wo der schlimme Bill Sikes sich anschickt, seinen Hund zu ertränken (das einzige Lebewesen, das ihm noch treu ergeben war). Am Beginn dieser herzzerreißenden Szene legte Churchill Rufus die Hand über die Augen. «Sieh jetzt nicht hin, Liebling. Ich erzähl's dir später», hörte man ihn dem Hund zuflüstern.

Man denkt vielleicht, dass Churchill sich den Pudel eigentlich gar nicht selbst ausgesucht hatte, sondern dass sie sich mehr durch Zufall zusammengefunden und sich mehr schlecht als recht miteinander arrangiert hatten. Das war aber mitnichten der Fall. Rufus war Churchills eigene Wahl, und als Rufus starb, schaffte sich Churchill einen anderen Pudel an, der praktisch genauso aussah wie der erste. «Er heißt Rufus II. – aber das II. wird nicht gesprochen», erklärte Churchill.

Offenbar muss sich der Volkspsychologe nach anderen Beispielen als Winston Churchill umsehen, wenn er beweisen will, dass die Leute sich Hunde aussuchen, die so aussehen wie sie. Zwar mögen wir einen gewissen Hang dazu haben, Hunde zu bevorzugen, deren äußere Erscheinung eine vage Ähnlichkeit mit uns hat, aber das ist nur eine Neigung und keine zwingende Notwendigkeit.

5

Das ABC der Persönlichkeit

Wie suchen wir uns denn nun wirklich unseren Hund aus? Leider geschieht das nicht selten auf die Art, dass wir Bücher mit schönen Hochglanzfotos durchblättern, auf denen vollkommene Hunde zu sehen sind. In diesen Büchern werden alle Hunde, ungeachtet ihrer Rasse, als «intelligent, treu und guter Familienhund» beschrieben. Schließlich entscheiden wir uns für eine Rasse, weil die Hunde schön sind, wir sie im Kino beziehungsweise Fernsehen gesehen haben oder weil ein Freund sie uns empfohlen hat. Dann werden die meisten Menschen, die sich bemühen, eine sorgfältige Auswahl zu treffen, wahrscheinlich zu einem Hundezüchter gehen, der gerade einen Wurf Welpen hat. In dem Moment, wo jemand vor einer Kiste oder einem Zwinger voller Welpen steht, ist die Sache gelaufen. Jeder liebt Welpen – alle Welpen. Psychologen haben nachgewiesen, dass dafür der Schaltplan unseres Gehirns verantwortlich ist. Wir reagieren automatisch auf die Gesichter mit den kurzen Nasen und den großen Augen und vielleicht sogar auf ihren Geruch. Weil das auch die Merkmale menschlicher Babys sind, ist das sehr sinnvoll für die Erhaltung der Art. Wir nehmen diese Merkmale wahr und möchten für das Wesen, das sie besitzt, sorgen und es hegen, daher lieben, hegen und pflegen wir Babys – und ebenso Welpen. Am Ende gehen wir mit unserem neuen Hausgenossen nach Hause, der vielleicht eine wunderbare Wahl, vielleicht aber auch ein Desaster ist.

Man sollte nie einen Hund aussuchen, weil die Welpen so

niedlich und liebenswert sind. Ich habe schon im ersten Kapitel erwähnt, dass annähernd die Hälfte aller als Welpen gekauften Hunde bis zum Ende ihres zweiten Lebensjahres dem Züchter zurückgebracht, ausgesetzt oder getötet wird. All diese Hunde waren aber zunächst einmal süße und herzige Welpen. Ihr Schicksal hängt allerdings von mehr ab als ihrer reizenden Erscheinung, die einen «Liebesreflex» in uns auslöst, und setzt mehr voraus als die Freude an der Interaktion mit einem putzigen Welpen. Wie sehr man den ausgewachsenen Hund liebt, ist einzig und allein eine Frage der «Passform». Eine gute Passform bedingt die Auswahl einer Hunderasse, die zur Persönlichkeit des Besitzers passt.

Persönlichkeitstypen

Zunächst möchte ich verdeutlichen, was ich mit «Persönlichkeit» meine. Im alltäglichen Gespräch verwenden wir das Wort in Sätzen wie: «Sie ist eine Persönlichkeit» oder: «Er ist sehr klug, aber keine besondere Persönlichkeit.» In diesen Beispielen bezeichnen wir mit «Persönlichkeit» einen Komplex erwünschter Eigenschaften wie zum Beispiel Humor, Freundlichkeit, gute Umgangsformen, gewisse Anzeichen von Warmherzigkeit und Fürsorge und so weiter. Wenn Psychologen das Wort gebrauchen, meinen sie damit etwas anderes, denn wenn wir uns der eben erwähnten Definition anschließen würden, müssten wir sagen, dass Jack the Ripper oder Attila der Hunnenkönig überhaupt keine Persönlichkeiten waren.

Wir verwenden das Wort «Persönlichkeit» in unseren alltäglichen Gesprächen noch in anderer Weise. Wenn jemand sagt: «Erzähl mir etwas über Peters Persönlichkeit», könnte man zum Beispiel darauf antworten: «Er ist der aggressive Typ. Er schubst die Leute herum und versucht sie zu dominieren.»

Oder: «Er ist dieser freundliche, warmherzige Typ Mensch. Er wird dir immer helfen, wenn du in Schwierigkeiten bist.» Beachten Sie, dass das eine Kategorisierung von Menschen aufgrund ihres Verhaltens voraussetzt. Psychologen bezeichnen das als Klassifikation der Menschen nach Persönlichkeitstypen. Wir verwenden das Wort Typ häufig in der Alltagssprache, etwa wenn wir jemanden einen «aggressiven Typ» oder einen «ehrgeizigen Typ» oder einen «liebevollen Typ» nennen. Da der Begriff der Persönlichkeit in meinen Ausführungen über die Kompatibilität von Menschen und bestimmten Hunderassen eine wesentliche Rolle spielt, steht es dafür, dass wir uns die Zeit nehmen, einen Blick auf seinen wissenschaftlichen Hintergrund zu werfen.

Das Bestreben, die Menschen in Persönlichkeitstypen einzuteilen, hat eine lange Geschichte. Wir können es bis auf Hippokrates zurückverfolgen, den griechischen Arzt, der um 460 v. Chr. geboren wurde und den Ehrentitel «Vater der Medizin» bekam. Sein Name wird am häufigsten in Verbindung mit dem hippokratischen Eid genannt, der in abgewandelter Form (Genfer Gelöbnis, 1948) noch oft von Medizinern bei der Approbation abgelegt wird. Hippokrates hat auch die vielleicht älteste systematische Theorie von der Persönlichkeit entwickelt.

Laut Hippokrates konnten die Menschen in vier Persönlichkeitstypen eingeteilt werden, die vermeintlich jeweils dem Vorherrschen eines von vier *Körpersäften* entsprachen. Die vier Körpersäfte waren Blut, schwarze, weiße oder gelbe Galle und Schleim. Der *Sanguiniker* mit einem Überschuss an Blut war fröhlich und unbeschwert. Der *Melancholiker* hatte einen Überschuss an schwarzer Galle und war deprimiert und stimmungsabhängig. Der *Choleriker*, mit einem Überschuss an gelber Galle, war aggressiv und reizbar, der *Phlegmatiker* dagegen mit einem Überschuss an Schleim war ruhig und gleichgültig.

Kein Wissenschaftler glaubt heute noch, dass diese vier Körpersäfte ausschlaggebend sind für die Persönlichkeit. An die Stelle dieser unzulänglichen Deutungen der Körperchemie sind inzwischen detailliertere physiologische Kenntnisse getreten. Der Persönlichkeitstheoretiker, der nach physischen Faktoren Ausschau hält, die bestimmte Verhaltensmuster hervorrufen könnten, wird höchstwahrscheinlich die Hormone und Neurotransmitter oder vom Gehirn produzierte chemische Substanzen wie die Endorphine ins Auge fassen. Über die Einteilung der Persönlichkeit in die genannten vier Typen wird aber gelegentlich immer noch in ernst zu nehmender Weise geschrieben. Hans J. Eysenck, ein englischer Psychologe deutscher Abstammung, ist als Persönlichkeitstheoretiker bekannt, der sich auf die biologische Basis des Verhaltens konzentriert hat. In den letzten Jahren hat er Hippokrates' Vier-Persönlichkeitstypen-Lehre im Licht unseres heutigen Wissens über menschliches Verhalten neu überdacht. Er kam zu dem Ergebnis, dass die Einteilung der Menschen in Sanguiniker, Melancholiker, Choleriker und Phlegmatiker in Bezug auf die Typologie des menschlichen Verhaltens immer noch deskriptiven Wert besitzt, wenngleich Hippokrates sich mit seinen Annahmen betreffend die zugrunde liegenden biologischen Mechanismen total im Irrtum befand.

Es gibt noch zahlreiche weitere Typologien der menschlichen Persönlichkeit. Wenn ein solches Kategoriensystem erst einmal plausibel begründet und eingeführt ist, gelten alle Menschen, die unter eine seiner Kategorien fallen, als Individuen gleichen Persönlichkeitstyps. Zu den bekanntesten der bisher aufgestellten Persönlichkeitstypen zählen unter anderen die autoritäre, die unterwürfige, die introvertierte, die extravertierte, die ichstarke, die neurotische, die autonome, die moralische, die machiavellistische, die maskuline, die feminine Persönlichkeit und viele andere mehr.

Persönlichkeitseigenschaften

Wenn man tatsächlich versucht, Menschen nach Persönlichkeitstypen zu klassifizieren, gerät man sofort in Schwierigkeiten. Das Hauptproblem besteht darin, dass die meisten Menschen komplex strukturiert und nicht eindeutig in eine einzelne Kategorie einzuordnen sind. Man denke zum Beispiel an die fiktive Gestalt Don Corleone, dargestellt von Marlon Brando in dem Film *Der Pate* und *Der Pate, Zweiter Teil*. Was für ein Persönlichkeitstyp ist diese Figur? Wollten wir das System des Hippokrates anwenden, um diese Figur einem bestimmten Typ zuzuordnen, würden wir ziemlich in Verlegenheit geraten. Er ist in einigen Szenen unverkennbar aggressiv, und er hat keine Skrupel, Leute umbringen zu lassen, er ist übelnehmerisch, empfindlich und leicht beleidigt. Alles in allem könnten ihn diese Eigenschaften als Choleriker ausweisen. In anderen Szenen ist er sehr ruhig und eher ein Zuhörer, als dass er redet, und er ist kühl und selbstbeherrscht in Situationen, wo andere aufgeregt sind. Diese Eigenschaften zusammengenommen könnten ihn als einen Phlegmatiker erscheinen lassen. In wieder anderen Szenen ist er sehr liebevoll und fürsorglich mit seinen Kindern und Enkelkindern und mit seiner Frau. In der Hochzeitsszene, gleich am Anfang des Films, zeigt er ein selbstsicheres und optimistisches Auftreten, sodass man ihn den Sanguinikern zuordnen könnte. Was für ein Persönlichkeitstyp ist diese Figur nun in Wahrheit? Aufgrund solcher Probleme sind viele moderne Psychologen zu dem Ergebnis gekommen, dass das Verfahren, Menschen in einzelne Schubladen von Typen und Kategorien zu stecken, einfach nicht funktioniert.

Die Persönlichkeitstheorie ist nicht das einzige Gebiet, wo Psychologen den Plan aufgeben mussten, Menschen nach einem festen Schema zu kategorisieren. Dasselbe passierte, als Psychologen sich mit derselben Absicht der Intelligenz annahmen. Ursprünglich hatte man den Wunsch, die Menschen nach den drei Typen: durchschnittlich intelligent, klug und dumm zu klassifizieren. Es stellte sich aber heraus, dass auch das nicht funktionierte, weil so viele Menschen auf manchen Gebieten brillant und auf anderen fast eine Niete sind. Man denke an einen Menschen, dessen Name beinahe ein Synonym für Genie ist – an den Nobelpreisträger für Physik, Albert Einstein. Der Begründer der Relativitätstheorie und Entdecker des Fotoeffekts war nicht nur ein brillanter Physiker, sondern hatte auch eine hochkarätige verbale Intelligenz, wie seine zahlreichen philosophischen Schriften zeigen. Er war zudem ein begabter Geiger. Aber es gibt auch bei ihm Gebiete, auf denen er gewisse Schwächen zeigt. So hatte er zum Beispiel Probleme mit der Arithmetik. Er machte so viele Fehler beim Addieren und Subtrahieren, dass seine private Haushaltsbilanz nie mit den Kontoauszügen seiner Bank übereinstimmte. In ähnlicher Weise kann ich Ihnen noch weitere Geschichten erzählen, zum Beispiel über einen hochintelligenten Chemiker, der nicht in der Lage ist, ein einfaches Rezept so weit zu verstehen, dass er einen Kuchen danach backen kann, oder über einen namhaften klinischen Psychologen, der noch nicht einmal ansatzweise das Problem lösen kann, wie er seinen Hund stubenrein bekommt. An all diesen Menschen kann man erkennen, dass sich ein und dieselbe Person intelligent und dusslig anstellen kann. Ob wir es mit einem Genie oder mit einem Dummkopf zu tun haben, hängt offenbar von der Situation, von dem Problem ab, das gelöst werden muss, und den speziellen Fähigkeiten, die dazu vonnöten sind. Statt Menschen einfach nur in Kategorien mit dem Etikett «intelligent» oder «dumm» zu stecken, messen die heutigen Intelligenztests ein breites Spektrum spezifischer Fähigkeiten. So benotet ein moderner Intelligenztest unter Umständen jeweils für sich eine Anzahl geistiger Fähigkeiten, zu denen normalerweise Wortschatz, Rechnen, Problemlöseverhalten, Lesen, kreatives Denken, Gedächtnisleistung, Allgemeinwissen und vieles andere mehr gehören. Wie in den zuvor erwähnten Fällen kann dabei ein und derselbe Mensch sehr unterschiedliche Noten bekommen, die von sehr guten Noten für manche Fähigkeiten zu eher mäßigen Noten für andere Fähigkeiten reichen. Sieht man sich ein solches Notenspektrum an, ist es nicht länger möglich, einen Menschen in die Kategorie «gescheit» oder «dumm» einzuordnen.

Viele Psychologen, die die Persönlichkeit untersuchen, haben sich eine ähnliche Vorgehensweise zu Eigen gemacht wie die Wissenschaftler, die sich mit der Intelligenz beschäftigen. Sie begannen eine Gruppe spezifischer Aspekte der Persönlichkeit zu messen. Wir können diese Aspekte nicht «Fähigkeiten» nennen, da sie eher Verhaltensdispositionen als Fertigkeiten sind. Stattdessen werden sie *Persönlichkeitseigenschaften* oder manchmal *Persönlichkeitsfaktoren* genannt.

In einigen der bekanntesten Persönlichkeitstests werden fünf spezifische Eigenschaften gemessen; vier davon sind: Neigung zu Neurotizismus, Extraversion/Introversion, Gewissenhaftigkeit und Konzilianz. Die fünfte Eigenschaft heißt Aufgeschlossenheit, dazu gehört die Bereitschaft eines Menschen, neue Wege zu gehen, statt an Altgewohntem festzuhalten. Man hat diese fünf Eigenschaften ausgewählt, weil sie ein umfassendes, solides Persönlichkeitsbild liefern. Tatsache ist, dass Messungen dieser fünf Persönlichkeitseigenschaften so weit verbreitete Praxis sind, dass man sie als «die großen fünf» bezeichnet. Das Dumme ist nur, dass Persönlichkeitsmessungen mit den großen fünf in der Regel ziemlich umfangreich sind. Sie umfassen gewöhnlich über hundert Punkte und mitunter sogar dreihundertfünfzig Punkte. Außerdem ist die Benotung recht kompliziert und muss häufig per Computer errechnet werden.

Manchmal benötigen Psychologen lediglich ausgewählte Testwerte einzelner, in spezifischen Situationen relevanter Verhaltensweisen oder -tendenzen. Für diesen Fall hat man entsprechend verkürzte Tests erarbeitet. Zum Teil messen sie *Temperamentseigenschaften*, anders gesagt, Persönlichkeitsfaktoren, die die Grundstimmung eines Menschen beeinflussen und deren Kenntnis wichtig ist, wenn es darum geht vorauszusagen, wie jemand Stress und Konflikte bewältigt. Geprüft werden dabei unter anderem die Nervosität, die Angstneigung, die Impulsivität und die Erregbarkeit eines Menschen. Andere Tests dieser Art messen Charaktereigenschaften, unter anderem Ehrlichkeit, Moralität und Gewissenhaftigkeit.

Merkmale der mentalen Orientierung – sie geben Aufschluss darüber, wie der Einzelne denkt und was er denkt – werden häufig im Zusammenhang mit Berufsberatung oder Jobsuche gemessen. Bei Psychologen gilt es als gesicherte Tatsache, dass die Persönlichkeit bei der beruflichen Lebensplanung eine wesentliche Rolle spielt. Deshalb werden Persönlichkeitstests nicht selten in der Berufsberatung eingesetzt (und auch von Arbeitgebern, die feststellen wollen, welcher Kandidat am besten für die zu besetzende Stelle geeignet ist). Ein Test, der sich bei der Berufsberatung als erfolgreich erwiesen hat, misst zwei Merkmale der mentalen Orientierung, nämlich ob es der betreffende Kandidat bei seiner Arbeit lieber mit Menschen oder mit Sachen und ob er es lieber mit Daten und Fakten oder mit Ideen und Theorien zu tun hat.

Interpersonale Persönlichkeitseigenschaften

Wer nach einem Hund sucht, mit dem er später glücklich und zufrieden ist, für den haben in dieser Situation die *interpersonalen Eigenschaften* vorrangige Bedeutung: wie er im sozialen Bereich zurechtkommt, auf andere Menschen reagiert, mit Liebe und Macht umgeht, auf das Verhalten seiner Mitmenschen Einfluss zu nehmen sucht und so weiter. Diese Eigenschaften sind so wichtig, weil ein Hund nicht als ein Schaustück oder eine Aufziehpuppe in die Familie kommt, sondern vielmehr als Kamerad, Partner, Freund oder sogar als ein neues Familienmitglied.

Dass wir unseren Hund wie einen Bestandteil unseres geselligen Lebens behandeln (wie einen Freund, Kumpel oder Kameraden), zeigt sich am besten daran, dass wir mit ihm reden. Wir reden nicht nur mit ihm, wir tun das auch auf besondere Weise. Sehen wir uns beispielsweise die Ergebnisse einer informellen Erhebung an, die ich im Rahmen eines Workshops über die Mensch-Hund-Beziehung für rund hundertfünfzig Hundebesitzer durchgeführt habe. Ich habe die Teilnehmer gefragt: «Wer von Ihnen redet mit seinem Hund? Ehe Sie mir antworten, sollten Sie noch wissen, dass ich nicht die Befehle meine, die wir unserem Hund geben, wenn wir wollen, dass er etwas Bestimmtes tut (zum Beispiel sitzen oder kommen), sondern die Art und Weise, wie wir mit Kindern oder anderen Erwachsenen reden.» Als die Teilnehmer daraufhin mit Handzeichen antworteten, schien es mir, dass alle zugaben, mit ihrem Hund zu reden. Als ich dann im nächsten Schritt nach Beispielen fragte, sagten praktisch alle, dass sie ihren Hund gewöhnlich begrüßen, wenn sie nach Hause kommen, und sich von ihm verabschieden, wenn sie weggehen. Eine andere allgemein übliche Art «der Unterhaltung» besteht unter anderem darin, dem Hund Komplimente zu machen – ihm zu sagen, dass er hübsch oder schön ist. Viele Leute gaben an, dass sie ihrem Hund sagten, was sie über sein Verhalten dachten, indem sie ihn zum Beispiel blöd, böse oder klug nannten. Die meisten gaben außerdem an, dass sie ihren vierbeinigen Freund in Dingen, die ihn unmittelbar betrafen, nach seinen Wünschen fragten: «Möchtest du Gassi gehen?» oder: «Möchtest du etwas Feines?» Außerdem sagten die allermeisten Teilnehmer, dass sie dem Hund Fragen stellten, auf die sie von ihm wirklich keine Antwort (und auch kein besonderes Interesse) erwarten konnten, wie zum Beispiel: «Meinst du, dass es heute regnet, oder kann ich ohne Schirm zur Arbeit gehen?» oder: «Soll ich mich für die Party fein machen, oder genügt das, was ich anhabe?»

Die Psychologinnen Kathy Hirsh-Pasek und Rebecca Treiman konnten tatsächlich nachweisen, dass wir uns einer besonderen Sprachform bedienen, wenn wir mit unseren Hunden reden.[1] Wir alle wissen, dass unsere Sprache mit den Umständen wechselt. Bei offiziellen Anlässen, zum Beispiel wenn wir mit Vorgesetzten oder vor einem Publikum sprechen, bedienen wir uns einer disziplinierteren und förmlicheren Sprache, als wenn wir mit unserer Familie und Freunden sprechen. Geschriebene Sprache ist informationshaltiger und komplexer als gesprochene Sprache. Deshalb hört sich etwas schriftlich Formuliertes, wenn man es laut vorliest, nicht selten hölzern, kompliziert und gewunden an – ganz und gar nicht wie Umgangssprache. Es gibt überdies eine besondere Sprachform, deren wir uns bedienen, wenn wir mit Kindern reden. Es ist eine vereinfachte Sprache voller Wiederholungen, deren Lautcharakter oft ein melodiöser Singsang – manchmal in höherer Stimmlage – ist. Psychologen haben diese spezielle Sprachform *Babysprache* genannt, weil man sie am häufigsten hört, wenn Mütter mit ihren Säuglingen und Kleinkindern sprechen. Sie ist aber nicht nur auf Mütter beschränkt, da praktische jeder, ob Mann oder Frau, Elternteil oder nicht, dazu neigt, in Babysprache zu verfallen, wenn er mit ganz kleinen Kindern spricht. Hirsh-Pasek und Treiman stellten fest, dass die Art, wie wir mit unserem Hund sprechen, der Babysprache sehr ähnlich ist, und sie nannten diese Sprachform *Doggerel*.

Das *Doggerel*, das wir mit unseren vierbeinigen Kameraden sprechen, unterscheidet sich sehr von der Sprache, deren wir uns unter anderen Erwachsenen bedienen. Zum Beispiel besteht eine Äußerung gegenüber einem Erwachsenen durchschnittlich aus zehn oder elf Wörtern, eine Äußerung gegenüber einem

Hund aus etwa vier Wörtern. Wir sprechen viel mehr in Imperativen und Kommandos mit unserem Hund, wie zum Beispiel: «Komm her!» oder: «Geh von dem Sessel runter!» Wir stellen unserem Hund auch doppelt so viele Fragen wie anderen Menschen, obwohl wir, wie bereits erwähnt, offenbar wirklich keine Antwort erwarten. Es sind in der Regel triviale, floskelhafte Fragen, zum Beispiel: «Wie geht's dir heute, Lassie?» Wir benutzen auch viel öfter Pseudofragen, wenn wir mit einem Hund sprechen. Eine Pseudofrage ist eine Feststellung, die am Ende des Satzes zu einer Frage umgewendet wird, zum Beispiel: «Du bist durstig, nicht?» Wenn wir mit unserem Hund sprechen, tun wir das meistens im Präsens. Tatsache ist, dass rund neunzig Prozent des *Doggerel* in der Gegenwartsform gesprochen wird, das ist anderthalbmal so viel wie in Unterhaltungen mit anderen Erwachsenen. Wenn wir mit unserem Hund sprechen, ist es auch zwanzigmal wahrscheinlicher, dass wir Dinge wiederholen, teilweise wiederholen oder umformulieren und wiederholen, als wir das bei Menschen tun würden. Ein Beispiel für eine Umformulierung und Wiederholung wäre etwa: «Du bist ein guter Hund. Und was für ein guter Hund.»

Ein wesentlicher Unterschied zwischen *Doggerel* und Babysprache liegt in der Häufigkeit so genannter *deiktischer* Sätze – das sind Sätze, die gewissermaßen erst durch den ausgestreckten Zeigefinger, der ihre Äußerung begleitet, einen konkreten Sinn erhalten, zum Beispiel: «Das ist ein Stuhl» oder: «Die Schale ist blau.» Sätze dieser Art werden gewöhnlich als Versuch angesehen, andere Menschen zu belehren. Die Babysprache der Mutter enthält viel mehr Feststellungen dieser Art als die Sprache der Erwachsenen. Andererseits enthält das *Doggerel* nur halb so viele derartige Feststellungen wie Gespräche unter Erwachsenen. Anscheinend ist das meiste, was wir mit unseren Hunden reden, eine Art geselliges Blabla, und es ist für uns ziemlich belanglos, ob der Hund etwas daraus lernt.

Von der alltäglichen Rede unterscheidet sich das *Doggerel* auch darin, dass es gelegentlich dazu neigt, Hundelaute nachzuahmen. Zum Beispiel: Als ich eines Abends mit meinem Sohn Benjamin telefonierte, hörte ich im Hintergrund seinen Zwergpudel Brand. Der Hund ließ ein schrilles Bellen hören und gab dann einen Laut von sich, der wie ein gedehntes «Ä-real» klang. Mein Sohn unterbrach unser Gespräch, um mit dem Hund zu reden. «Ä-real alleine, Brand. Ich telefonier jetzt. Ich komm später zu dir.» Er ahmte mit seinem «Ä-real» perfekt den Laut nach, den der Hund von sich gegeben hatte. Mütter imitieren selten das Gebrabbel ihrer Kleinkinder, und wollte man die Sprechweise oder den Tonfall eines anderen Erwachsenen nachahmen, würde das vermutlich als Spott oder Beleidigung empfunden werden. Aus irgendeinem Grund ist das Imitieren von Hundelauten nur ein weiterer Trick, um die Gespräche mit unseren vierbeinigen Kameraden in Gang zu halten.

Das *Doggerel* hört sich insgesamt ganz anders an als der Ton, den wir im Gespräch mit anderen Erwachsenen anschlagen. Wir sprechen in höherer Tonlage mit überzeichneter Satzmelodie und Gefühligkeit. Wir benutzen häufig Diminutive, zum Beispiel «Fresschen» statt Fressen, «Bällchen» statt Ball oder nennen unseren Hund «Süßie». Wenn man eine Frau im Singsangton fragen hört: «Will das Bubele was Feines haben?», kann man deshalb mit ziemlicher Sicherheit annehmen, dass sie mit ihrem Hund redet; es besteht noch eine geringe Chance, dass sie mit einem sehr kleinen Kind spricht, es ist aber praktisch unmöglich, dass sie so etwas zu ihrem Mann oder einem Freund sagt.

Die Existenz des *Doggerel* deutet darauf hin, dass wir mit Hunden in genau der gleichen Weise sozialen Austausch unterhalten wie mit anderen Menschen oder jedenfalls mit Kindern. Allerdings vollziehen wir über das bloße Sprechen mit unseren Hunden hinaus mit ihnen noch eine ganze Anzahl anderer sozialer Interaktionen. Wir versuchen, unseren Hund in ähnlicher

Weise zu erziehen wie unsere Kinder (und natürlich auch unsere Ehepartner und Lebensgefährten). Wir spielen mit unserem Hund, vertreiben uns die Zeit mit ihm und behandeln ihn nicht selten, als ob er eigentlich ein vierbeiniger Mensch in einem Pelzmantel wäre. Aus all diesen Gründen sind es die interpersonalen Aspekte unserer Persönlichkeit, die ausschlaggebend darüber entscheiden, welche Art Beziehung zu unserem Hund wir aufbauen.

Bevor wir uns aber der Frage widmen, in welcher Weise Persönlichkeitsmuster spezifische Reaktionen auf Hunde bedingen, müssen wir noch einen kurzen Exkurs über die Verhaltensformen von Hunden einschalten.

6

Ein neues Klassifikationsschema für Hunde

Zwar weiß man nicht genau, wie viele Hunderassen es auf der Welt gibt, ihre Zahl wird jedoch von Kynologenverbänden der verschiedensten Länder offiziell auf über vierhundert geschätzt. Rasserein ist ein Hund, dessen Nachkommen sämtlich einen für diese Rasse spezifischen Katalog von Merkmalen aufweisen. In den USA, England und Kanada darf ein Hund nur dann als «rasserein» bezeichnet werden, wenn die Reinrassigkeit der Vorfahren für die letzten drei Generationen urkundlich nachgewiesen ist. Viele nationale Zuchtbücher sind so alt, dass die Stammbäume Hunderte von Generationen zurückreichen. *The Foxhound Kennel Stud Book* zum Beispiel erschien in England 1844 zum ersten Mal. In den verschiedenen Zuchtbüchern sind oft sehr viele Hunde verzeichnet, und das Gegenstück zum Verband für das deutsche Hundewesen (VDH), der American Kennel Club (AKC), hat seit seiner Gründung im Jahr 1884 sogar über achtunddreißig Millionen Hunde registriert.

Viele der heute vorhandenen Hunderassen gehen auf gemeinsame Stammeltern zurück und haben sich einfach nur deshalb auseinander entwickelt, weil Züchter einen Selektionsprozess für bestimmte körperliche Merkmale in Gang gesetzt haben. Cairn-Terrier und West-Highland-White-Terrier waren ursprünglich eine Rasse. Tatsache ist, dass Welpen ein und desselben Wurfs nach Farben aussortiert wurden, von denen die weißen West Highlands Whites und die andersfarbigen Cairns genannt wurden. Man stellte fest, wenn man die weißen Terrier aus den Würfen herausnahm und mit ihnen weiterzüchtete, die Nachkommen immer weiß waren, was die Verselbständigung der Rassen ermöglichte. In den heute geltenden Zuchtkriterien beider Rassen ist festgelegt, dass die West Highlands nur weiß sein dürfen, während die Cairns «alle Farben außer Weiß» haben können. In Körperbau und Wesen sind die beiden Rassen praktisch völlig identisch, deshalb werden Sie, falls Ihre Persönlichkeit zu einem West-Highland-White-Terrier passt (abgesehen von der Vorliebe für die Farbe), dann auch mit einem Cairn-Terrier glücklich und zufrieden sein.

Es gibt viele ähnliche Beispiele bei anderen Rassen. Die Belgischen Hütehunde umfassen drei Rassen: den Groenendael (oder Belgischen Schäferhund), der schwarz ist, den kurzhaarigen Belgischen Malinois und den Belgischen Tervuren, der ein mahagoni- beziehungsweise rehbraunes Langhaarfell mit schwarzen Spitzen hat. Außer diesen Unterschieden im Fell sind die Hunde praktisch identisch. Sollten Sie daher eine Vorliebe für eine Rasse dieser Belgischen Hütehunde haben, müssten Ihnen auch die anderen beiden Rassen gefallen. Wie nichts sagend rassenunterscheidende Merkmale sein können, zeigt sich zumindest meiner Meinung nach am besten im Fall der Norwich- und der Norfolk-Terrier. Beide sind prächtige kleine Terrier, deren Unterschied einzig darin besteht, dass der Norwich-Terrier stehende und der Norfolk-Terrier hoch angesetzte, nach vorn hängende Ohren hat. Beide konnten jahrelang auf Ausstellungen unter dem Oberbegriff Norwich-Terrier vorgeführt werden. 1964 beschloss der englische und 1979 der amerikanische Kynologenverband, aufgrund der Ohrenstellung aus der einen Rasse zwei zu machen. Es gibt sonst keinen Unterschied zwischen diesen beiden Rassen. Wenn Ihre Persönlichkeit zum Temperament des Norwich-Terriers passt, liegt es auf der Hand, dass Sie den Norfolk-Terrier ebenso lieben werden, es sei denn, Sie haben ein unbezwingliches Verlangen nach einer bestimmten Ohrenstellung (was unter Umständen auch ein bestimmtes Licht auf Ihre Persönlichkeit wirft).

Traditionelle Großgruppen

Seit der Renaissance hielten es Menschen, die an Hunden interessiert waren, für praktisch, die verschiedenen Hunderassen nach ihren Aufgaben in umfassende Großgruppen einzuteilen. Die ersten Sachverständigen benutzten ziemlich weit reichende Kategorien, wie zum Beispiel «Wildtierhund» für Jagdhunde, «Zughund» (einschließlich der Hofhunde) und «Rattenfänger» (zu denen hauptsächlich die Terrier gehörten). In England spiegelte eines der frühesten Klassifikationsschemata das verbreitete Vorurteil gegen Einwanderer dadurch wider, dass es eine gesonderte Kategorie mit Namen «ausländischer Hund» enthielt. Mit der Gründung des Kennel Club of England im Jahr 1873 wurde ein systematischeres Rassenklassifikationsschema eingeführt, und der amerikanische wie der kanadische Kynologenverband benutzten das englische Verfahren mit kleineren Abänderungen als Ausgangsbasis für das eigene Klassifikationsschema.

Wie gesagt, wird die Einteilung der Hunderassen in Großgruppen nach Funktionen vorgenommen. Daher ist es nicht überraschend, dass die erste Gruppe, die *Jagdhunde*, in den USA als *sporting dogs* und in England genauer als *gun dogs* bezeichnet wird. Diese Hunde sollen dem Jäger assistieren. In dieser Gruppe findet man die Hunderassen, die das Wild aufspüren und dann teils seine Anwesenheit durch Deuten mit dem Vorderlauf melden, teils es aufscheuchen, sodass der Jäger es schießen kann. Zu dieser Gruppe gehören auch Hunde, die speziell dazu da sind, dem Jäger Mühe und Unbequemlichkeiten zu ersparen, indem sie die Jagdbeute aus dem Gelände und aus Gewässern apportieren. In der Liste der Jagdhunde sind einige der markantesten Hunderassen ebenso vertreten, zum Beispiel der Spaniel, der Pointer, der Retriever und der Setter, wie einige Mehrzweckrassen, zum Beispiel der Weimaraner und der Viszla.

Die zweite Großgruppe der Rassen, die *Hounds,* sind ebenfalls Jagdhunde, allerdings sehr viel selbständiger operierende. Ein Teil von ihnen spürt das Jagdwild auf, indem er sich mit der Nase an seine Fährte heftet, deswegen heißen diese Tiere «Spürhunde». Andere haben scharfe Augen und sind sehr schnell. Ihre Aufgabe besteht darin, das Beutetier in der Ferne zu erspähen und es dann zu hetzen, daher werden diese Tiere «Augenhunde» genannt. Der Jäger wird nur gebraucht, wenn sich das Wild in eine Höhle, einen Bau oder auf einen Baum flüchten kann. Sonst sind diese Hunde in der Lage, ihr Opfer ohne jede menschliche Hilfe zu töten, wenn sie es erwischen. Es handelt sich hier um eine sehr heterogene Gruppe, in der man die schnellsten Läufer findet, die es unter den Hunden gibt, zum Beispiel Greyhounds, Afghanische Windhunde und Saluki. Es gehören ebenso Hunde dazu, die, selbst wenn sie so schnell laufen, wie sie können, noch langsam sind, wie die Dachshunde und die Bassets. Außerdem gibt es in dieser Gruppe Hunde, die speziell für die Jagd bestimmter Wildarten gezüchtet worden sind, zum Beispiel der Irische Wolfshund, der Schottische Hirschhund, der Otterhound, der Norwegische Elchhund, der Foxhound und der Coonhound. Wie man sieht, ist in all diesen Fällen der Name des Jagdwilds als Determinativ in der Rassebezeichnung enthalten. Zu dieser Gruppe zählen auch die Dachshunde; Dachse sind das Wild, zu deren Jagd diese kleinen Hunde mit der kräftigen Kiefermuskulatur bestimmt sind.

Die Gruppe der *Terrier* umfasst ein breites Spektrum großer und kleiner Hunde. Diese Hunde waren dazu da, Farmen und die dazugehörigen Gebäude von Schädlingen wie Ratten oder Füchsen frei zu halten. Das Wort «Terrier» geht zurück auf das lateinische *terra*, Erde, Erdboden, was uns einen Hinweis auf die Techniken gibt, deren sich diese Hunde häufig bedienen: unter der Erde zu graben beziehungsweise dem Jagdwild in seinen Bau oder seine Höhle zu folgen, um es dort aufzuspüren. Zu diesem Zweck wurden viele Terrierschläge bewusst klein gehalten. Einige waren auch mit einem harten, drahtigen, borstigen Fell gezüchtet, das sie in hartem, steinigem Boden vor Abschürfungen schützte und obendrein als eine Art Panzer gegen die Zähne ihrer Beutetiere diente. Einige dieser kleinen kurzbeinigen Terrier wurden bei der Jagd in einem Korb auf dem Pferd mitgeführt. Sie kamen nur zum Einsatz, wenn das Jagdwild in seine Höhle hineingetrieben worden war. Größere Terrier mit entsprechend langen Läufen liefen bei der Jagd im Rudel der anderen Hunde mit. Sie konnten auch flinke kleine Räuber im offenen Gelände verfolgen. Die Namen der Terrier deuten oft auf die geographische Ortschaft hin, wo sie zuerst gezüchtet wurden, zum Beispiel Australische Terrier, Airedale-Terrier, Scotchterrier, Irischer Terrier, Manchester-Terrier, Welsh Terrier, Kerry-Blue-Terrier oder West-Highland-White-Terrier. Einige andere sind nach Menschen genannt, die angeblich für ihre Fortentwicklung von Bedeutung waren, zum Beispiel der Jack-Russell-Terrier und der Dandie-Dinmont-Terrier.

Die Gruppe der *Gebrauchshunde* umfasst Hunde, die in den verschiedensten Funktionen praktische Arbeit leisten: als Wach- und Schutzhunde, als Ziehhunde, als Such- und Rettungshunde. All diese Aufgaben erfordern starke, kräftige mittelgroße bis große Hunde. Zu den Gebrauchshunden gehören bekannte Wachhunde wie der Dobermann und der Rottweiler, zu den Zieh- und Rettungshunden Alaska Malamut, der Sibirische Husky, der Berner Sennenhund, der Pyrenäenhund, der Bernhardiner und der Neufundländer.

Der American Kennel Club führt eine gesonderte Gruppe *Hütehunde*, die dagegen in England zur Gruppe der Gebrauchshunde gezählt werden. Mit ihrer Fähigkeit, Schaf- und Rinderherden zusammenzuhalten und unter der Anleitung eines Schäfers durchs Gelände zu dirigieren, sind viele Hütehunde unentbehrlich. Die Hunde treiben das Vieh im Allgemeinen mit ihrem Bellen, aber im Bedarfsfall auch, indem sie es umkreisen und mit den Zähnen zwicken. Manche Hunde fixieren Tiere aus der Herde einfach nur, damit sie da bleiben, wo sie sind, oder in eine bestimmte Richtung weitergehen. Andere Hunde aus dieser Gruppe dienen hauptsächlich als Wachhunde und wehren Wölfe und Kojoten ab, die ihre Schützlinge unter Umständen bedrohen. Zu den Hütehunden zählen die verschiedenen Schläge der Collies, Corgis und Belgischen Schäferhunde sowie der bekannte Bobtail, der Deutsche Schäferhund und exotischere Rassen wie der Puli, der Briard und andere.

In der Gruppe der *Toy*-Hunde finden wir eine ganze Anzahl von Hunden, die einzig und allein als Gesellschaftshunde gezüchtet waren. Sie sollten klein, leicht zu tragen und freundlich sein, die Art Haustier, das adelige Damen mit sich herumtragen konnten. Einige dieser Hunde, zum Beispiel der Pekinese und der Japan-Chin, waren ursprünglich nur im Besitz kaiserlicher oder königlicher Familien. Niemand sonst durfte einen solchen Hund besitzen, und jeder Versuch, einen solchen Hund aus seinem Ursprungsland herauszubringen, wurde mit dem Tod bestraft. Diese Hunde wurden oft mehr ihres Äußeren als irgendeines anderen Merkmals wegen geschätzt. So sollte der Pekinese aussehen wie der Chinesische Himmelslöwe, und jedes Jahr fand ein Wettbewerb statt, bei der der Hund ermittelt wurde, der diesem Ideal am nächsten kam. Andere Toy-Hunde waren einfach nur kleinere Ausgaben bekannter größerer Rassen. So waren der Cavalier-King-Charles-Spaniel und der Papillon Zwergspaniel, das Italienische Windspiel ist eine kleinere Ausgabe des größeren Greyhound, und der Toy-Pudel ist eine geschrumpfte Variante des normalen Pudels. Andere Hunde, die man auch in dieser Gruppe findet, sind die winzigen Terrier wie der Yorkshire-Terrier und der Toy-Manchester-Terrier sowie einige Hunde mit einem prachtvollen Fell wie der Shih Tzu beziehungsweise der Spitz oder ganz ohne Fell wie der Chinesische Schopfhund.

Für den American Kennel Club ist die Gruppe der *Nicht-Jagdhunde* das Sammelbecken für all die Rassen, die einfach in keine andere Gruppe hineinpassen. In England gibt es keine vergleichbare Sammelkategorie, die meisten Nicht-Jagdhundrassen werden auch hier als Rassen geführt, sind aber anderen Gruppen zugeordnet. Man könnte durchaus Gründe dafür anführen, dass einige von ihnen tatsächlich in andere Gruppen gehören. Zum Beispiel spricht manches dafür, den Dalmatiner und den Schipperke den Gebrauchshunden zuzurechnen, da beide einmal als Wachhunde gedient haben – Dalmatiner für Kutschen, Schipperke für Frachtkähne. Den Pudel könnte man der Gruppe der Jagdhunde zuordnen, da er ursprünglich ein Apportierhund war und auch heute noch erfolgreich ist, wenn man ihn als Apportierhund einsetzt. In ähnlicher Weise könnte man den Bichon Frisé als kleinen wolligen freundlichen Gesellschaftshund gut zu den Toy-Hunden zählen. Andere Hunde wären sehr viel schwieriger in bestimmten Gruppen unterzubringen, zum Beispiel der Chow-Chow, der ursprünglich als Nahrungsmittel gezüchtet wurde, der faltige Chinesische Shar-Pei, der Tibet-Spaniel (der kein echter Spaniel ist) und der Tibet-Terrier (der kein echter Terrier ist).

Selbst wenn wir die Einteilung der Rassen in diese Großgruppen in gewisser Hinsicht für sinnvoll halten, eignet sie sich für unsere Zwecke im Grunde nicht. Wenn es darum geht, den richtigen Hund mit der richtigen Persönlichkeit zusammenzubringen, benötigen wir ein Klassifikationsschema, das auf den Verhaltensmerkmalen und dem Temperament der verschiedenen Rassen basiert. Von den bisher genannten Großgruppen ist die der Terrier die einzige, die unter dem Gesichtspunkt des Temperaments annähernd homogen ist. Die meisten Terrier sind selbstsichere, robuste Hunde mit einer Veranlagung zum Bellen, wenn sie sich über irgendetwas aufregen (und sie regen sich sehr leicht auf). Innerhalb der anderen Großgruppen gibt es eine breite Palette von Verhaltensweisen und Temperamenten. In der Gruppe der Hounds zum Beispiel finden wir die freundlichen, umgänglichen Beagles und Bassets und die scharfen, unzugänglichen Rhodesian Ridgebacks und Basenjis. Zur Gruppe der Toy-Hunde zählt der einzelgängerische, eigenwillige Manchester-Terrier ebenso wie der gesellige Schmusehund, der Cavalier-King-Charles-Spaniel. In der Gruppe der Jagdhunde ist der gesetzte, nicht aus der Ruhe zu bringende Clumber-Spaniel vertreten und auch der überschäumend muntere und verspielte Irish Setter. In der Gruppe der Hütehunde schließlich finden wir den unterwürfigen, mitunter scheuen Shetland Sheepdog ebenso wie den dominanten, selbstbewussten Deutschen Schäferhund. Wenn wir bestimmen wollen, welche Rassengruppe zu welchem Persönlichkeitstyp passt, werden wir uns ein geeigneteres Klassifikationsschema als das der Kynologenverbände einfallen lassen müssen.

Die Hundeeigenschaften, auf die es ankommt

Als Erstes musste ich also die verschiedenartigen Merkmale von Hunden bestimmen, die für die Zufriedenheit und den Lebensstil von Menschen maßgeblich waren. Zu diesem Zweck legte ich mir für jede Hunderasse eine Liste an: Aktivitätsniveau, Intelligenz, Freundlichkeit und so weiter. Mir wurde sehr schnell klar, dass meine Liste vielleicht ganz persönlich war und die Tatsache widerspiegelte, dass ich in einer Stadt lebe und meine Hunde hauptsächlich als Kameraden halte. Die einzige Aufgabe, die meine Hunde haben – wenn sie denn überhaupt eine haben –, besteht darin, an Gehorsamswettbewerben teilzunehmen und meinen Klienten zu demonstrieren, was man Hunden alles beibringen kann. Um mir ein brauchbares Bild von den für meine Zwecke wirklich wichtigen Eigenschaften zu verschaffen, musste ich noch andere Gesichtspunkte heranziehen. Deshalb wandte ich mich an elf Hundeexperten: zwei Tierärzte, zwei Ausbilder, zwei Gehorsamsprüfungsrichter, zwei Unterordnungs- beziehungsweise Schönheitsprüfungsrichter, zwei Jagdeignungsprüfungsrichter, zwei Fährtensuchhundprüfungsrichter und ein Hundepsychologe. All diese Leute verstanden eine Menge von Hunden, deshalb bat ich sie, mir eine Liste von allen Eigenschaften anzufertigen, die sie für die Bestimmung einer glücklichen Mensch-Hund-Beziehung für wichtig hielten.

Als Nächstes nahm ich die elf Listen, die meine Experten mir gemacht hatten, und meine eigene Liste und ging sie durch. Diese Listen umfassten so ungefähr alle Dimensionen des Hundeverhaltens, die man sich denken kann. Meine Experten gaben nicht einfach nur an, wie wichtig das Aktivitätsniveau war, sie unterschieden auch noch zwischen Aktivität im Haus, Aktivität außer Haus und allgemeiner Rastlosigkeit. Umgänglichkeit und Dominanz waren in den Augen dieser Experten keine uniformen Dimensionen, sondern in sich selbst sehr stark differenziert, je nachdem, wer aus einer Vielzahl verschiedener Individuen der Bezugspunkt der Freundlichkeit beziehungsweise des Dominanzverhaltens war. Da waren separate Aufstellungen über die Umgänglichkeit im Verhältnis zu Erwachsenen, Kindern, der ganzen Familie, zu fremden Erwachsenen, fremden Kindern. Die Experten berücksichtigten sogar die Freundlichkeit oder Unfreundlichkeit gegenüber anderen bekannten wie fremden Hunden und sonstigen Tieren. Die Liste der Verhaltensdimensionen umfasste sogar Punkte wie den, wie viel Fellpflege der einzelne Hund gegebenenfalls braucht und ob er haart oder nicht.

Schließlich konnte ich all diese Punkte auf die meiner Meinung nach entscheidenden zweiundzwanzig Verhaltensdimensionen zusammenstreichen. Auf meiner definitiven Liste erschienen lediglich solche Merkmale, die von mehr als der Hälfte meiner Experten genannt worden waren und die zusätzlichen Bedingungen erfüllten, dass andere Hundeexperten ihre Ausformung bei jeder beliebigen Hunderasse objektiv zu evaluieren vermochten. Dann wandte ich mich an eine große Zahl verschiedenartigster Hundespezialisten: Tierärzte, Ausbilder, Prüfer, Richter, Hundepsychologen und Verfasser von Hundebüchern. Ich gab jedem von ihnen eine Liste von Hunderassen und bat sie, jede Rasse, die sie wirklich gut zu kennen glaubten, in jeder der zweiundzwanzig Dimensionen zu benoten. Da ich wusste, dass dies einen größeren Zeitaufwand erforderte, begrenzte ich die einzelnen Listen auf vierzig Rassen. Jeder Experte hatte andere Rassen auf seiner Liste, sodass alle bedeutenden Rassen schließlich erfasst waren, und alle Experten konnten jede Rasse, die sie besonders gut kannten und auch auf der Liste haben wollten, zusätzlich aufnehmen beziehungsweise die Rassen von der Liste streichen, die sie für eine Benotung nicht gut genug kannten. Als ich dann meine eigene Liste bearbeitete, stellte ich fest, dass ich für die Benotung der vierzig Rassen über drei Stunden brauchte. Deshalb war ich wirklich besorgt, dass sich nicht viele von den Experten diese Mühe machen würden. Umso freudiger war die Überraschung, als ich feststellte, dass sechsundneunzig viel beschäftigte Profis sich die Zeit genommen hatten, mir ihre Benotungen zurückzuschicken.

Als ich das Material durchsah, entdeckte ich, dass ich einhundertdreiunddreißig Rassen hatte, die von mindestens zwanzig Experten in den zweiundzwanzig Verhaltensdimensionen benotet worden waren. Anhand dieser Informationen musste ich nun ein neues Klassifikationsschema für Hunde aufstellen, das sich nicht am Aussehen der Tiere und den Funktionen, die wir ihnen zuwiesen, sondern an ihren Verhaltenseigentümlichkeiten orientierte. Das ging nicht ohne Zuhilfenahme einiger ziemlich hochgezüchteter statistischer Auswertungsmethoden ab, die wahrscheinlich nur für Psychologen, Hundepsychologen und Wissenschaftler von Interesse sind. Diesbezügliche Einzelheiten habe ich für Interessierte im Anhang dieses Buches untergebracht. Für den Nichtwissenschaftler sage ich, dass die fast vierwöchige statistische Analyse darauf abzielte, Großgruppen von Hunden mit bestimmten gemeinsamen Eigenschaften zu identifizieren. Es sind die Eigenschaften, auf die die Leute offenbar großes Gewicht legen und die bei der Auswahl der Rasse eine große Rolle spielen. Im Bemühen um größtmögliche Objektivität stützte ich mich auf Computeranalysen und statistische Verfahren statt auf meine persönliche Meinung. Schließlich hatte ich ein neues Klassifikationsschema für Hunde vor mir liegen. Nicht die herkömmliche Einteilung in Jagdhunde, Hounds, Terrier, Gebrauchs-, Hüte- und Toy-Hunde des American Kennel Club, sondern ein siebengliedriges Kategorienschema auf der Grundlage des Mensch-Hund-Beziehungsspektrums.

Die neuen Großgruppen

Ich habe mich bemüht, jeder der resultierenden sieben Großgruppen einen aussagekräftigen Namen zu geben, der das Verhaltensmerkmal reflektiert, das die Computeranalyse als das bezeichnendste für die jeweilige Gruppe ermittelt hat. Wenn meine Experten die richtigen Noten gegeben haben und der Computer beim Erstellen der Analyse ordnungsgemäß gearbeitet hat, dann ist dieses Klassifikationsschema etwas ganz anderes als seine Vorgänger. Da wir mit unserer statistischen Analyse die Hunde auf der Grundlage von Verhaltensähnlichkeiten klassifiziert haben, können wir davon ausgehen, dass jemand, der sich mit einer Rasse aus einer bestimmten Gruppe gut verträgt, sich höchstwahrscheinlich auch mit den meisten anderen Rassen dieser Gruppe verträgt. Es versteht sich von selbst, dass es für den Einzelnen auch innerhalb einer Gruppe, die ihm insgesamt sympathisch ist, Rassen gibt, die seinem Bild vom idealen Hund näher kommen als andere. Da jedoch alle Rassen einer Gruppe einen gewissen Bestand an wichtigen Merkmalen gemeinsam haben, dürfte es so sein, dass man für alle Rassen einer Gruppe eine mehr oder minder gleich große Sympathie (Antipathie) hat.

Sehen wir uns nun die einzelnen Gruppen an.

Erste Gruppe: Freundliche Hunde
(ferner liebe und umgängliche Hunde)

Bearded Collie
Bichon Frisé
Border-Terrier
Brittany
Cavalier-King-Charles-Spaniel
Cocker-Spaniel
Collie
Curly-Coated Retriever
English Cocker-Spaniel
English Setter
English Springer-Spaniel
Field-Spaniel
Flat-Coated Retriever
Golden Retriever
Keeshond
Labrador-Retriever
Nova Scotia Duck Tolling Retriever
Old English Sheepdog
Portugiesischer Wasserhund
Soft-Coated Wheaten Terrier
Vizsla
Welsh Springer-Spaniel

Freundlichkeit und Friedfertigkeit sind die Hauptmerkmale dieser Gruppe. All diese Hunde mögen Menschen und sind in der Regel gern mit Menschen zusammen. Dank ihrem freundlichen Wesen sind sie gute Kameraden, aber bestenfalls nur mäßig gute Wachhunde. Zwar haben die meisten von ihnen ein mittleres Aktivitätsniveau, es herrscht allerdings in dieser Dimension eine große Varianz. Der Bichon Frisé und der Cavalier-King-Charles-Spaniel sind nicht sehr aktiv, wohingegen der Springer-Spaniel und der Flat-Coated Retriever ziemlich aktiv sind. Die Hunde, die zu dieser Gruppe gehören, sind in der Regel nicht besonders dominant oder wachsam, deshalb sind sie oft als Wachhunde nicht zu gebrauchen. Einige von ihnen schlagen möglicherweise Alarm, wenn jemand in der Nähe auftaucht, sie sind aber häufig in diesem Job nicht verlässlich. Falls ein Einbrecher in Ihr Haus eindringen würde, würden diese Hunde ihm – aus purer Gastfreundschaft – zeigen, wo Sie Ihren Schmuck verstecken. Zwar tut es all diesen Hunden gut, wenn sie sich richtig austoben können und im Training kräftig rangenommen werden, sie können aber auch recht gut in einer Stadtwohnung gehalten werden, wo sie vielleicht die meiste Zeit im Haus bleiben müssen.

Zweite Gruppe: Wachsame Hunde

(ferner Hunde mit Territorial- und Dominanzverhalten)

Akita
Amerikanischer Staffordshire-Terrier
Boxer
Briard
Bullmastiff
Bullterrier
Chesapeake-Bay-Retriever
Chow-Chow
Deutscher Drahthaar
Gordon-Setter
Komondor
Kuvasz
Puli
Rhodesian Ridgeback
Riesenschnauzer
Rottweiler
Schnauzer (Mittelschlag)
Staffordshire-Bullterrier
Weimaraner

In gewisser Weise ist diese Gruppe das genaue Gegenteil von der eben erwähnten Gruppe Freundliche Hunde. Jeder Hund in dieser Gruppe würde einen ziemlich guten Wachhund abgeben und die größeren unter ihnen gute Schutzhunde. Diese Rassen etablieren in der Regel ein Revier, gewöhnlich ihr Domizil, und bewachen es eifersüchtig. Sie sind nicht durchgängig unfreundlich oder giftig, sondern liegen im Mittelwert in ihrer Umgänglichkeit im Verhältnis zu ihnen bekannten Menschen. Einige, vor allem der Akita, Chow-Chow, Rottweiler und Komondor, sind Fremden gegenüber unter Umständen sehr misstrauisch, und ausnahmslos alle verhalten sich am Anfang zurückhaltend und misstrauisch gegenüber Menschen, die sie nicht kennen. Wenn sie in einer freundlichen Umgebung aufwachsen und Gelegenheit bekommen, mit immer wieder neuen Menschen zu interagieren, kann sich ihre Umgänglichkeit im Verhältnis zu Fremden beträchtlich verbessern. Andere, wie die Boxer und die Schnauzer, können sogar so weit «umgewendet» werden, dass sie gern neue Gesellschaft haben. All diese Hunde sind muskulös und sehr stark, was einem bei der Arbeit mit ihnen zu schaffen machen kann. Wenn man allerdings einigermaßen in der Lage ist, sich gegen sie durchzusetzen, lernen die meisten von ihnen ziemlich schnell und werden recht verlässliche und gehorsame Hunde.

Dritte Gruppe: Eigenwillige Hunde

(ferner charaktervolle und willensstarke Hunde)

Afghanischer Windhund
Airedale-Terrier
Alaska Malamut
American Foxhound
Amerikanischer Wasserspaniel
Greyhound
Harrier
Irischer Setter
Irischer Wasserspaniel
Norwegischer Elchhund
Otterhound

Black and Tan Coonhound
Borsoi
Dalmatiner
Deutscher Kurzhaar
English Foxhound
Pointer
Saluki
Samojede
Sibirischer Husky
Shar-Pei

Die Hunde in dieser Gruppe sind im Allgemeinen recht empfänglich für Interaktionen mit Menschen, obwohl sie nicht so erpicht auf menschliche Gesellschaft sind wie die Freundlichen Hunde (Gruppe 1). Die Tiere in dieser Gruppe können auch ein bisschen ruppig oder dominant mit anderen Hunden sein. Sie haben ihren eigenen Kopf und haben ganz offenkundig nicht selten mehr Lust, das zu tun, was sie selber wollen, als das, was ihr Herrchen will. Ihr eigenwilliges, widerspenstiges Wesen macht es oft schwierig, sie abzurichten. Sie agieren spontan und vielfach auch sehr uneinheitlich, das heißt, dass sie sich manchmal riesige Mühe geben, Ihnen zu gefallen, während sie Sie ein andermal behandeln, als ob Sie Luft wären. All diese Hunde sind sehr aktiv und am glücklichsten draußen im Freien; einige von ihnen verkümmern vielleicht in der Stadt, vor allem, wenn sie die meiste Zeit in der Wohnung verbringen müssen. Die meisten Hunde in dieser Gruppe, vor allem der Airedale, Greyhound und Irishsetter, haben einen stark ausgeprägten Spieltrieb.

Vierte Gruppe: Selbstbewusste Hunde

(ferner spontane und manchmal waghalsige Hunde)

Affenpinscher
Australischer Terrier
Basenji
Norfolk-Terrier
Norwich-Terrier
Schipperke

Cairn-Terrier
Drahthaariger Foxterrier
Glatthaariger Foxterrier
Griffon Bruxellois
Irischer Terrier
Jack-Russell-Terrier
Kerry-Blue-Terrier
Lakeland-Terrier
Manchester-Terrier
Scotchterrier
Shi-Tzu
Silky-Terrier
Welsh Terrier
West-Highland-White-Terrier
Yorkshire-Terrier
Zwergpinscher
Zwergschnauzer

Diese Gruppe kommt dem Gruppenbildungstyp der Kynologenverbände am nächsten, denn sie umfasst außer den Basenji, Schipperke und Griffon à Pol Dur nur Terrier, Toy-Terrier und Abkömmlinge von Terriern. Diese Hunde sind kompakt gebaut, und keiner von ihnen ist richtig groß. Obwohl sie keine Schwergewichte sind, sind sie doch sehr selbstbewusst. Von vielen kann man sagen, «dass in dem kleinen Bündel eine Menge Hund steckt». Sie sind gute Wachhunde, da sie bereitwillig Alarm schlagen, wenn sich jemand dem Haus nähert, und sie sind ziemlich aktiv, dabei aber sehr anpassungsfähig und sowohl für ein Leben mit Schwerpunkt im Freien geeignet, wo sie viel rennen können, als auch für ein Leben in der Stadt, wo sie die meiste Zeit in der Wohnung bleiben müssen. Sie sind sehr spontan und nicht selten auch waghalsig in ihrem Verhalten, das macht es so unterhaltsam, diese Hunde zu beobachten. Ebendiese Spontaneität und Impulsivität macht es oft so schwierig, die Hunde, die zu dieser Gruppe gehören, abzurichten. Wenn es Ihnen aber gelingt, ihre Aufmerksamkeit zu gewinnen, werden Sie feststellen, dass sie bereitwillig mitmachen und ihnen keine Aufgabe zu schwierig ist.

Fünfte Gruppe: Ausgeglichene Hunde
(ferner selbstgenügsame und häusliche Hunde)

- Bedlington-Terrier
- Boston-Terrier
- Chihuahua
- Chinesischer Schopfhund
- Dachshund
- Dandie-Dinmont-Terrier
- Englischer Toy-Spaniel (King Charles)
- Französische Bulldogge
- Italienisches Windspiel
- Japan-Chin
- Lhasa Apso
- Malteser
- Mops
- Pekinese
- Sealyham-Terrier
- Skye-Terrier
- Spitz
- Tibet-Terrier
- Whippet

Zu dieser Gruppe gehören hauptsächlich Rassen, die in der Stadt leben und sehr gut damit zurechtkommen, dass sie sich die meiste Zeit in der Wohnung aufhalten. Die hervorstechendste Charaktereigenschaft dieser Hunde ist ihre Berechenbarkeit. Ob sie ängstlich sind oder angriffslustig, ruhig oder lebhaft, ihr Alltagsverhalten bleibt sich unabhängig von Zeit und Umständen praktisch immer gleich. Es sind selbstgenügsame kleine Hunde, die sich gern knuddeln lassen, die aber auch mit ganz wenig Streicheleinheiten auskommen und oft glücklich und zufrieden sind, in einem Zimmer mit Ihnen irgendwo herumzuliegen und zu schlafen. Sie sind gern zu Hause und brauchen, vielleicht mehr als andere Rassen, eine heile Familie und ein heiles soziales Umfeld, um sich gut zu entwickeln. Sie sind zwar geduldige Hunde, lassen sich aber nicht alles gefallen. All diese Rassen sind nicht gerade Riesentiere, und viele von ihnen sind aufgrund ihres schönen und nicht selten außergewöhnlichen Äußeren auf Hundeschauen im Ring sehr erfolgreich gewesen.

Sechste Gruppe: Ruhige Hunde

(ferner emotional stabile, gutmütige und tolerante Hunde)

Basset
Beagle
Berner Sennenhund
Bernhardiner
Bloodhound
Bouvier des Flandres
Bulldogge
Clumber-Spaniel
Deutsche Dogge
Irischer Wolfshund
Mastiff
Neufundländer
Pyrenäen-Berghund
Schottischer Hirschhund

Obwohl in dieser Gruppe Hunde verschiedenster Größe vereint sind – vom relativ kleinen Beagle über die mittelgroße Bulldogge bis hin zum riesigen Irischen Wolfshund –, haben sie alle eine Reihe von Eigenschaften gemeinsam. Sie sind in der Regel alle ruhig im Haus, außer den Beagles, die mit kleinen Heultönen beim Umherstreifen hin und wieder einen «Gesang» anstimmen können. All diese Rassen bleiben problemlos im Haus und machen kein Theater, wenn sie einmal über einen längeren Zeitraum eingesperrt sind. Andererseits sind die Tiere, die zu dieser Gruppe gehören, vollkommen glücklich, wenn sie, falls nötig, die meiste Zeit im Freien verbringen. Sie sind unaggressiv gegenüber Menschen und gern mit ihnen zusammen. Kräftig gebaut und stämmig, wie die meisten dieser Hunde sind, kann man sie härter rannehmen, als das bei anderen Rassen möglich ist, ja, viele von ihnen sind in einer Weise physisch belastbar, die für Außenstehende fast an die Grenze der Misshandlung zu streifen scheint. Sie haben etwas von der Berechenbarkeit, die wir an den Ausgeglichenen Hunden festgestellt haben, das heißt, ihr Alltagsverhalten ist ziemlich konstant. Diese Hunde sind nicht immer leicht zugänglich und neigen zu Aufmerksamkeitsschwankungen, was das Abrichten ein wenig erschwert, weil sie einfach nicht immer voll bei der Sache sind. Sobald sie aber etwas kapiert haben, sitzt es ganz gut.

Siebte Gruppe: Intelligente Hunde

(ferner aufmerksame und gelehrige Hunde)

Australian Cattle Dog
Australischer Schäferhund
Belgischer Malinois
Belgischer Schäferhund
Belgischer Tervuren
Border-Collie
Cardigan Welsh Corgi
Deutscher Schäferhund
Dobermann
Maremmaner Hirtenhund
Papillon
Pembroke Welsh Corgi
Pudel (Zwerg-, Klein-, Großpudel)
Shetland Sheepdog

Mit ihrem Arbeitsethos und ihrer Lernbereitschaft gehören diese intelligenten Hunde zu den Rassen, die sich für die meisten Aufgaben am leichtesten abrichten lassen. Sie sind ständig auf dem Quivive, was sich in ihrer Umgebung Neues tut, und deshalb sieht es manchmal so aus, als ob ihr ganzes Verhalten eine spontane Reaktion auf ihre Umwelt wäre. Diese Verhaltensdisposition führt nicht selten dazu, dass sie Aufgaben auf kluge und außergewöhnliche Weise lösen, und beschwört manchmal ulkige Situationen herauf. Die Kehrseite der Medaille ist, dass diese Wachheit sie gelegentlich von der Aufgabe ablenkt, die sie eigentlich erledigen sollen. Ihre beständige Vigilanz macht sie außerdem zu guten Wachhunden. Vielleicht mit Ausnahme des Border-Collies (der für das Leben in der Stadt ein vergleichsweise sehr hohes Aktivitätsniveau hat) sind diese Hunde anpassungsfähig und können recht gut in der Stadt und in der Wohnung gehalten werden. Den meisten dieser Hunde tut aber auch ein regelmäßiges energisches Training gut. Sie sind häufig dann am erfolgreichsten, wenn sie komplexe Aufgaben lernen müssen. Sie sind auf den Menschen orientiert, das heißt, ihre Aufmerksamkeit zu gewinnen ist gewöhnlich nicht schwer. Ihre Lernfähigkeit und Auffassungsgabe in Verbindung mit der Ergebenheit gegen ihren Herrn prädestinieren sie für eine erfolgreiche Zusammenarbeit und machen sie ebenso zu guten Kameraden.

Lassen Sie mich Ihnen noch einmal ins Gedächtnis rufen, dass diese neuen Großgruppen auf den Verhaltenstendenzen, der Lebensweise und dem Temperament der Hunde gründen. Wenn Sie den Charakter und die Persönlichkeit einer Rasse in einer Großgruppe mögen, dann kann man getrost davon ausgehen, dass Sie auch die anderen Rassen in dieser Gruppe mögen. Das Gegenteil trifft ebenso zu. Wenn eine Rasse in einer der Gruppen sich für Sie als Desaster erwiesen hat, dann sollten Sie lieber die Finger von allen Rassen in dieser Gruppe lassen. Nachdem wir nun unsere Hunde nach den wichtigsten Verhaltensdimensionen eingeteilt haben, besteht unser nächster Schritt darin, uns die menschliche Persönlichkeit auf die Aspekte hin anzusehen, deren Kenntnis wir benötigen, wenn wir vorhersagen wollen, welche Hunde wir lieben – oder hassen – werden. Zu diesem Zweck müssen wir uns aber erst einmal einige Informationen über Ihre Persönlichkeit beschaffen, und dazu machen wir jetzt einen kleinen Test.

7

Wir messen Ihre Persönlichkeit

Da ich erklären will, wie die Persönlichkeit eines Menschen seine Zufriedenheit mit dieser oder jener Hunderasse beeinflusst, werden Sie wahrscheinlich zunächst einmal etwas über Ihre eigene Persönlichkeit in Erfahrung bringen wollen, damit Sie am Ende auch bestimmen können, welche Hunderasse für *Sie* die richtige ist. Im Folgenden zeige ich Ihnen, wie Sie bestimmte Aspekte Ihrer Persönlichkeit messen können. Sie sollen vornehmlich die Persönlichkeitseigenschaften messen, die Ihre Interaktionen mit Menschen und vermutlich auch mit Hunden beeinflussen.

Ehe Sie mit der Lektüre dieses Buches fortfahren, sollten Sie sich ein paar Minuten Zeit für den folgenden Persönlichkeitstest nehmen. Sie kennen dann Ihre persönlichen Punktwerte für die vier Persönlichkeitseigenschaften, über die ich im Folgenden vor allem sprechen werde. Das Ausfüllen der Fragebögen erfordert größte Gewissenhaftigkeit – wir haben alle den Hang, «vollkommen» zu erscheinen. Beantworten Sie die Fragen so wahrheitsgetreu wie möglich, auch wenn die eine oder andere Antwort nicht ganz so schmeichelhaft ist, wie es Ihnen lieb wäre. Schließlich versuchen Sie, einen Hund auszusuchen – nicht die Welt zu beeindrucken.

Der Test ist ganz einfach. Er besteht aus einer Reihe von Wörtern, die Persönlichkeitsmerkmale von Menschen bezeichnen, und der Definition dieser Wörter. Ich möchte, dass Sie von jedem dieser Wörter angeben, wie genau es Sie beschreibt. Wählen Sie eine der Antworten aus der folgenden Bewertungsskala aus und setzen Sie die dazugehörige Zahl auf dem freien Platz vor dem entsprechenden Wort ein.

Bewertungsskala

1. Außerordentlich ungenau
2. Sehr ungenau
3. Ziemlich ungenau
4. Halbwegs ungenau
5. Halbwegs genau
6. Ziemlich genau
7. Sehr genau
8. Außerordentlich genau

Angenommen zum Beispiel, eines der im Folgenden genannten Wörter wäre HILFSBEREIT. Wenn Sie der Meinung sind, dass das eine *außerordentlich genaue* Beschreibung von Ihnen ist, dann schreiben Sie einfach nur die Zahl 8 auf die Linie vor dem Wort HILFSBEREIT. Wenn Sie der Meinung sind, dass dieses Wort eine *ziemlich gute* Beschreibung von Ihnen gibt, schreiben Sie die Zahl 6 davor. Wenn Sie der Meinung sind, dass HILFSBEREIT nur eine halbwegs ungenaue Beschreibung von Ihnen ist, schreiben Sie die Zahl 4 davor und so weiter. Denken Sie nicht allzu lange über jedes einzelne Wort nach. Im Allgemeinen ist der erste Eindruck von Ihren Persönlichkeitseigenschaften am genauesten.

Wie genau beschreiben die folgenden Wörter Sie nun? Setzen Sie die Zahl ein, die zu Ihrer Antwort gehört.

_____ **scheu:** Sie haben Selbstbewusstsein und fühlen sich unbehaglich unter anderen Menschen.

_____ **anspruchslos:** Sie belasten andere nicht mit Forderungen und Erwartungen.

_____ **gutherzig:** Sie sind herzlich oder freundlich zu anderen Menschen.

_____ **kontaktfreudig:** Sie sind gesellig und machen gern neue Bekanntschaften.

_____ **forsch:** Sie neigen im Umgang mit anderen zu energischem Auftreten und nehmen kein Blatt vor den Mund.

_____ **schlau:** Sie sind trickreich, verstehen es, andere zu manipulieren, und sind ein bisschen verschlagen.

_____ **kühl:** Die Sorgen anderer Menschen wecken bei Ihnen wenig Interesse oder Mitgefühl.

_____ **introvertiert:** Sie fühlen sich wohler, wenn Sie mit sich allein sind, und sind nicht sonderlich daran interessiert, andere Menschen um sich zu haben.

_____ **unaggressiv:** Sie sind sanftmütig und setzen andere nicht unter Druck.

_____ **offen und ehrlich:** Sie hauen andere nicht übers Ohr und führen sie nicht in die Irre. Sie sind am liebsten freimütig.

_____ **liebenswürdig:** Sie sind aufmerksam, teilnahmsvoll interessiert und zuvorkommend.

_____ **umgänglich:** Sie sind gern mit anderen Menschen zusammen und sind offen und herzlich im Umgang mit ihnen.

_____ **dominant:** Sie bestimmen gern über andere, übernehmen in einer Gruppe gern die Führerrolle und geben den Ton an.

_____ **trickreich:** Sie schwindeln unter Umständen oder können andere an der Nase herumführen, um das zu bekommen, was Sie haben wollen.

_____ **hartherzig:** Andere Menschen und ihre Gefühle sind Ihnen ziemlich egal.

_____ **ungesellig:** Sie machen nicht gern Bekanntschaften beziehungsweise sind nicht gern mit anderen Menschen zusammen.

Nachdem Sie alle Fragen beantwortet haben, müssen wir Ihre Punktwerte ermitteln. Dazu sind lediglich ein paar simple Berechnungen erforderlich, und wie Sie dabei vorzugehen haben, sagen Ihnen die einzelnen Fragebögen selbst. Wir wollen vier verschiedene Aspekte Ihrer Persönlichkeit messen: Extraversion, Dominanz, Vertrauen und Herzlichkeit. Wie diese Persönlichkeitseigenschaften im Einzelnen zu interpretieren sind und was genau Ihre Punktwerte über Ihr Verhalten aussagen, erfahren Sie im nächsten Kapitel. Zunächst einmal müssen Sie jedoch Ihre persönlichen Punktwerte herausfinden.

Beginnen Sie mit der Berechnung Ihres Punktwerts für **Extraversion**. Tragen Sie in den Fragebogen mit der Überschrift «Extraversion» zuerst die Zahl ein, mit der Sie auf der vorstehenden Liste UMGÄNGLICH, und dann die Zahl, mit der Sie KONTAKTFREUDIG benotet haben. Addieren Sie diese beiden Zahlen und rechnen Sie noch 20 Punkte dazu, um die Summe 1 zu bekommen. Tragen Sie nun die Zahlen ein, mit denen Sie INTROVERTIERT und UNGESELLIG benotet haben, und addieren Sie sie, um die Summe 2 zu bekommen. Dann subtrahieren Sie Summe 2 von Summe 1, um Ihren endgültigen Punktwert für Extraversion zu bekommen. Zum Beispiel: Wenn Ihr Punktwert für UMGÄNGLICH = 7, für KONTAKTFREUDIG = 6, für INTROVER-

TIERT = 5 und für UNGESELLIG = 4 war, dann ist die Summe 1: 7 + 6 + 20 = 33 und die Summe 2: 5 + 4 = 9. Zieht man die Summe 2 von der Summe 1 ab, ergibt das 33 – 9 = 24. Wenn Sie tatsächlich so geantwortet hätten, würde das bedeuten, dass Ihr Punktwert für Extraversion 24 wäre.

Extraversion

1. Zählen Sie die folgenden zwei Punktwerte zusammen und addieren Sie zu dem Ergebnis noch 20 Punkte.

	_____	**umgänglich**
+	_____	**kontaktfreudig**
+	20	
=	_____	Summe 1

2. Zählen Sie die folgenden zwei Punktwerte zusammen.

	_____	**introvertiert**
+	_____	**ungesellig**
=	_____	Summe 2

3. Ziehen Sie Summe 2 von Summe 1 ab.

	_____	Summe 1
–	_____	Summe 2
=	_____	Ihr Punktwert für **Extraversion**

4. Lesen Sie im Text die Interpretation Ihres Punktwerts nach.

_____ **hoch**
_____ **mittel**
_____ **niedrig**

Die Interpretation Ihres Extraversionspunktwerts lautet folgendermaßen: Wenn Sie eine Frau sind, deutet ein Punktwert von 28 oder mehr auf eine hochgradige Extraversion, ein Punktwert von 20 oder weniger auf eine geringe Extraversion und ein Punktwert von 21 bis 27 auf eine Extraversion im mittleren Bereich hin. Wenn Sie ein Mann sind, deutet ein Punktwert von 28 oder mehr auf eine hochgradige Extraversion, ein Punktwert von 19 oder weniger auf eine geringe Extraversion und ein Punktwert von 20 bis 27 auf eine Extraversion im mittleren Bereich hin. Kreuzen Sie auf dem Fragebogen an, ob Ihr Punktwert hoch, niedrig oder im mittleren Bereich ist. Später werde ich Ihnen erklären, was das im Hinblick auf Ihre Persönlichkeit und die Hunderassen bedeutet, mit denen Sie wahrscheinlich am glücklichsten sind.

Wir wollen nun Ihren Punktwert für **Dominanz** errechnen. Füllen Sie den Fragebogen mit der Überschrift «Dominanz» aus. Verfahren Sie dabei genauso wie bei dem Fragebogen Extraversion. Die Interpretation Ihres Punktwerts lautet: Wenn Sie eine Frau sind, ist ein Punktwert von 23 oder mehr hoch, ein Punktwert von 16 oder weniger niedrig und ein Punktwert von 17 bis 22 im mittleren Bereich. Wenn Sie ein Mann sind, ist ein Punktwert von 24 oder mehr hoch, ein Punktwert von 18 oder weniger niedrig und ein Punktwert von 19 bis 23 im mittleren Bereich. Kreuzen Sie auf dem Fragebogen an der entsprechenden Stelle an, ob Ihr Punktwert für Dominanz hoch, niedrig oder im mittleren Bereich ist.

Dominanz

1. Zählen Sie die folgenden zwei Punktwerte zusammen und addieren Sie zu dem Ergebnis noch 20 Punkte.

	_____	**dominant**
+	_____	**forsch**
+	20	
=	_____	Summe 1

2. Zählen Sie die folgenden zwei Punktwerte zusammen.

	_____	**scheu**
+	_____	**unaggressiv**
=	_____	Summe 2

3. Ziehen Sie Summe 2 von Summe 1 ab.

	_____	Summe 1
–	_____	Summe 2
=	_____	Ihr Punktwert für **Dominanz**

4. Lesen Sie im Text die Interpretation Ihres Punktwerts nach.

_____ **hoch**
_____ **mittel**
_____ **niedrig**

Als Nächstes wollen wir Ihren Punktwert für **Vertrauen** ermitteln. Wenn Sie eine Frau sind, ist ein Punktwert von 26 oder mehr hoch, von 18 oder weniger niedrig und von 19 bis 25 im mittleren Bereich. Wenn Sie ein Mann sind, ist ein Punktwert von 25 oder mehr hoch, von 18 oder weniger niedrig und von 19 bis 24 im mittleren Bereich.

Vertrauen

1. Zählen Sie die folgenden zwei Punktwerte zusammen und addieren Sie zu dem Ergebnis noch 20 Punkte.

   _____ **anspruchslos**
   \+ _____ **offen und ehrlich**
   \+ 20
   = _____ Summe 1

2. Zählen Sie die folgenden zwei Punktwerte zusammen.

   _____ **schlau**
   \+ _____ **trickreich**
   = _____ Summe 2

3. Ziehen Sie Summe 2 von Summe 1 ab.

   _____ Summe 1
   – _____ Summe 2
   = _____ Ihr Punktwert für **Vertrauen**

4. Lesen Sie im Text die Interpretation Ihres Punktwerts nach.

   _____ **hoch**
   _____ **mittel**
   _____ **niedrig**

Zum Schluss errechnen Sie Ihren Punktwert für **Herzlichkeit**. Wenn Sie eine Frau sind, deutet ein Punktwert von 30 oder mehr auf eine große, ein Punktwert von 23 oder weniger auf eine geringe und ein Punktwert von 24 bis 29 auf eine Herzlichkeit im mittleren Bereich hin. Wenn Sie ein Mann sind, ist ein Punktwert von 28 oder mehr hoch, von 20 oder weniger niedrig und 21 bis 28 im mittleren Bereich.

Warmherzigkeit

1. Zählen Sie die folgenden zwei Punktwerte zusammen und addieren Sie zu dem Ergebnis noch 20 Punkte.

    _____ **liebenswürdig**
+ _____ **gutherzig**
+ 20
= _____ Summe 1

2. Zählen Sie die folgenden zwei Punktwerte zusammen.

    _____ **hartherzig**
+ _____ **kühl**
= _____ Summe 2

3. Ziehen Sie Summe 2 von Summe 1 ab.

    _____ Summe 1
− _____ Summe 2
= _____ Ihr Punktwert für **Warmherzigkeit**

4. Lesen Sie im Text die Interpretation Ihres Punktwerts nach.

_____ **hoch**
_____ **mittel**
_____ **niedrig**

Erhebung von Daten zu Menschen und Hunden

Der Persönlichkeitstest, den Sie gerade gemacht haben, ist eine vereinfachte Variante eines Tests namens *Interpersonal Adjective Scales*[1] (meist abgekürzt zu IAS), der von Jerry Wiggins, Psychologe an der University of British Columbia, entwickelt wurde. In seinem langen Arbeitsleben wirkte Wiggins unter anderem an der Konzeption des von Therapeuten und Forschern mit am häufigsten zur Diagnose psychischer Störungen eingesetzten Tests mit: des so genannten MMPI *(Minnesota Multiphasic Personality Inventory),* deutsche Bearbeitung von O. Spreen, unter der Bezeichnung «MMPI Saarbrücken». Nach jahrelangem Studium von Menschen mit Persönlichkeitsanomalien begann er sich dafür zu interessieren, wie sich beim normalen Menschen die Persönlichkeit auf seine Interaktion mit der Umwelt auswirkt. Es kostete ihn fast zwanzig Jahre Forschungsarbeit, die IAS zu entwickeln und den psychologischen Informationsgehalt der Testergebnisse erschöpfend zu präzisieren.

Die kompletten IAS sind viermal so umfangreich wie der von mir hier vorgelegte Test und erfordern ein Computerprogramm (oder eine gigantische Menge Rechenarbeit mit Bleistift und Papier) zur Erstellung des einzelnen Persönlichkeitsbildes als vektoriale Punktwertdarstellung in einem komplexen mathematischen Raum. Wo nicht das gesamte wissenschaftliche Potenzial der kompletten IAS benötigt wird, kann man den Test in gekürzter Form verwenden und das Bewertungssystem vereinfachen, wie ich es hier getan habe. Ich will Sie nicht mit den technischen Einzelheiten der Kürzungs- und Vereinfachungsprozeduren behelligen, sondern lediglich erwähnen, dass meine Kurzfassung auf zwei voneinander unabhängigen wissenschaftlichen Untersuchungen basiert, in denen die zu testenden Merkmale ermittelt wurden. Wissenschaftler und interessierte Laien unter meinen Lesern, die es gern genauer wissen möchten, finden die gewünschten Detailinformationen am Ende des Buchs im Anhang I. Das wichtige Fazit ist, dass die Kurzfassung zu ganz ähnlichen Punktwerten führt wie die kompletten IAS und sich deshalb für den allgemeinen Gebrauch eignet. Ich habe den einzelnen Persönlichkeitsdimensionen auch neue, für den Laien aussagekräftigere Namen gegeben. Die fachspezifischen Bezeichnungen wie PA oder FG sind nützlich für den Gedankenaustausch unter Wissenschaftlern, aber eignen sich kaum für den Alltagsgebrauch.

Das Schöne am IAS-Test ist unter anderem, dass man ihn zur Persönlichkeitsanalyse von lebenden Prominenten und historischen Gestalten verwenden kann, die einem für einen Test nicht persönlich zur Verfügung stehen. Ein Persönlichkeitsprofil lässt sich erstellen, indem Historiker oder andere Fachleute, die die betreffende Person gut kennen, die IAS so ausfüllen, wie es ihrer Meinung nach die Persönlichkeit dieses Menschen am besten widerspiegelt. Wenn ich im Folgenden über die Persönlichkeit einiger prominenter oder historisch bedeutender Menschen spreche, werde ich Ihnen mit Hilfe dieses Verfahrens ein paar Beispiele geben. Konkret heißt das, dass ich jedes Mal vier zuständige Experten gebeten habe (Historiker, Politikwissenschaftler, Professoren für Literatur, bildende Kunst, Musik, Filmkunde, Theaterwissenschaft und so weiter), die IAS für die betreffende Person auszufüllen. Sobald mir die Testergebnisse vorlagen, kombinierte ich die Benotungen der Experten zu einem Persönlichkeitsprofil. Die meisten Experten berichteten mir, dass sie mit der ganzen Sache keine Schwierigkeiten hatten, und die Zuverlässigkeit der Benotung zeigt sich in dem hohen Grad der Übereinstimmung.

Wenn wir einen Weg gefunden haben, die Persönlichkeit eines Menschen zu messen, müssen wir als Nächstes sehen, ob das Ergebnis etwas darüber aussagt, welche Hunderasse er bevorzugt. Um das Verhältnis zwischen der Persönlichkeit eines Menschen und den Hunden, die er liebt und hasst, zu bestimmen, musste ich eine breit angelegte Erhebung durchführen und die dabei gewonnenen Daten auswerten. Es ist vielleicht interessant für den Leser, einen Blick auf die Vorgehensweise bei einer solchen Untersuchung zu werfen. Zuerst habe ich diesen Persönlichkeitstest 6149 Menschen in der Altersspanne von sechzehn bis vierundneunzig Jahren aus allen Gesellschaftsschichten und Berufsständen gegeben. Sie alle waren Hundebesitzer oder waren es früher einmal gewesen, und sie alle aufzutreiben war eine ziemliche Suchaktion. Ich mietete einen Informationsstand bei verschiedenartigen Hundeausstellungen, sammelte Informationen bei einem viel besuchten Tag der offenen Tür meiner Universität und führte unter den Hundebesitzern, die an meinen Ausbildungskursen teilnahmen, und unter den Zuhörern meiner Vorträge Umfragen durch. Freunde und Bekannte, die Mitglieder in Vereinen und kirchlichen Arbeitskreisen waren, verteilten bei den Zusammenkünften Fragebögen an die anderen Mitglieder, und mein Bruder Dennis, seines Zeichens High-School-Lehrer, verteilte Erhebungsformulare sogar an seine Bekannten im Schulwesen. Zusätzlich zu den entscheidend wichtigen Informationen der Hundebesitzer holte ich noch Auskünfte von 1223 Katzenbesitzern und 1564 Menschen ein, die noch nie einen Hund oder eine Katze besessen hatten.

All diese Leute bekamen das Erhebungsformular mit den Grundfragen, die Sie gerade beantwortet haben (ohne die Fragebögen). Außerdem bekamen sie eine Reihe Fragen über die Hunde (beziehungsweise Katzen) gestellt, die sie schon besessen hatten. Dazu gehörte auch die Frage nach der Rasse – wie gut waren sie mit dem Hund zurechtgekommen, wie gern hatten sie ihn gehabt und so weiter. Die vielleicht wichtigste Frage an sie lautete, ob sie sich wieder für diese spezielle Rasse entscheiden würden, wenn sie die Möglichkeit dazu hätten. Aufgrund dieser Informationen bekam jede Rasse einen Punktwert, der etwas darüber aussagte, wie gut sie zum Leben eines Menschen passte.

Schließlich wurden all diese Informationen statistisch ausgewertet und in eine Übersicht umgesetzt, welche Persönlichkeitsmerkmale mit welcher Hunderasse kompatibel sind. Aber in der ganzen großen Vielfalt von Testpersonen fanden sich nur wenige Fälle von Kompatibilität mit gewissen seltenen Hunderassen. Deshalb entschied ich mich, die Auswertung nicht im Hinblick auf einzelne Rassen durchzuführen, sondern stattdessen die Frage zu klären, welche Persönlichkeitseigenschaften und welche der im vorigen Kapitel beschriebenen sieben neuen Großgruppen zueinander passen. So kamen wir zu einem Ergebnis, bei dem auf jede Großgruppe mindestens fünfhundert ausgewertete Persönlichkeitsfragebögen entfielen. Das reicht für gesicherte und zuverlässige Prognosen. Statistische Analysen haben gezeigt, dass die Neigung für eine bestimmte Rasse aus einer der Großgruppen mit hoher Wahrscheinlichkeit auch die meisten anderen Mitglieder der Gruppe einschließt. Die spezifischen Methoden der Datenauswertung sind ausführlicher in Anhang I dieses Buches dargestellt.

Zum Schluss vergessen Sie bitte nicht, dass wir vier verschiedene Persönlichkeitsmerkmale im Auge haben und bestimmen wollen, welche Hunderassen zu unterschiedlichen Messwerten von ihnen passen. Da die Persönlichkeit eine komplexe Sache ist, ist zu erwarten, dass unterschiedliche Aspekte Ihrer Persönlichkeit mit unterschiedlichen Rassen zurechtkommen. Wie Sie schließlich zu Ihrer «optimalen» Hunderasse kommen, werden wir im 15. Kapitel diskutieren. Inzwischen gilt es aber eine einfache Faustregel zu beachten. Wenn zwei oder mehr Ihrer Fragebögen auf dieselbe Großgruppe hindeuten, dann besteht die beste Aussicht, dass die Hunde dieser Gruppe gut zu Ihrem Naturell passen. Wenn eine Großgruppe zu dreien Ihrer Persönlichkeitsmerkmale passt, dann sollten Sie diese Gruppe ernstlich ins

Auge fassen, wenn Sie das nächste Mal einen Hund auswählen, denn das ist eine sehr gute Paarung. Wenn Sie das große Glück haben, eine Großgruppe zu finden, für die alle vier von Ihren Persönlichkeitsdimensionen sprechen, dann haben Sie die schönsten Aussichten auf den Beginn einer wundervollen Freundschaft.

8

Hunde für extravertierte und für introvertierte Menschen

Die erste Persönlichkeitsdimension, mit deren Hilfe sich vorhersagen lässt, welche Rasse zu Ihrer Persönlichkeit passt, ist die *Extraversion*. Als «extravertiert» bezeichne ich denjenigen, dessen Punktwert für diese Persönlichkeitseigenschaft hoch ist, als «introvertiert» dagegen denjenigen mit einem niedrigen Punktwert. Zunächst wollen wir uns die typischen Verhaltensweisen von extravertierten und introvertierten Menschen ansehen, damit Sie sie in Ihrem sozialen Umfeld wiedererkennen können.

Ein Mensch mit einem hohen Punktwert für Extraversion ist in der Regel sehr kontaktfreudig und in Gesellschaft lebhaft und gesprächig. Wenn Sie ein solcher Extravertierter sind, werden Sie wahrscheinlich von anderen Menschen als fröhlich, umgänglich und gesellig charakterisiert. Extravertierte mit einem hohen Punktwert sind auf Menschen ausgerichtet, bevorzugen Hobbys, bei denen sie mit anderen Menschen interagieren können, und lieben Geselligkeit in Vereinen beziehungsweise Orte, wo «was los ist» und sie viel Gelegenheit haben, sich unter andere Leute zu mischen. Sie sind gesellig und später oft in Berufen anzutreffen, in denen sie viel Kontakt mit Menschen haben, zum Beispiel als PR-Manager, Schauspiellehrer, Verkäufer, Vertriebsleiter, Profisportpromoter, Schauspieler, Journalist oder Handelsreisender. Wenn Sie sich freiwillig zum Conférencier von irgendwelchen Vereinsabenden machen lassen, haben Sie wahrscheinlich einen hohen Punktwert für Extraversion.

Extravertierte haben ein besonderes Geschick, mit anderen Menschen umzugehen. Wenn sie eine Gefälligkeit von Ihnen erwarten oder Sie zu ihrer Meinung bekehren wollen, bedienen sie sich bevorzugt der Taktik, an Ihre Vernunft zu appellieren. Sie werden Ihnen Gründe nennen, warum ihre Meinung die richtige ist, oder die Vorteile aufzeigen, die es Ihnen bringt, zu tun, was sie wünschen. Das verschafft ihnen den Nimbus von angenehmen Zeitgenossen, denn selbst wenn Sie zuletzt doch anderer Meinung bleiben, ist es immer ein angenehmes Gefühl, von anderen wie ein vernünftiger Mensch behandelt und nicht bedroht oder eingeschüchtert zu werden.

Extravertierte Menschen sind in jedem Milieu leicht auszumachen – Sie brauchen sich nur nach der größten Menschentraube umzusehen. Hochgradig Extravertierte tragen unter Umständen schrille und sehr trendige Sachen. Sie erzählen Witze und sprechen vielleicht lauter als die Leute um sie herum. Auf Partys unterhalten sie sich mit allen anderen Gästen. Sie drücken sich nie vor Gruppenaktivitäten, und wenn sie bei Wettkampfspielen mitmachen, versuchen sie, ein Mannschaftsspiel zu organisieren und nicht auf Kosten der anderen als Nummer eins zu brillieren.

Vergleichen Sie das hochgradig extravertierte Verhaltensmuster mit dem des Introvertierten, des Menschen mit einem niedrigen Punktwert für die Extraversionsdimension. Wenn Sie zu diesen introvertierten Menschen gehören, werden Sie dazu neigen, viele gesellschaftliche Interaktionen zu meiden, nicht weil Sie ablehnend oder unzugänglich wären, sondern einfach nur, weil Sie sich inmitten einer lärmenden Menschenmenge nicht besonders wohl oder glücklich fühlen. Aus diesem Grund bedienen sich Menschen mit einem niedrigen Punktwert für Extraversion bestimmter Strategien, um ihre gesellschaftlichen

Kontakte zu begrenzen. Sie lehnen Einladungen ab und nehmen sich selten die Zeit oder machen sich die Mühe, neue Freundschaften zu schließen beziehungsweise mit anderen Menschen zu interagieren. Zum Teil liegt das einfach nur daran, dass Introvertierte sich unter anderen Menschen mitunter beklommen und verlegen fühlen und sich schwer tun, mit Fremden ein Gespräch anzufangen und öffentlich die eigene Meinung zu äußern. Deshalb werden Introvertierte von anderen Menschen gern als reserviert, abweisend oder sogar als ungesellig charakterisiert.

Introvertierte Menschen fühlen sich am wohlsten in einem Arbeitsmilieu, in dem sie möglichst wenig mit anderen Menschen zu tun haben und von – realen wie vermeintlichen – sozialen Zwängen nach Möglichkeit verschont bleiben. Vielleicht findet man deshalb so viele Menschen mit einem niedrigen Punktwert für Extraversion in Berufen, in denen sie den größten Teil ihrer Arbeit allein machen können und nur ganz wenig mit anderen Menschen interagieren müssen. Berufe wie Schriftsteller, Dichter, Komponist, Cartoonist, Historiker, Geologe, Meteorologe, Gartenarchitekt, Baumchirurg, Gärtner und unabhängiger Forscher finden nicht selten bei Menschen Anklang, die einen niedrigen Punktwert für Extraversion haben. Introvertierte Menschen sind nicht so gut in Positionen, wo sie mit anderen Konsens herstellen oder andere führen müssen. Da sie mit anderen nur interagieren, wenn es sich gar nicht vermeiden lässt, haben sie sich kein schlüssiges Strategiekonzept erarbeitet, wie sie die Meinung anderer Menschen in ihrem Sinn beeinflussen können.

Introvertierte bekommt man nicht so oft zu sehen wie Extravertierte, weil sie mehr für sich bleiben. Wenn Sie einen niedrigen Punktwert für Extraversion haben, bleiben Sie wahrscheinlich lieber zu Hause und verbringen Ihre freie Zeit damit, Musik zu hören oder selbst zu musizieren. Sie sind vielleicht der Meinung, dass Lesen, Fernsehen oder einsame Strandspaziergänge bei Sonnenuntergang das größte Vergnügen für Sie sind. Sie lunchen möglicherweise lieber allein in einem stillen Eckchen in irgendeiner Cafeteria, anstatt sich während des Essens mit Freunden oder Bekannten zu unterhalten. Wenn ein Introvertierter es nicht vermeiden kann, auf eine Party zu gehen, neigt er dort zur Schweigsamkeit und betritt oft einen Raum voller Menschen, ohne an einen einzigen von ihnen das Wort zu richten. Er ist in solchen Situationen lieber mit Menschen zusammen, die er kennt, anstatt neue Leute kennen zu lernen. So wird er, falls er die Party mit einem Freund oder einer Freundin besucht, wohl den ganzen Abend mit der betreffenden Person verbringen und wahrscheinlich nur die Leute kennen lernen und sich mit ihnen unterhalten, mit denen er von ihr bekannt gemacht wird. Wenn sich eine Gelegenheit ergibt, wird er vielleicht in der Küche verschwinden, wenn dort sonst keine Leute sind, oder sich ein ruhiges Eckchen suchen, wo er sitzen und die anderen beobachten kann.

Wenn Ihr Punktwert für Extraversion im mittleren Bereich ist, dann gehören Sie zum Gros der Menschen. Das heißt, dass Sie manchmal Verhaltensmuster zeigen, die denen von hochgradig extravertierten Menschen ähneln, und dann wieder Verhaltensmuster der eher introvertierten Menschen. Ein Punktwert im mittleren Bereich für Extraversion bedeutet, dass ein Großteil Ihrer Verhaltensweisen mehr von den konkreten Umständen als von Ihrem Temperament abhängt. Wenn Ihre Freunde ausgehen und in der Stadt einen draufmachen wollen, gehen Sie unter Umständen mit; wenn Sie andererseits allein zu Hause sind, sind Sie möglicherweise ganz und gar nicht betrübt darüber, da Sie Gelegenheit haben, sich ungestört allein mit Lesen, Fernsehen oder einem Computerspiel zu beschäftigen.

Der Grad Ihrer Extraversion hat Einfluss darauf, zu welchen Rassen Sie bei der Wahl Ihres Hundes tendieren. Hochgradig extravertierte Menschen wählen ganz andere Rassen aus als Menschen mit einem niedrigen Punktwert für Extraversion. Außerdem hat die Auswertung der Umfrageergebnisse gezeigt, dass es ebenso sehr von Ihrem Geschlecht wie von Ihrem Extraversionswert abhängt, welche Großgruppe für Sie infrage kommt. Einen nach Geschlechtszugehörigkeit und Extraversionswert gegliederten Überblick, welche Hundegruppen zu wem passen, gibt Tabelle 1. Eine vollständige Aufzählung der Hunde in jeder Gruppe finden Sie unter der Überschrift «Die neuen Großgruppen» in Anhang II am Ende des Buchs. Es empfiehlt sich, an dieser Stelle ein Lesezeichen in das Buch einzulegen, damit man sie leicht wiederfindet.

Tabelle 1

Bevorzugung von Hundegruppen nach Maßgabe von Geschlechtszugehörigkeit und Extraversion

Punktwert für Extraversion	Hundegruppen für Frauen	Hundegruppen für Männer
hoch	eigenwillige Hunde	ausgeglichene Hunde
	wachsame Hunde	intelligente Hunde
mittel	ausgeglichene Hunde	freundliche Hunde
	intelligente Hunde	selbstbewusste Hunde
niedrig	ruhige Hunde	eigenwillige Hunde
	selbstbewusste Hunde	ruhige Hunde

Einfach nur mit einer Tabelle aufzuwarten ist eine ziemlich trockene Art und Weise, darüber zu informieren, welche Hunde zu welchen Menschen mit welchen Extraversionswerten passen. Deshalb lassen Sie mich Ihnen die Geschichte von ein paar bekannten Persönlichkeiten und ihrer Beziehung zu ihrem Hund erzählen.

John und Charley

Fangen wir mit dem nobelpreisgekrönten Romanschriftsteller John Steinbeck an[1], der Klassiker wie *Früchte des Zorns*, *Jenseits von Eden* und *Von Mäusen und Menschen* und auch Filmdrehbücher wie zum Beispiel *Viva Zapata!* und *Gabilan, das rote Pony* verfasst hat. Er hatte eine literarische Beziehung zu seinem Hund, und er war sicher ein extravertierter Mensch.

Steinbeck wurde in Salinas, Kalifornien, geboren. Er besuchte die Stanford University ziemlich unregelmäßig und legte dort bereits viele der Charakterzüge an den Tag, die sein Leben lang für ihn typisch blieben. Kontaktfreudiger Mensch, der er war, pflegte er gleichermaßen ernsthafte, enge Freundschaften wie auch viele lockere Beziehungen. Steinbeck war besonders gern unter Leuten, die ähnliche Interessen hatten wie er. Als Student in Stanford wurde er Mitglied im English Club und mietete ein winziges Zimmer in einer Art Schuppen im Hinterhof eines Wohnhauses, fernab vom Universitätsgelände. Aufgrund seines unkomplizierten, extravertierten Wesens wurde der Schuppen zum Treffpunkt aller Kommilitonen, die von einer Schriftstellerkarriere träumten. Sie kamen am Abend dort zusammen, tranken Bier, tauschten Klatschgeschichten aus und sprachen über ihr Leben und ihre Hoffnungen für die Zukunft. Steinbeck nannte sein Zimmer die «Höhle des Pegasus» nach dem mythischen geflügelten Roß, das die Legende in Zusammenhang mit der Erfindung der Dichtkunst bringt und in dem Steinbeck ein Symbol seiner hochfliegenden literarischen Ambitionen sah. Und er setzte dann immer lachend hinzu: «Wenn ein Pferd fliegen kann, ist alles möglich.»

Steinbecks Zeit in Stanford war nicht von besonderem Erfolg gekrönt. Er war oft wegen seiner Streiche in Schwierigkeiten. Auch neigte er dazu, den Unterricht zu schwänzen, und versäumte es, seine schriftlichen Arbeiten termingerecht abzugeben, weil er mit Schreiben beschäftigt war oder an irgendwelchen Geselligkeiten teilnahm. Viele Jahre später sagte seine Frau Elaine: «Alles, was John macht, dauert länger, als er gedacht hat. Das liegt daran, dass aus einer kurzen Begrüßung schließlich ein längeres Gespräch werden kann. Und wenn er erst mal kurz mit jemandem einen Kaffee trinken geht, ergibt sich daraus unter Umständen eine Unterhaltung, die den ganzen Nachmittag dauert. Ich glaube, John ist der Meinung, dass Reden lebenswichtiger ist als Atmen.»

In der Medienberichterstattung der Zeit klang gelegentlich durch, Steinbeck sei ein introvertierter Einzelgänger, weil er selten Interviews gab. Diese Zurückhaltung hatte nichts mit Menschenscheu zu tun, sondern resultierte aus der Unmenge emotional getönter Kritiken, mit der er von Journalisten und Rezensenten überschüttet wurde. Viele seiner Bücher waren populär, zum Teil aber auch umstritten. Zum Beispiel handelt der Roman Die *Früchte des Zorns* von der Auswanderung einer verarmten Familie aus der «Dust Bowl» Oklahomas nach Kalifornien. Die Schilderung des Schicksals der Familie Joad und ihrer Ausbeutung durch ein skrupelloses landwirtschaftliches System steckt voller sozialkritischer Anklage. Mit diesem und anderen Büchern löste Steinbeck bei Politikern und einer breiten Öffentlichkeit Stürme der Entrüstung aus. Die Stadtbevölkerung in Oklahoma und die Landbevölkerung in Kalifornien waren der Meinung, dass er sie verleumdet hätte. Es gab Bestrebungen, seine Bücher aus den öffentlichen Bibliotheken zu verbannen, und sogar sein Leben war bedroht. Er fand sich plötzlich in eine Situation versetzt, in der er gegen eine wahre Flut von Bitten um öffentliche Auftritte und die Unterstützung politischer Bewegungen um einen letzten Rest von Ungestörtheit kämpfte. Er sah sich sogar als Ausbeuter der Armen tituliert, weil er «aus ihrem traurigen Los Profit schlägt, statt die Einkünfte aus seinen Büchern bedürftigen Menschen oder Hilfsorganisationen zu spenden».

Mit der Zeit wurde es für Personen des öffentlichen Lebens und die Medien fast zu einem Sport, aus dem Zusammenhang gerissene Stellen aus Steinbecks Werken zum Aufhänger bösartiger Kritik zu machen. So ereiferte sich die Prominenz von Monterey, Kalifornien, über ihn, weil er sie in seinem Roman *Cannery Row. Die Straße der Ölsardinen* der Welt mit den Worten vorstellte: «Die Bewohner? Huren, Hurensöhne, Kuppler, Stromer und Spieler, mit einem Wort: Menschen.» Die Kalifornier haben Steinbeck diesen Satz nie verziehen, obwohl er sie im nächsten Satz als «Heilige, Engel, Gläubige, Märtyrer» beschrieb. Er hat sich einmal beklagt: «Es wird im Bewusstsein der Öffentlichkeit nach und nach ein Popanz aufgebaut. Es ist eine Strohpuppe, und sie trägt meinen Namen. Ich mag sie nicht – diese Strohpuppe. Das bin ich nicht – das ist der Steinbeck, den die Öffentlichkeit sich nach ihrer eigenen Vorstellung geschaffen hat und von dem sie glaubt, das wäre ich.»

Wenngleich oft pressescheu, führte Steinbeck nach wie vor alles andere als ein Einsiedlerleben. Er betätigte sich auch politisch und äußerte sich dezidiert zu Fragen der Sozialpolitik und zum Vietnamkrieg; zu seinen bildungs- und kulturpolitischen Aktivitäten gehörte auch ein gemeinsam mit dem Dramatiker Edward Albee unternommener Besuch der Sowjetunion im Rahmen eines Kulturaustauschs. Steinbeck war ein großer Freund geselliger Gespräche und bemerkte einmal: «Ich habe den vorgestrigen Abend in Stockholm mit 1500 Studenten verbracht. Ich habe keine Rede gehalten, wir haben nur debattiert, sie haben alle durcheinander geschrien – sie waren anregend, intelligent und mitreißend.»

Zwar wurde Steinbeck oft als Mensch mit einer «düsteren Vision» vom Leben charakterisiert, weil er über die Armen und Unterdrückten schrieb. Sein eigentliches Thema war jedoch die stille Größe, die er in Mitgliedern der unterprivilegierten Schichten entdeckte. Seine Figuren sind zwar häufig Gefangene einer ungerechten Welt, verlieren aber trotz ihrer Niederlage nicht ihre Tapferkeit und Lebensfreude. Er schrieb auch amüsante, heitere Sachen; Rodgers und Hammerstein nahmen sein Buch *Wonniger Donnerstag* als Vorlage für ihr Musical *Pipe Dream*. Und er schrieb Geschichten voller Liebe und Zärtlichkeit, wie zum Beispiel das Filmdrehbuch nach seiner Erzählung *Gabilan, das rote Pony,* wo ein Junge in seiner Liebe zu seinem Pferd eine emotionale Zuflucht vor seiner ewig nörgelnden Familie findet.

Steinbeck hatte mehrere Hunde im Laufe seines Lebens. In seiner Jugend waren es Englische Setter, und dann gab es einen weißen Bullterrier mit Namen Angel. Er besaß auch einmal einen Airedale-Terrier, zu dem er ein sehr gespaltenes Verhältnis hatte. Jedes Mal, wenn der Airedale-Terrier am Revier eines bestimmten Hundes vorbeikam, den Steinbeck als eine «Schäferhund-Setter-Kojote-Mischung» beschrieb, kam es zur Rauferei. «Jede Woche raufte mein Hund mit diesem grässlichen Vieh, und jede Woche zog er den Kürzeren.» Das ging mehrere Monate so, doch eines Tages schließlich hatte Steinbecks Airedale Glück. Er überraschte den ruppigen Köter, als der einmal nicht aufpasste, und tränkte es ihm gründlich ein. In traurigen Worten gibt Steinbeck wieder, was dann geschah. Der unterlegene Hund «warf das Handtuch», und in dem Moment ließ der Airedale jede Ritterlichkeit fahren. Zu Steinbecks Entsetzen kehrte sein Hund plötzlich zu dem Besiegten zurück, der in Demutshaltung auf dem Rücken lag, und biss ihm wütend in die Weichteile. Spätestens als der Airedale von seinem Opfer weggerissen wurde, war Letzteres zeugungsunfähig. Steinbeck schließt seine Geschichte mit der Bemerkung: «Ehrlosigkeit gibt es bei Hunden genauso wie bei Menschen.» Seine Gefühle für den Airedale waren so negativ, dass er in der ganzen Geschichte nicht ein einziges Mal den Namen des Hundes erwähnte.

Der Hund, dem Steinbeck indessen am herzlichsten zugetan war, gehörte passenderweise zu der Gruppe, die am besten für extravertierte Menschen geeignet ist, nämlich zur Gruppe der Intelligenten Hunde. Es war ein schwarzer Großpudel namens Charley (Abb. 6). Laut Steinbeck «wurde er in Bercy, einem Vorort von Paris, geboren und in Frankreich erzogen; er kann zwar ein bisschen Pudelenglisch, reagiert aber einigermaßen prompt auf Kommandos in Französisch. Er muss sonst erst übersetzen, und das verzögert die Sache.»

Im Alter von achtundfünfzig Jahren beschloss Steinbeck, Amerika für sich «neu zu entdecken». Dazu brach er zu einer Reise auf, die sich über 12 900 Meilen erstreckte und ihn durch sechsunddreißig Bundesstaaten und Kanada führte. Er machte seine Tour in einem Wohnmobil, nur in Begleitung seines Hundes, und das Ergebnis war das warmherzige, liebevolle Buch *Meine Reise mit Charley*. Steinbeck nahm Charley mit, um Gesellschaft zu haben, aber auch, um durch ihn mit anderen Menschen in Kontakt zu kommen. Steinbeck schreibt:

«Ein Hund, vor allem ein Exot wie Charley, ist ein Band zwischen Fremden. Viele Gespräche unterwegs begannen mit der Frage: ‹Was für ein Hund soll das sein?› (Vor allem beim Campen war Charley eine unschätzbare Hilfe, mit anderen ins Gespräch zu kommen.) Wenn ich mit Fremden Bekanntschaft schließen will, ist Charley mein Vermittler. Ich lasse ihn frei laufen, und er nähert sich dem Operationsziel oder, besser gesagt, dem, was das Operationsziel kocht. Ich rufe ihn zurück, damit er meinem Nachbarn nicht zur Last fällt – *et voilà!* Ein Kind erfüllt den gleichen Zweck, aber ein Hund ist besser.»

Zwar wird *Meine Reise mit Charley* hauptsächlich als unterhaltsamer Reisebericht und als Sozialreportage gelesen, das

Buch verschafft uns aber auch ein interessantes Bild von einem Mann, der mit seinem Hund interagiert und Gespräche führt. Offensichtlich sprach Charley nicht. Genau genommen war das Einzige, was er «sagen» konnte, der Laut «Ftt», und den sagte er Steinbeck ins Ohr. Steinbeck bemerkt dazu:

«Unter den Hunden, die ich kenne, ist er der einzige, der den Konsonanten ‹F› bilden kann. Dies verdankt er dem Umstand, dass seine Vorderzähne krumm sind, eine Tragödie, die ihn an der Teilnahme bei Hundeschauen hindert. Seine oberen Schneidezähne ragen ein wenig über die Unterlippe, und deshalb kann er das ‹F› aussprechen. ‹F› bedeutet gewöhnlich, dass er einen Busch oder Baum begrüßen möchte.»

Meistens spricht Charley mit dem Schwanz, und Steinbeck liest aus den Bewegungen seines Schwanzes eine Menge heraus. Der Schriftsteller fragt Charley: «Sollen wir hier übernachten, Charley?», und der wedelt mit dem Schwanz, wie ein Professor mit einem Bleistift in der Luft wedelt – einmal nach links, einmal nach rechts und dann wieder in die Mitte. Später stellt Steinbeck Charley noch eine Frage und sieht sich seine Antwort an. «Zwei komplette Schwanzwedler. Wenigstens hat er die Frage nicht offen gelassen.»

Dann wieder hat Steinbeck etwas getan, was viele von uns mit dem Hund machen, den sie lieben, nämlich mit ihm reden. Ein Großteil des Buchs könnte tatsächlich unter dem Titel *Gespräche mit Charley* erschienen sein. Steinbeck redet mit Charley über alltägliche Dinge, zum Beispiel, wann sie anhalten und übernachten, wann und was sie essen, wann sie weiterfahren sollen und dergleichen mehr. Er redet mit Charley auch über seine Gefühle, und manchmal nehmen die Gespräche eine tiefsinnige, philosophische Wendung, zum Beispiel wenn Steinbeck mit Charley in aller Ausführlichkeit über das Wesen des Vorurteils und die Rassendiskriminierung spricht.

Ich habe bereits *Doggerel* erwähnt, die vereinfachte Sprache, die wir benutzen, wenn wir mit unserem Hund reden, ohne aber näher auf den Inhalt dieser Gespräche einzugehen. Das Gespräch mit einem Hund kann in dreierlei Form geführt werden. Die einfachste Form ist der Monolog, bei dem der Mensch die Unterhaltung allein bestreitet, während der Hund nur eine freundliche Miene beisteuert. Die zweite Form ist ein Dialog, bei dem es einen gewissen Austausch, aber nur einen Sprecher gibt. Bei dieser Art Gespräch sehen wir den Hund ab und zu an und halten an den Stellen inne, wo eine Stellungnahme des Hundes am Platz wäre, und sprechen dann weiter, als hätte er mit seinem Schweigen etwas Bestimmtes ausgedrückt. Ohrenzeuge einer solchen Unterhaltung zu werden ist, als ob man einem Menschen beim Telefonieren zuhörte, wobei man ja auch nicht verstehen kann, was am anderen Ende der Leitung gesagt wird.

Es gibt noch eine dritte Form des Gesprächs zwischen Mensch und Hund, die viele Hundeliebhaber kennen, Außenstehenden aber ziemlich eigenartig vorkommen mag: Wir reden nicht nur mit dem Hund, sondern antworten selber auch so, wie der Hund nach unserer Meinung antworten könnte. Wir haben alle dieses Verhalten schon in anderer Form erlebt, wenn Eltern mit ihrem Baby sprechen. Die Mutter gibt dem Kind vielleicht irgendein Spielzeug und sagt dabei so etwas wie: «Möchtest du lieber den Teddybär haben?» und fügt dann, wenn das Baby lächelt oder danach greift, (häufig mit verstellter Stimme) hinzu: «O ja, Mami, ich will den Bär haben.» Derartige Gespräche zwischen Mensch und Hund ähneln ein bisschen der abgegriffenen Hollywoodsequenz mit dem Schizophrenen, dessen verschiedene Persönlichkeiten einen Streit unter sich austragen, jede mit ihrem eigenen Temperament und ihrer eigenen Stimme. So übernahm Steinbeck auf seiner Fahrt kreuz und quer durchs Land einmal beide Parts der hier folgenden Unterhaltung, als er bemerkte, dass Charley blicklos in die Ferne starrte.

«Was ist los, Charley, geht's dir nicht gut?»

Sein Schwanz wedelte langsam die Antworten. «Doch ja, ganz gut.»

«Warum bist du nicht gekommen, als ich gepfiffen habe?

«Ich hab dich nicht pfeifen hören.»

«Was starrst du da an?»

«Ich weiß nicht. Wahrscheinlich gar nichts.»

«Willst du nichts fressen?»

«Höchstens aus Gewohnheit. Eigentlich bin ich nicht hungrig.»

Später fiel Steinbeck auf, dass Charley einen etwas deprimierten Eindruck machte, und er beschloss, ihm zwecks Stimmungsaufheiterung einen Geburtstagskuchen zu backen. Charley hatte gar nicht Geburtstag – genau genommen erinnerte sich Steinbeck nicht daran oder hatte es vielleicht gar nie gewusst, wann genau Charleys Geburtstag war –, aber er dachte, dass ein Festtagskuchen Charleys Stimmung aufheitern könnte. Das führte zu folgendem Austausch, während der Schriftsteller die Zutaten bereitstellte.

Charley beobachtete den Vorgang mit einigem Interesse. Sein alberner Schwanz führte eine knifflige Konversation. «Wenn jemand zusehen würde, wie du einen Geburtstagskuchen machst, und das für einen Hund, der nicht einmal weiß, wann er Geburtstag hat, würde er denken, du seist verrückt.» – «Und wenn du mit deinem Schwanz keine bessere Grammatik zustande kriegst, ist es vielleicht ganz gut, dass du nicht reden kannst.»

Wir alle reden mit unserem Hund und antworten manchmal auch selber für ihn. Aber nur jemand mit einem Literaturnobelpreis wie Steinbeck dürfte sich die Mühe machen, die Grammatik von Sätzen zu kritisieren, die er dem Hund selber in den Mund gelegt hat.

Eugene und Blemie

Einen interessanten Gegensatz zu John Steinbeck bildet der Dramatiker Eugene O'Neill[2], der als erster amerikanischer Schriftsteller den Literaturnobelpreis erhielt. Und man stellt mit Erstaunen fest, dass O'Neill außer dem Nobelpreis auch noch viermal den Pulitzerpreis für Bühnenwerke bekam für seine Theaterstücke *Jenseits vom Horizont*, *Anna Christie*, *Seltsames Zwischenspiel* und *Eines langen Tages Reise in die Nacht*. Einige Experten behaupten, dass O'Neill nach William Shakespeare und George Bernard Shaw der meistübersetzte und -gespielte Dramatiker sei.

In Anbetracht seiner Lebensgeschichte hätte man annehmen können, dass O'Neill äußerst extravertiert war. Er wurde in die Theaterwelt hineingeboren. Sein Vater James O'Neill war ein erfolgreicher Schauspieler bei einer Wanderbühne, der seinen Ruf auf die Darstellung des Grafen von Monte Christo in einer Bühnenfassung des Romans gründete. Eugenes Mutter Ella begleitete ihren Mann auf seinen Reisen durchs Land. Eugene kam in einem Hotelzimmer zur Welt und verbrachte seine frühe Jugend in Hotels, Eisenbahnwagen und hinter der Bühne vieler Theater, in denen sein Vater auftrat. Er besuchte ein Internat und anschließend ein Jahr die Princeton University. Dann nahm er sich sechs Jahre Zeit, um das zu erwerben, was er «echte Lebenserfahrung» nannte. Aus glücklichen Bildungsjahren wechselte O'Neill in eine Phase, die ihn fast das Leben kostete. Er fand eine Arbeit als Matrose, fing zur selben Zeit aber exzessiv zu trinken an und fristete eine Zeit lang sein Dasein als Penner in den Häfen von Buenos Aires, Liverpool und New York. In einem Anfall von Depression versuchte er sogar, sich das Leben zu nehmen.

O'Neill hatte das Theater «im Blut» und führte zudem in seiner frühen Kindheit ein Leben, bei dem er auf den Reisen mit seiner Familie zwanglos mit vielen Menschen zusammenkam.

Das heißt, jemand, der glaubt, dass die Umgebung eines Menschen seine Persönlichkeit prägt, würde wahrscheinlich zu dem Schluss kommen, dass O'Neill ein sehr extravertierter Mensch war, der sich verloren vorkam, wenn er nicht ständig eine Menge Menschen um sich hatte. Wenn er viel getrunken hatte, war er tatsächlich sehr kontaktfreudig und extravertiert. In nüchternem Zustand war aber deutlich zu erkennen, dass er in Wirklichkeit der introvertierte Persönlichkeitstyp war.

Es gab schon früh Hinweise auf O'Neills Introvertiertheit, die seinen Kollegen auffielen. Zum Beispiel gab er ein kurzes Gastspiel als Reporter beim *New London Telegraph*. Ein paar Jahre später schrieb Robert A. Woodworth einen Artikel über ihn mit dem Titel *Der schlechteste Reporter der Welt*. In diesem Artikel erinnert sich Woodworth daran, dass O'Neill immer in einer Ecke der Lokalredaktion saß, rauchte und mit offenen Augen träumte, während sich die übrigen Mitglieder des kleinen Reporterstabs im Außendienst «die Hacken abrannten».

O'Neill wurde sich seiner Neigung zur Introversion und zum Alleinsein zum ersten Mal bewusst, als er schließlich zur Behandlung einer Tuberkulose in Connecticut in ein Sanatorium kam. Er bezeichnete diese Erfahrung später immer als seine Wiedergeburt. Nach längerer Bettruhe in einem Einzelzimmer wurde er in einen der kleinen Pavillons auf dem Sanatoriumsgelände verlegt, den er zusammen mit einigen anderen Patienten bewohnte, die ebenfalls auf dem Wege der Besserung waren. Er sagte später zu Freunden: «Ich schlafe vor allem deswegen jede Nacht draußen auf der Veranda, weil ich die Tröstungen der Einsamkeit zu schätzen gelernt habe.»

In dieser Zeit fing O'Neill an, Theaterstücke zu schreiben. Er stellte fest, dass er im Schreiben dem Trubel einer feindlichen Welt, ihren Störungen und ihrem erzwungenen Kontakt mit anderen Menschen zu entkommen vermochte. Das Schreiben bot ihm einen willkommenen Vorwand, den Umgang mit anderen

Menschen zu meiden. Er erklärte das einem jungen Schriftsteller später einmal mit folgenden Worten: «Solange du eine Arbeit machst, die deine gesamte geistige Energie in Anspruch nimmt, bleibt für andere Dinge nicht mehr viel Raum.»

O'Neills frühe Theaterstücke waren noch nicht ausgereift, aber ein Theaterkritiker, der sie viel versprechend fand, überredete O'Neills Vater, ihn nach Harvard zu schicken, damit er dort an George Pierce Bakers Stückeschreiberseminar teilnehmen konnte. Er blieb ein Jahr dort und lernte sein Handwerk. Dann beendete er sein Studium und fing sofort an, Einakter zu schreiben. Diese frühen Versuche wurden mit Erfolg beim Playwrights' Theater in Provincetown, Massachusetts, aufgeführt. Nur fünf Jahre nach Beendigung seines Studiums erlebte O'Neill die Aufführung seines ersten abendfüllenden Stücks *Seltsames Zwischenspiel* (für das er auch seinen ersten Pulitzerpreis erhielt) am Broadway.

Wann immer möglich, zog O'Neill sich in eine nach festem Tagesplan reglementierte Einsamkeit zurück. Seine Frau Carlotta berichtete, dass er, wenn er schrieb, außer ihr kaum jemanden sehen wollte. Es war ihre Aufgabe, ihn gegen Dienstboten, Besucher oder wen sonst auch immer abzuschirmen. Sie erinnerte sich später: «Oberstes Gebot war, dass niemand in seine Nähe kam – selbst dann nicht, wenn das Haus in Flammen stand. Er durfte unter gar keinen Umständen gestört werden.»

O'Neills Tageseinteilung sah folgendermaßen aus: Er stand um sieben Uhr dreißig auf, nahm ein schnelles, leichtes Frühstück zu sich und zog sich dann bis um ein Uhr in sein Arbeitszimmer zurück. Dann erschien er wieder zum Lunch, bei dem er die Post durchsah, die Carlotta ihm in Aktendeckel mit Aufschriften wie «Von Agenten und Verlegern», «Briefe von Freunden» «Anfragen», «Von unbekannten Bühnenschriftstellern» und so weiter einsortiert hatte. Carlotta sagte: «Ich musste immer mucksmäuschenstill daneben sitzen. Ich vermied es sogar, irgendein Geräusch mit dem Stuhl zu machen, das ihn hätte stören können.» Unter Umständen kehrte O'Neill dann zu seiner Arbeit zurück, machte ein Nickerchen oder ging schwimmen. Später am Tag machten er und seine Frau in den Parkanlagen einen Spaziergang. Den Abend verbrachte er im Allgemeinen vor dem Kamin, den Hund zu seinen Füßen. Carlotta bemerkte, dass O'Neill nach dem Einsiedlerdasein, das er in der ersten Tageshälfte geführt hatte, sehr charmant, gesellig und humorvoll sein konnte; sie schränkte das aber ein, indem sie bemerkte, «dass er mitunter den ganzen Tag lang kein Wort sprach».

O'Neill hatte einen Lieblingshund, der zu einer der beiden Gruppen gehörte, die sich am besten für sehr introvertierte Männer eignet, nämlich zu den Eigenwilligen Hunden. Er hatte das Tier während eines Frankreichaufenthalts gekauft. O'Neill beklagte sich häufig, dass die Franzosen Ausländer gern übers Ohr hauten, indem sie ihnen viel Geld für mindere Qualität abknöpften. Das Einzige, was er je in Frankreich kaufte, ohne dass ihn hinterher das Geld reute oder er den Wert des Erworbenen in Zweifel zog, war ein wunderschöner Dalmatiner mit Namen Silverdeen Emblem. O'Neill rief ihn Blemie (Abb. 7).

Vor seiner Ehe mit Carlotta war O'Neill bereits zweimal verheiratet gewesen. Aus diesen zwei Ehen waren drei Kinder vorhanden, und die waren in O'Neills Augen der schlagende Beweis für sein Versagen als Ehemann und Vater. Der ältere Sohn, Eugene O'Neill junior, nahm sich im Alter von vierzig Jahren das Leben, während der jüngere, Shane, ohne Ziel vor Augen in ein Dasein driftete, das von Alkohol, Drogen und emotionaler Instabilität bestimmt war. Den Kontakt mit seiner Tochter Oona brach O'Neill ab, als sie erst achtzehn war. Er war wütend und in heller Aufregung, als sie gegen seinen Willen den Filmschauspieler Charles Chaplin heiratete, der ebenso alt war wie O'Neill.

Die Ehe mit Carlotta blieb kinderlos, aber O'Neill nannte Blemie oft sein einziges «erfolgreiches Kind». Carlotta sorgte sich, weil er ihrer Meinung nach viel zu stark an Blemie hing. Den Beweis dafür sah sie in seiner Neigung, den Hund maßlos zu verwöhnen – zum Beispiel indem er ein Himmelbett für ihn anschaffte. Sie gab aber zu, dass Blemie unterm Strich «das erfreulichste und unterhaltsamste Kind» gewesen war, das sie und Eugene gehabt hatten und ganz gewiss auch «das dankbarste».

O'Neill ließ keine Gelegenheit ungenutzt, Blemies Vorzüge in Briefen und Gesprächen herauszustreichen. Er sagte oft, dass Blemie alles war, was ein guter Hund sein sollte: ein Trost für seinen Herrn in sorgenvoller Zeit und eine Extraportion Glück in Zeiten der Freude. Immer, wenn er über Blemie sprach, wurde O'Neill ganz gefühlvoll. Kein anderer Hund war so wohlerzogen und so brav, so edel und so schön. Meist blieb dann auch der Zusatz nicht aus, dass kein anderer Hund eine so vornehme Erscheinung darstelle wie Blemie mit seinem Designerhalsband, der Leine, dem Regenmantel, der Schabracke, die für ihn bei Hermès in Paris angefertigt worden waren.

Die Filmschauspielerin Lillian Gish meinte, «dass Blemie sich in Le Plessis (O'Neills Domizil) gerade so aufführte, als ob er der Herr des Hauses wäre. Er empfing einen an der Tür, ging mit einem spazieren, folgte dem Dienstboten, der das Frühstückstablett brachte. Wenn ein Gast wieder abreiste, ließ Blemie sich mit einem Seufzer der Erleichterung auf den Boden fallen, als wollte er sagen: ‹Gott sei Dank, die sind weg!› Er benahm sich ganz so, als ob seine Pflichten als Gastgeber ihn total erschöpft hätten.» Carlotta war der Meinung, dass Blemie auch Verständnis für O'Neills introvertiertes Wesen und sein Bedürfnis nach Ruhe hatte. «Genau wie das Hauspersonal ging er auf Zehenspitzen, wenn Gene arbeitete», sagte sie.

Blemie war praktisch auf allen Reisen O'Neills mit dabei und kam auch mit ins Theater, wenn O'Neill mit den Schauspielern und dem Regisseur an der Inszenierung eines seiner Stücke arbeitete. Weil Blemie bei den Proben immer dabei war, glaubten die Schauspieler manchmal, dass sie ihren Hund auch mitbringen dürften. Während der Probenarbeit zu *Trauer muss Elektra tragen* begann Alice Brady, die den Part der Lavinia spielte, ihren Hund Sammy zu den Proben mitzubringen. Eines Tages kam es zwischen Sammy und Blemie zu einer Rauferei. O'Neill musste dazwischengehen, denn Sammy war nur ein Zwerg von Hund und zog eindeutig den Kürzeren. O'Neill hob Sammy hoch, trug ihn zu Alice Brady in die Garderobe und überreichte ihn mit den Worten: «Sammy hat draußen meinen Hund getroffen. Da hat er die Nase gerümpft und gesagt: ‹Meine Mutter spielt in dem miesen Stück von deinem Vater mit.› Und daraufhin hatte mein Hund natürlich keine andere Wahl, als ihm an den Kragen zu gehen. Das hätte Sammy eigentlich wissen müssen.» Am Tag der Premiere schickte O'Neill Alice Bradys Hund in Blemies Namen Blumen. Auf die Karte schrieb er, er (Blemie) hoffe, dass inzwischen alles vergeben und vergessen sei und dass Sammys Mutter ihre Sache bei der Aufführung gut machen werde.

Ähnlich wie Steinbeck legte auch O'Neill seinem Hund häufig Worte in den Mund, allerdings benutzte er ihn dabei meist als Formulierungshelfer und Überbringer ironischer eigener Botschaften an Menschen in seinem Umfeld. So war er beispielsweise an seinem fünfzigsten Geburtstag krank und beantwortete hinterher die Glückwünsche eines Freundes mit einem Brief, in dem er unter anderem schrieb: «Blemie sagte zur Katze: ‹Der alte Herr sieht nicht einen Tag älter aus als einhundertdreiundachtzig.› Und er hatte Recht. Ich fühlte mich auch keinen Tag älter.»

Spätestens im Oktober 1940 war nicht mehr zu übersehen, dass Blemie alt und schwach geworden war und nicht mehr lange zu leben hatte. O'Neills Zuneigung zu dem Tier ging tief, er wusste aber auch, dass Carlotta sich wegen der Auswirkungen sorgte, die Blemies absehbares Ende auf ihn haben würde. Teils um ihr die beruhigende Gewissheit zu geben, dass er wusste, was sich da vorbereitete, und dem mit Fassung entgegensah, teils um sich selbst zu trösten, schrieb er «Silverdeen Emblem O'Neills Vermächtnis und letzter Wille». Es ist ein tief gefühltes Zeugnis seiner Liebe zu dem Tier und zugleich die Formulierung einer Philosophie, die für jeden geliebten Hund vielleicht die beste Grabschrift wäre.

> Ich, Silverdeen Emblem O'Neill (gewöhnlich Blemie geheißen), vergrabe mein Vermächtnis und meinen letzten Willen im Herzen meines Herrn, weil mir die Last meiner Jahre und meiner Gebrechen schwer zu schaffen macht und ich das Ende meines Lebens nahen fühle. Er wird erst nach meinem Tod merken, dass es ein solches Vermächtnis gibt. Wenn er in seiner Einsamkeit an mich denkt, merkt er plötzlich, dass es existiert, und ich bitte ihn, es zur Erinnerung an mich aufzuschreiben.
>
> An materiellen Gütern habe ich nicht viel zu hinterlassen. Hunde sind weiser als Menschen. Sie legen keinen besonderen Wert auf derlei Dinge. Sie vergeuden ihre Zeit nicht damit, dass sie Besitztümer horten. Sie bringen sich nicht um den Schlaf, indem sie sich das Hirn zermartern, was sie tun sollen, um sich ihren Besitz zu erhalten. An Wertsachen habe ich nichts zu hinterlassen als meine Liebe und meine Treue. Sie vermache ich denen, die ich geliebt habe, meinem Herrchen und meinem Frauchen, die, wie ich weiß, am meisten um mich trauern werden. […] Es ist vielleicht eitel, mich herauszustreichen an der Schwelle des Todes, der alle Lebewesen und Eitelkeiten wieder zu Staub werden lässt, aber ich bin immer ein äußerst liebenswerter Hund gewesen.
>
> Ich bitte mein Herrchen und mein Frauchen, mich nicht zu vergessen, sich aber auch nicht allzu lange um mich zu grä-

men. Ich habe mich mein Leben lang bemüht, ihnen in sorgenvoller Zeit ein Trost und in glücklichen Tagen ein Anlass zu noch mehr Freude zu sein. Der Gedanke schmerzt mich, dass ich ihnen gerade im Augenblick meines Todes Kummer bereite. Sie sollten jedoch nicht vergessen, dass zwar kein Hund jemals ein schöneres Leben gehabt hat (und das verdanke ich ihrer Liebe und Fürsorge), dass mein Selbstgefühl aber inzwischen auf das Niveau quälender Verstörung und Würdelosigkeit herabgesunken ist, nachdem ich blind, taub und lahm geworden bin und mir auch mein Geruchssinn abhanden gekommen ist, sodass ich womöglich ein Kaninchen direkt vor der Nase haben könnte, ohne es zu bemerken. Ich spüre, dass das Leben mir zusetzt, weil ich die herzliche Gastfreundschaft, die mir zuteil wurde, über Gebühr in Anspruch nehme. Es wird Zeit für mich, Abschied zu nehmen, bevor ich zu einer allzu drückenden Last werde – für mich selbst nicht weniger als für die, die mich lieben. Schmerzen wird mich die Trennung von ihnen, nicht das Sterben. […] Was nach dem Tode kommt – wer weiß? Ich würde gern denjenigen meiner Rassegenossen glauben, die strenggläubige Muslime sind, wenn sie sagen, dass es ein Paradies gibt, wo man für immer jung ist und immer eine gut gefüllte Blase hat; wo man jeden Tag, den Gott werden lässt, mit einem Haufen leckerer Huris verspielt, alle wunderschön (wie Dalmatiner) gefleckt. [Huris: nach islamischem Glauben zur Belohnung der Seligen im Paradies weilende Jungfrauen mit unvergänglichen Reizen] […]

Ich fürchte, das wäre selbst für einen Hund wie mich zu viel verlangt. Aber bestimmt werde ich nach dem Tod zumindest Frieden finden. Frieden und ein langes Ausruhen für Herz, Kopf und Glieder, die alt und müde sind, und ei-

> nen ewigen Schlaf in der Erde, die ich immer so sehr geliebt habe. Vielleicht ist das, alles in allem genommen, das Beste. Eine letzte, dringende Bitte habe ich noch. Ich habe mein Frauchen sagen hören: «Wenn Blemie stirbt, dürfen wir uns keinen Hund mehr anschaffen. Ich liebe ihn so sehr, dass ich nie einen anderen Hund lieben könnte.» Nun möchte ich sie bitten, um meinetwillen wieder einen von meinen Artgenossen ins Haus zu nehmen. Nie mehr einen Hund zu haben wäre kein guter Weg, mein Andenken zu bewahren. Ich würde mir wünschen, dass sie nun, nachdem sie mich in der Familie gehabt hat, nie mehr ohne einen Hund leben möchte. […] Ihm hinterlasse ich mein Halsband, meine Leine, meine Schabracke und meinen Regenmantel, die 1929 bei Hermès in Paris für mich nach Maß angefertigt wurden. Er wird nie imstande sein, sie mit der gleichen Vornehmheit zu tragen, wie ich es tat, wenn ich unter den bewundernden Blicken aller Passanten meinen Spaziergang um die Place Vendôme oder später auf der Park Avenue machte, aber andererseits bin ich sicher, dass er sein Möglichstes tun wird, um nicht als linkischer Provinzköter aufzutreten. […] Ein letztes Wort zum Abschied, liebes Herrchen und liebes Frauchen. Jedes Mal, wenn ihr mein Grab besucht, sollt ihr euch mit Trauer im Herzen, aber auch voll Freude bei der Erinnerung an mein langes, glückliches Leben mit euch sagen: «Hier liegt einer, der uns geliebt hat und den wir geliebt haben.» Ganz gleich, wie tief ich schlafe, ich werde euch hören, und der Tod mit all seiner Macht kann mich nicht davon abhalten, noch als Geist dankbar mit dem Schwanz zu wedeln.

Keine Frage, sowohl Introvertierte wie Extravertierte können ihren Hund lieben – nur lieben sie eben Hunde unterschiedlicher Rasse.

9

Hunde für dominante und für weniger dominante Menschen

Das zweite Persönlichkeitsmerkmal, das voraussagt, mit welcher Rasse Sie zurechtkommen, ist die *Dominanz*. Menschen mit einem hohen Punktwert für diese Dimension bezeichnen wir als «dominant», während wir Menschen mit einem niedrigen Punktwert «nicht dominant» nennen.

Menschen mit einem hohen Punktwert für Dominanz werden in der Regel als tatkräftig, forsch, ausdauernd, sicher, selbstbewusst und selbstvertrauend charakterisiert. Hochgradig dominante Menschen sind gewöhnlich sehr ehrgeizig und leistungsorientiert. Sie wollen so gut wie überall den Ton angeben, sind entscheidungsfreudig und erwarten, dass sie in jeder Auseinandersetzung, in die sie hineingeraten, das letzte Wort haben. Sie sind die Menschen, die Spiele so spielen, wie wenn sie sich in einem erbarmungslosen Konkurrenzkampf befänden, bei dem sie für sich selbst an Gewinn so viel wie möglich herausschlagen müssten. In einem Gremium wollen sie an der Spitze stehen, und wenn man ihnen das verwehrt, werden sie die Eignung des Leiters in Zweifel ziehen, wann immer sich eine Möglichkeit dazu bietet.

Dominante Menschen reden gern auf andere ein, um ihnen klarzumachen, was sie zu denken und zu tun haben. Ganz ähnlich wie Extravertierte bedienen sie sich, um andere für ihren eigenen Standpunkt zu gewinnen, mit Vorliebe der Taktik, an die Vernunft zu appellieren, aber sie argumentieren offensiver. Sie begnügen sich nicht damit, Argumente zugunsten ihres eigenen Standpunkts vorzubringen, sondern fordern unter Umständen ihren Gegenpart gebieterisch auf zu erklären, wieso er eigentlich anderer Meinung ist. Wenn sie bei einer Auseinandersetzung nicht das letzte Wort haben (was selten vorkommt), kann man sich darauf verlassen, dass sie sich damit herausreden, dass ihre Ideen «der Zeit voraus» oder für ihr Gegenüber «zu hoch» seien. Man kann dominante Menschen in einer Diskussionsrunde leicht erkennen, da ihre Argumentation häufig von lebhaften Gesten begleitet wird; sie wollen gewöhnlich bei ihren Ausführungen aufstehen und bemächtigen sich auf öffentlichen Foren als Erste des Mikrophons.

In diesem durch Aktivität, Ehrgeiz und Dynamik geprägten Verhaltensmuster liegt wahrscheinlich die Erklärung, warum wir in Berufen, die mit der Überwachung und Kontrolle anderer zu tun haben, so viele Menschen mit vergleichsweise hohen Werten auf der Dominanzskala finden. Dominanten Menschen begegnet man unter leitenden Angestellten, Hotelmanagern, Restaurantgeschäftsführern, Wahlkampfmanagern, Werbestrategen, Schulleitern, Unternehmensberatern, bei der Polizei und den Strafverfolgungsbehörden, unter Sozialamtsleitern und so weiter.

Dominante Menschen in Bestform beweisen Führungsqualität und eine hervorragende Eignung für Lenkungs- und Leitungsaufgaben, besonders wenn sie Vollmacht haben, ihre Entscheidungen durchzusetzen. Hochgradig dominante Menschen können in Krisensituationen außerordentlich verantwortungsbewusste und mutige Entscheidungen treffen. Sie sind es in der Regel, die bei schweren Unfällen auf der Autobahn selber sofort den Verkehr umleiten und sich versichern, dass jemand Hilfe holt. Sie teilen bei einer Flutkatastrophe die Helfer zum Aufschichten der Sandsäcke ein, stellen als Erste einen Rettungstrupp für die Suche nach einem verschwundenen Kind zusammen und leisten erste Hilfe bei Erdbebenopfern. Im ungünstigsten Fall gebrauchen dominante Menschen ihre Macht einfach nur, weil sie sie haben. Sie schicken andere Leute los, anstatt selber die Arbeit zu machen; sie fallen anderen ins Wort, um ihre eigene Meinung auszuposaunen; wenn sie in einer Gruppe sind, versuchen sie, ihren Willen durchzusetzen, welchen Film man sich ansehen oder in welches Restaurant man gehen soll, und sagen anderen Menschen, was sie anziehen und wie sie sich frisieren sollen. Was noch schlimmer ist, sie krallen sich die Fernbedienung für das Fernsehgerät, sodass sie bestimmen können, welche Programme sich alle anderen im Zimmer ansehen müssen.

Menschen mit einem niedrigen Punktwert für Dominanz werden manchmal zaghaft, schüchtern, scheu und unaggressiv genannt. Diese nicht dominanten Menschen sind einfach nicht so präpotent wie hochgradig Dominante. Wenn möglich, vermeiden sie es, irgendeine Führungsrolle zu übernehmen. Sie sind nicht gern in Situationen, in denen sie Durchsetzungsfähigkeit und Autorität zeigen oder Entscheidungen treffen müssen. Das bedeutet, sie fühlen sich meist am wohlsten in klar geordneten Situationen mit eindeutigen Spielregeln, die mühelos anzuwenden sind und nicht zu Reibungen führen. So findet man Menschen mit einem niedrigen Punktwert auf der Dominanzskala nicht selten unter Bankangestellten, Lohnbuchhaltern, ganz allgemein Büroangestellten, Registratoren, Gerichtsstenographen und Tankwarten. Nicht dominante Menschen mit großem technischem Fachwissen fühlen sich am wohlsten als Computertechniker oder im EDV-Anlagen-Wartungsdienst, als Betriebsmechaniker, Betriebselektriker, Bordfunker und so weiter.

Diese Menschen werden häufig als passiv empfunden, vor allem im Vergleich mit den hochgradig aktiven, dominanten Menschen. Außen stehende Beobachter könnten hier mangelnden Ehrgeiz zu erkennen glauben, diese scheinbare Antriebsschwäche ist aber in Wirklichkeit oft nichts anderes als der von dem nicht dominanten Menschen gehegte Wunsch, jeder Situation, die ihn in die Konkurrenz mit anderen bringt und somit seine Fähigkeiten einem öffentlichen Test unterziehen würde, aus dem Weg zu gehen. Diese Haltung mag eine gewisse Bescheidenheit zum Ausdruck bringen, kann aber auch die Folge mangelnden Selbstbewusstseins sein. Menschen dieses Typs geraten nicht gern in eine Situation, in der sie zu ernstlich aggressivem Verhalten gegen andere genötigt sein könnten, wodurch sie dann Gefahr liefen, dass der andere sich wehrt und seinerseits zum Angriff übergeht. Ebenso wenig mögen sie, wenn die Umstände ihnen keine andere Wahl als aggressive Selbstbehauptung lassen.

Wenn sie aus irgendeinem Grund kritisiert werden, sind nicht dominante Menschen gleich bereit, die Kritik hinzunehmen und sich zu entschuldigen. Sie vermeiden es gewöhnlich, sich mit anderen zu streiten, und wenn sie merken, dass sie mit jemandem uneins sind, gehört es häufig zu ihrer Strategie, das Verhalten des anderen dadurch zu beeinflussen, dass sie beleidigt sind und schmollen oder sich extrem unterwürfig und beflissen verhalten. Im besten Fall reagieren nicht dominante Menschen ganz vernünftig sowohl auf die Anforderungen, die das Sozialleben an sie stellt, als auch auf die Bedürfnisse und Wünsche anderer (zumal von Autoritätspersonen). Das heißt, sie tun ihr Möglichstes, um sich in den Lauf der Dinge einzugliedern und Reibungen und Zwietracht zu vermeiden. Im schlimmsten Fall strecken Menschen mit niedrigem Punktwert für Dominanz einfach die Waffen und übernehmen in den meisten Fragen die Haltung und Meinung anderer Menschen.

Menschen mit einem Punktwert im mittleren Bereich der Dominanzskala halten sich in Gruppen üblicherweise von Extremen fern und nehmen eine mittlere Position ein. Zwar wollen sie nicht immer und überall den Ton angeben, lassen sich aber auch nicht herumkommandieren. Wenn sie gezwungen sind, eine Führungsrolle zu übernehmen, tun sie das (wenn auch nicht gerade mit Begeisterung) und zeigen sich dann in der Regel ihrer Autoritätsstellung voll gewachsen. Wenn man sie in einem Team oder in einem Gremium haben will, sperren sie sich nicht. Sie wirken mitunter ein wenig inkonsequent, da sie in manchen Situationen selbstbewusst und sicher sind und das Kommando übernehmen, während sie sich in anderen Fällen der Autorität anderer unterwerfen – und das mit einer solchen Bereitwilligkeit, dass sie unter Umständen kleinlaut und verschüchtert wirken. Wie es bei Persönlichkeitseigenschaften mittlerer Stärke meist der Fall ist, hängt auch bei Personen mit mittlerem Dominanzniveau das Verhalten sehr stark von den konkreten Umständen ab.

Dominanz ist ohne Frage eine Persönlichkeitseigenschaft, die wichtig ist zur Bestimmung der Hunde, die einer bestimmten Person am meisten liegen. Wie bei der Extraversion hängt die Großgruppe der Hunderassen, die am besten zu einem bestimmten Dominanzniveau passt, vom Geschlecht des betreffenden Menschen ab. Allerdings sind in dieser Beziehung die Geschlechter unter dem Vorzeichen der Dominanz einander näher als in den anderen Persönlichkeitsdimensionen. Die Hunde, die sich für Menschen mit – sei es hohem, sei es niedrigem – Dominanzniveau am besten eignen, sind für Männer wie Frauen die gleichen; ein geschlechtsspezifischer Unterschied ergibt sich nur für den mittleren Dominanzbereich. Tabelle 2 zeigt, welche Hundegruppe auf welchem Dominanzniveau die bevorzugte ist. Denken Sie daran, dass Sie in Anhang II eine Auflistung sämtlicher in den neuen Großgruppen zusammengefasster Hunderassen finden, die Sie zurate ziehen können, um selbst die spezifische Rasse zu bestimmen, die für dieses oder jenes Dominanzniveau infrage kommt.

Tabelle 2

Bevorzugung von Hundegruppen nach Maßgabe von Geschlechtszugehörigkeit und Dominanz

Punktwert für	Hundegruppen für	
Dominanz	Frauen	Männer
hoch	selbstbewusste Hunde	selbstbewusste Hunde
	ruhige Hunde	ruhige Hunde
mittel	ausgeglichene Hunde	freundliche Hunde
	freundliche Hunde	intelligente Hunde
niedrig	wachsame Hunde	wachsame Hunde
	eigenwillige Hunde	eigenwillige Hunde

Die Hunde der Präsidenten

Da wir nun wissen, dass hochgradig dominante Menschen Hunde aus der Großgruppe der Selbstbewussten Hunde bevorzugen, überrascht es nicht, dass sie oft auch die Lieblingshunde der amerikanischen Präsidenten sind.[1] Tatsache ist, dass mehr Präsidenten Hunde aus dieser als aus irgendeiner der anderen Großgruppen ausgewählt haben. Überdies fand man Selbstbewusste Hunde nicht selten zu zweit oder zu dritt im Weißen Haus.

Es ist wichtig, das Wort *ausgewählt* hervorzuheben, wenn man über die Hunde der Präsidenten spricht. Präsidenten oder andere Staatsoberhäupter bekommen Hunde sehr oft geschenkt, weshalb man nicht genau weiß, ob der Hund im Weißen Haus lebt, weil der Präsident ihn mag, oder ob er ihn als Zeichen seiner Höflichkeit behält. So kam John F. Kennedy bei seinem Amtsantritt mit einem einzigen Hund ins Weiße Haus, während seiner Amtszeit erhöhte sich die Gesamtzahl der Hunde aber auf neun. Alle Hunde, die dazugekommen waren (mit Ausnahme der Welpen, die in der präsidialen Residenz das Licht der Welt erblickten), waren Geschenke.

Tatsache ist, dass Präsidenten alle möglichen Tiere geschenkt bekommen. Calvin Coolidge dürfte Rekordhalter im Hinblick auf die Vielfalt an Tieren gewesen sein. Außer Hunden bekam er Katzen, Vögel, einen Waschbären, einen Esel, eine riesige weiße Gans, ein Bärenjunges, einen Rotluchs, ein kleineres Känguru, zwei Löwenjunge und sogar ein Zwergflusspferd geschenkt. Er behielt sämtliche Hunde und Katzen und auch den Waschbären (den er an einer Leine im Weißen Haus herumführte). Die anderen Tiere wurden auf verschiedene Zoos verteilt.

Der wohl berühmteste Hund, der je einem Präsidenten geschenkt wurde, war Pushinka (das russische Wort *pushink* bedeutet «flaumig»). Pushinka war ein Geschenk Ministerpräsident Chruschtschows an Kennedy, das den Abbau der Spannungen zwischen der UdSSR und den USA symbolisieren sollte, die der Kalte Krieg geschaffen hatte. Pushinka war ein besonderer Hund, denn sie war die Tochter der Samojedenhündin Strelka, die im *Sputnik V.* zu Ruhm und Ehren flog. Wir dürfen Strelka wohl eine *Caninautin* nennen, weil sie als erstes Lebewesen einen Raumflug überlebt hat. Als der Welpe in Washington ankam, wollten die Kennedy-Kinder sofort mit ihm spielen. Unglücklicherweise verzögerte sich Pushinkas Einzug ins Weiße Haus mehrere Tage. Der U.S. Secret Service übergab die Hündin der CIA, die sie zur Untersuchung ins Walter Reed Hospital bringen ließ. Man befürchtete, Pushinka könnte eine implantierte Abhörvorrichtung mit sich herumtragen, mit deren Hilfe der Präsident ausspioniert werden sollte. Die Hündin wurde abgetastet, ausgetastet, mit einem Magnetometer bestrichen, geröntgt, einer Wärmemessung und einer Frühform der Ultraschalldiagnostik unterzogen. Doch Pushinka enthielt nach amtlicher Feststellung nur das übliche «Hunde-A-a», deshalb wurde sie dem Weißen Haus zurückgegeben. Etwa ein Jahr später brachte sie einen Wurf «Pupniks» zur Welt, wie John F. Kennedy sie nannte. Er verschenkte diese Welpen an andere Zelebritäten.

Die Hunderassen, die sich die einzelnen Präsidenten zu verschiedenen Zeiten aus der Gruppe der Selbstbewussten Hunde auswählten, wechselten mit der Popularität der verschiedenen Rassen. Die frühen Präsidenten hatten eine besondere Vorliebe für Terrier (sowohl für Glatthaar- wie für Rauhaarterrier) und besaßen gelegentlich mehrere gleichzeitig. Zu den Präsidenten mit diesen Hunden zählten George Washington, Thomas Jefferson, Andrew Jackson, Rutherford B. Hayes, Calvin Coolidge und Herbert Hoover. Mindestens zwei von diesen Präsidenten (Washington und Jackson) hielten ihre Terrier ebenso als Haushunde, wie sie sie bei echten Fuchsjagden einsetzten.

Abraham Lincoln besaß während seiner Amtszeit im Weißen Haus keinen Hund, hatte aber, bevor er nach Washington kam, einen Hund gehabt – einen mittelgroßen, äußerlich dem Airedale ähnlichen-Terrier, der allgemein als Fell-Terrier bekannt war. Diese Rasse wurde um 1925 umbenannt und ist uns heute als Lakeland-Terrier bekannt. Eine Geschichte, die Lincoln gern erzählte, beweist seine Zuneigung zu seinem Hund. An einem Wintertag vertrieb sich der Hund einmal am Ufer des Wabash River die Zeit, als die dünne Eisschicht nachgab und der Hund ins Wasser fiel. Lincoln befürchtete, dass der Hund an der rutschigen Böschung nicht hochklettern konnte oder in dem eiskalten Wasser erstarrte, bevor er sich ans Ufer retten konnte. Deshalb watete der zukünftige Präsident ohne Zögern in den eisigen Fluss, um seinen Hund zu retten. Er pflegte die Geschichte mit der spaßhaften Bemerkung zu beenden: «Als ich ihn aus dem Wasser holte, war er fast steif gefroren und hat gezittert. Er hat so geschlottert, dass ich ein halbes Glas Whisky verschüttet habe bei dem Versuch, es ihm an den Mund zu setzen. Ich muss aber noch genug in ihn reingeschüttet haben, denn es hat seine Lebensgeister anscheinend wieder geweckt.»

Es mag manchen überraschen, Calvin Coolidge auf einer Liste dominanter Persönlichkeiten zu finden. Die Geschichtsbücher schildern ihn als einen herzlichen, hilfsbereiten, nicht besonders eindrucksvollen Mann, der es zum Vizepräsidenten brachte und nach dem Tod Warren G. Hardings das Präsidentenamt übernahm. In Erinnerung geblieben ist er größtenteils durch seine Kunst der Problembewältigung, seinen Stolz auf traditionelle Institutionen und seine Betonung von innerer Sicherheit und Pflichttreue. Aufgrund dessen war Coolidge ein populärer Präsident und wurde zu einem nationalen Symbol ruhiger, fester und pragmatischer Amtsführung. Sein Wahlkampf 1924 gründete auf dem Slogan «Bleib cool mit Coolidge». Das ist aber nur eine Facette von ihm; Tatsache ist, dass einige kompromisslos dominante Aktionen ihn überhaupt in den Blickpunkt der Öffentlichkeit rückten. Während seiner Amtszeit als Gouverneur von Massachusetts kam es im Gefolge eines Streiks der Bostoner Polizei zu Krawallen und Übergriffen, die Coolidge nach zwei Tagen von der Nationalgarde gewaltsam unterdrücken ließ. Nach dem Streik lehnte er es ab, das Arbeitsverhältnis mit Beamten, die den Dienst niedergelegt hatten, fortzusetzen. Als ihn eine Abordnung von Gewerkschaftsführern mit der Forderung aufsuchte, seine Entscheidung zu revidieren, und ihm für den Fall, dass er es nicht täte, drohte, blieb Coolidge hart, indem er sich auf den Standpunkt stellte: «Wenn es um die öffentliche Sicherheit geht, gibt es für niemand und nirgendwo und zu keiner Zeit ein Streikrecht.» Darin zeigt sich eindeutig, dass er in der scharfen Konfrontation mit seinen Opponenten selbst Risiken für seine eigene Karriere nicht scheute. So handelt kein nicht dominanter Mensch.

Coolidge hatte einen Drahthaarigen Foxterrier namens Peter

Pan, den er selber ausgesucht hatte. Peter Pan war ziemlich ungebärdig und geriet nicht selten vor Besuchern und Mitarbeitern des Weißen Hauses in eine unkontrollierbare Gereiztheit. Coolidge fand das sehr lustig und warnte seine Besucher manchmal mit den Worten vor seinen Kneifattacken: «Peter ist endlich mal ein Republikaner mit Biss im Weißen Haus.» An einem warmen Sommertag kamen einmal ein paar Besucher ins Weiße Haus, unter ihnen eine Dame, die einen ziemlich weiten Rock aus einem sehr leichten Stoff anhatte. Er hatte ein Blumenmuster und einen kordelartigen Gürtel mit Troddeln, die hinten herunterhingen. Wir werden nie erfahren, ob es der raschelnde Rock oder die baumelnden Troddeln waren, die Peters Aufmerksamkeit erregten, aber als die Frau sich umdrehte, sprang der Foxterrier an ihrem Rock hoch und erwischte ein Stück von dem dünnen Stoff mit den Zähnen. Ritsch, ratsch! – dann klaffte ein höchst genierlicher, tiefe Einblicke gewährender Riss. Ein dienstbarer Geist eilte herbei und schlang der entsetzten Besucherin geistesgegenwärtig sein Jackett um die Hüften.

Jetzt reichte es Coolidges Frau endgültig. Sie bestand darauf, dass Peter aus dem Weißen Haus verbannt und in ihr Haus in Massachusetts zurückgeschickt wurde. Um Frieden und Ordnung in der präsidialen Residenz zu wahren, gab Coolidge widerstrebend nach. Für den Rest seiner Amtszeit gab es im Weißen Haus nur die Hunde, die Grace Coolidge bevorzugte, nämlich Collies. Ihr Liebling war ein weißer Collie mit Namen Prudence Prim, den die First Lady mit weichen Hüten herausputzte, die mit Bändern besetzt waren.

Bei späteren Präsidenten war die gemeinhin bevorzugte selbstbewusste Rasse der Scotchterrier. Theodore Roosevelt hatte einen Scotchterrier mit Namen Jessie, dessen eines Ohr halb herabhing, was, wie Roosevelt zu sagen pflegte, «eine alte Kriegsverletzung» war. Auch Ronald Reagan besaß Scotties. Vor Beginn seiner politischen Laufbahn, als er mit der Schauspielerin Jane Wyman verheiratet war, hatte Reagan zwei Scotchterrier, die nach seinen Worten zu den Hunden gehörten, die er sein Leben lang besonders mochte. Der eine hieß passenderweise Scotch – der andere Soda.

Dwight D. Eisenhower gehört zur gleichen Kategorie wie Coolidge. Allgemein als freundlich, herzlich, liebenswürdig und realistisch beurteilt, war er einer der beliebtesten Präsidenten der letzten fünfzig Jahre. Doch gibt es Indizien dafür, dass diese scheinbare Herzlichkeit einfach nur ein bewusst gewählter Umgangsstil war. Es ist schwer vorstellbar, dass ein Mann, der zum Oberkommandierenden der alliierten Streitkräfte und später dann zum Präsidenten der Vereinigten Staaten aufgestiegen ist, nicht ein hohes Maß an Dominanz hätte erkennen lassen.

Menschen, die mit Eisenhower beim Militär zusammengearbeitet haben, charakterisierten ihn als fordernd und jederzeit absolut souverän. Er war nicht nur dominant in seiner Handlungsweise, sondern achtete auch sorgfältig auf die Insignien von Macht und Würde. Laut einem Artikel in dem Nachrichtenmagazin *Time* (vom 19. Juni 1944) «verlangt er von den ihm unterstellten Truppen die strikte Einhaltung der militärischen Disziplin. Er achtet mit Argusaugen auf einen makellosen Zustand und Sitz der Uniform und ist ein Pedant in Fragen des militärischen Zeremoniells wie zum Beispiel beim Salutieren.» Der Artikel berichtet ferner von einem Vorfall, der sich ereignete, als Eisenhower einen Besuch im Hauptquartier der 8. Air Force Division machte und ihrem Kommandeur, General «Tooey» Spaatz, einen öffentlichen Verweis erteilte, obwohl er gemeinsam mit ihm die Militärakademie West Point absolviert hatte. Spaatz' Vergehen bestand darin, dass er sich von der bei der Air Force üblichen Ungezwungenheit hatte anstecken lassen und das Salutieren auf den Fluren als «überflüssige Formalität» abgeschafft hatte. Wie es für einen hochgradig dominanten Menschen typisch ist, duldete Eisenhower keinerlei Maßnahme, mit der im Erscheinungsbild des soldatischen Alltags die Existenz der Befehlskette unterschlagen wurde.

Dominanz- und Machtstreben waren starke Motive in Eisenhowers Persönlichkeitsstruktur. Einigen Historikern zufolge war er im Widerstreit zwischen Mitgefühl und der Notwendigkeit, seine eigenen Interessen zu verfolgen, durchaus imstande, seine ganze aufgesetzte Herzlichkeit fahren zu lassen, wenn die Probleme nicht anders zu lösen waren. Ein oft genanntes Beispiel dafür war, dass gefangene deutsche Soldaten als «entwaffnete gegnerische Streitkräfte» und nicht als Kriegsgefangene bezeichnet wurden. Der Grund war, dass der Umfang der Nahrungsmittelration für Kriegsgefangene durch die Genfer Konvention vorgeschrieben war. Wenn die Deutschen keine Kriegsgefangenen waren, konnte man ihre Ration bis knapp an die Hungergrenze absenken, was die Proviantlager der Alliierten schonte.

Die Hunderasse, die Eisenhower sich am häufigsten als Begleiter auswählte, war der Scotchterrier aus der Gruppe der Selbstbewussten Hunde. Er mochte diese lebhaften kleinen Hunde sein Leben lang wirklich gern. 1943, damals schon Oberkommandierender der alliierten Streitkräfte, hielt er sich in Nordafrika auf, wo er die militärischen Operationen koordinierte, die schließlich zur Beendigung der deutschen Vormacht dort führten. Er schrieb an seine Frau Mamie: «Die Freundschaft eines Hundes ist etwas Kostbares. Und das umso mehr, wenn man so weit von zu Hause weg ist wie wir hier in Afrika. Ich habe einen Scottie. Bei ihm finde ich Trost und Zerstreuung (…) er ist die einzige Person, mit der ich reden kann, ohne dass das Gespräch wieder auf den Krieg kommt.»[2]

Der Scottie, von dem Eisenhower sprach, war Caacie, der Eisenhower zurück nach England begleitete und ihm während seiner Planungen für die D-Day-Invasion Gesellschaft leistete. Sobald Eisenhower sich im Hauptquartier der alliierten Streitkräfte auf britischem Boden etabliert hatte, hatte er auch noch andere Gesellschaft. Es ist viel über seine Beziehung zu der Frau spekuliert worden, die ihm als Fahrerin zugeteilt worden war: Kay Summersby. Ob nun etwas Wahres an dem Klatsch über eine romantische Beziehung zwischen ihnen war oder nicht, es verband sie ohne Frage eine enge und herzliche Freundschaft. Kay Summersby lernte Eisenhower sehr genau kennen, und sie schätzte seine Vorliebe für Scotchterrier. Sie schenkte ihm noch einen Scottie mit Namen Telek, der nun beiden, Caacie und Eisenhower, Gesellschaft leistete (Abb. 8). 1953 zog Eisenhower als Präsident ins Weiße Haus ein. Er brachte wieder einen anderen Scotchterrier mit, der diesmal auf den Namen Spunky hörte.

Franklin D. Roosevelt und Fala

Der berühmteste Scotchterrier in der Geschichte der Präsidenten gehörte Franklin Delano Roosevelt. Er war der Präsident, der am längsten in Amerika regiert hat, und für das, was er in seinen vier Amtsperioden tat, waren Dominanz und Entschiedenheit kennzeichnend. Er weitete die Macht der Bundesregierung mehr als jeder andere Präsident aus. Sein ganzes Tun trug den Stempel der hochgradig dominanten «Alles-hört-auf-mein-Kommando»-Persönlichkeit. Er richtete mit seinem als New Deal bekannten Programm zur Überwindung der Wirtschafts- und Staatskrise der USA einen Frontalangriff gegen die Große Depression. In Übereinstimmung mit seiner hochgradigen Dominanz und dem Bedürfnis, jederzeit Herr der Lage zu sein, machte er sich für eine schlagkräftige Armee stark. Angesichts des deutschen Luftkriegs gegen England setzte Roosevelt trotz starker pazifistischer und isolationistischer Strömungen in der Regierung den Lend-Lease-Act durch, aufgrund dessen die Alliierten mit kriegswichtigen Gütern versorgt werden konnten. Fast bis zum Ende des Zweiten Weltkriegs lenkte er die Geschicke des Landes.

Franklin D. Roosevelt ging davon aus, dass es ganz allein seine Sache wäre, über jeden Aspekt seines politischen Schicksals zu bestimmen, und wehrte sich mit aller Kraft, wenn seine Pläne durchkreuzt wurden. Als der Oberste Gerichtshof eine seiner wirtschaftspolitischen Maßnahmen für verfassungswidrig erklärte, machte er zum Beispiel den Versuch, die Struktur dieses Verfassungsorgans zu verändern, um seine Ziele durchzusetzen. Er brachte einen Entwurf zur Umbildung des Gerichtshofs ein, der unter anderem die Erweiterung des bislang neunköpfigen Gremiums auf fünfzehn Mitglieder vorsah. Diese sechs Mitglieder würden von ihm handverlesen sein und natürlich die Politik unterstützen, die er vertrat. Unter massivem politischem Druck gab Roosevelt sein Vorhaben auf, allerdings erst nachdem der Gerichtshof mit neuen Beschlüssen der Regierung den Weg zur fast uneingeschränkten Regulierung des Wirtschaftslebens geebnet hatte. Einige Historiker haben die Vermutung geäußert, dass die Entscheidungen des Gerichtshofs womöglich nur deshalb zugunsten von Roosevelts Position ausfielen, weil seine Drohung mit harten Maßnahmen gegen das Organ den Richtern in die Knochen gefahren war.

Roosevelt hatte viele Scotchterrier im Laufe seines Lebens. Einer hieß Duffy; eine Scotchterrierhündin mit Namen Meg erlangte dadurch Berühmtheit, dass sie die Zeitungsreporterin Bess Furman in die Nase biss. Es gab noch einige andere, doch der Star unter ihnen war Murray, der Bandit von Fala Hill, der von seinem Herrchen und der ganzen Nation schließlich Fala genannt wurde (Abb. 9). Er war immer in der Nähe des Präsidenten, leistete ihm tagsüber Gesellschaft und schlief nachts bei ihm im Bett.

Fala hatte offenbar einen sechsten Sinn dafür, wann eine Pressekonferenz anberaumt war. Sobald sich die Türen für die Reporter öffneten, kam Fala hereingestürzt und kuschelte sich an Roosevelts Füße. Er tat das nicht selten auch in Kabinettssitzungen. Dann langte der Präsident ab und zu beiläufig nach unten und streichelte liebevoll seinen Hund, der sich dann aufsetzte, damit Roosevelt ihn besser erreichen konnte.

Fala wurde in mancher Hinsicht zu einer Art nationalem Maskottchen. Das kam zum Teil einfach daher, dass er so oft zusammen mit dem Präsidenten gesehen wurde. Allerdings wurde der Hund auch ganz bewusst in einer Kampagne des Weißen Hauses eingesetzt, mit der in der Öffentlichkeit Stimmung für Geldsammelaktionen zur Entlastung der Kriegskasse gemacht wurde. So wurde, um nur ein Beispiel zu nennen, Fala zum Dank für eine Spende (von einem Dollar), die in seinem Namen zur Entlastung der Kriegskasse gemacht wurde, zum «Soldaten ehrenhalber» ernannt. Die Öffentlichkeit bekam Gelegenheit, dasselbe zu tun, und Hunderttausende von Hunden wurden Soldaten ehrenhalber, um mit ihrer Spende die Kriegskasse zu entlasten.

Fala konnte es nicht ausstehen, von seinem Herrchen getrennt zu sein. Als die präsidiale Entourage zur dritten Amtseinführung Roosevelts aufbrechen wollte, sprang Fala neben sein Herrchen ins Auto. Als der Präsident versuchte, ihn aus dem Auto zu scheuchen, kuschelte sich Fala auf dem Sitz noch dichter an sein Herrchen. Roosevelt lachte und sagte zu einem der Secret-Service-Beamten: «Bitte lassen Sie sich von dem Herrn hier die Papiere zeigen. Wenn er nicht zum Kreis der geladenen Gäste gehört, sorgen Sie dafür, dass er meinen Wagen verlässt.» Der Mann hob den schwarzen Hund aus dem Auto und trug ihn zurück ins Haus.

Bei anderen Gelegenheiten hatte Fala mehr Glück, da Roosevelt sich auch ungern von ihm trennte. Der Terrier war oft der Freund und Begleiter des Präsidenten bei internationalen Zusammenkünften. Er war 1941 zusammen mit Roosevelt an Bord der *Augusta*, als der US-Präsident und Winston Churchill die Atlantik-Charta unterzeichneten. Er wurde sogar mit den beiden Staatsoberhäuptern und Churchills Pudel Rufus fotografiert, der natürlich auch mit von der Partie war.

Im Wahlkampf 1944 kam offenbar jemand, der den Republikanern nahe stand, auf die Idee, die Unzertrennlichkeit von Roosevelt und Fala lasse sich dafür instrumentalisieren, die Glaubwürdigkeit des Präsidenten in seiner Funktion als politischer Führer zu erschüttern. Ein Gerücht wurde in die Welt gesetzt, Roosevelt habe öffentliche Gelder zweckentfremdet, indem er ein Kriegsschiff der U.S. Navy losgeschickt habe, Fala nach Hause zu holen, der bei einem Besuch des Präsidenten auf einer der Inseln vor Alaska aus irgendwelchen Gründen dort vergessen sein sollte. Sehr zum Schaden seiner politischen Gegner kehrte Roosevelt den Spieß um und verwendete den ganzen Vorfall in einer seiner landesweiten Rundfunkansprachen gegen sie.

«Führende republikanische Köpfe gaben sich nicht damit zufrieden, ihre Angriffe gegen mich, meine Frau und meine Söhne zu richten. Sie richten sie nun auch gegen meinen kleinen Hund Fala. Nun, solche Angriffe stören mich natürlich nicht, und sie stören meine *Familie* nicht, aber sie stören Fala. Wie Sie wissen, ist Fala Schotte, und als solchen hat es sein schottisches Herz mit großem Zorn erfüllt, als er erfuhr, dass sich republikanische Märchenerzähler die Geschichte ausgedacht haben, ich hätte ihn auf den Aleuten vergessen und auf Kosten der Steuerzahler für zwei oder drei oder acht oder zwanzig Millionen Dollar einen Zerstörer losgeschickt, ihn zurückzuholen. Er ist seitdem nicht mehr derselbe Hund.»

Am 12. April 1945 begleitete Fala Roosevelt nach Warm Springs in den Pine Mountains in Georgia. Der Präsident fühlte sich schlecht an dem Nachmittag und lag im Bett; Fala war bei ihm und lag auf der anderen Seite des Zimmers auf dem Boden. Um drei Uhr fünfunddreißig sprang Fala plötzlich auf und starrte in Roosevelts Richtung. Er jaulte hell auf, winselte und drehte sich schnell um. Er benahm sich, als ob er irgendetwas sähe, was fürs menschliche Auge unsichtbar war. Mit klagendem Winseln lief er durchs Zimmer, den Blick auf irgendetwas in der Luft gerichtet. Fala stürzte hinaus, rannte den kurzen Korridor entlang und krachte, den Blick noch immer zum Himmel gewandt, in die Fliegentür. In dem Augenblick verkündete der Arzt den Tod des Präsidenten.

Fala begleitete sein Herrchen auf seiner letzten Reise: von Warm Springs zum Weißen Haus, vom Weißen Haus nach Hyde Park, dem Landsitz des Präsidenten, und schließlich zum Rosengarten am Hudsonufer.

John F. Kennedy und Charlie

Zwar haben wir uns angewöhnt, uns das Weiße Haus während der Kennedy-Jahre als von Hunden bevölkert vorzustellen, Tatsache ist aber, dass der einzige Hund, den der Präsident bei seinem Amtsantritt mit ins Weiße Haus brachte, ein Welsh Terrier mit Namen Charlie war. Offiziell war Charlie für Kennedys Tochter Caroline gekauft worden. Aber von allen Tieren, die noch mit Kennedy das Weiße Haus teilen sollten, war Charlie ihm das liebste (Abb. 10).

Kennedy war ein begeisterter Schwimmer und verbrachte viel Zeit im Pool des Weißen Hauses. Am Pool spielte er allerdings auch gern mit Charlie, deshalb lagen überall verstreut am Beckenrand Bälle und Schwimmtiere, die der Präsident ins Wasser werfen konnte, damit Charlie sie wieder herausholte. Unterdessen spielten die Kennedy-Kinder am Pool ihr eigenes Spiel. Der Witz dabei war, ein Spielzeug ins Wasser zu werfen und es möglichst nahe bei ihrem Vater zu platzieren, damit Charlie, wenn er begeistert hinterhersprang, möglichst auf ihrem Vater landete. Wenn das geschah, brachen die Kinder in stürmisches Gelächter aus, während Kennedy mit gespielter Verärgerung darüber, dass ihn das bepelzte Geschoss getroffen hatte, im Wasser herumpatschte. Charlie entwickelte sich zu einem so guten Schwimmer, dass er schließlich zu einer großen Gefahr für die Enten wurde, die sich mitunter auf Brunnen und Teichen in der Umgebung der Präsidentenwohnungen niederließen.

Die Angestellten des Weißen Hauses wurden instruiert, dass Charlie die Nummer eins in der Menagerie der Kennedys war. Dank seines natürlichen Selbstbewusstseins konnte sich der Terrier den anderen Hunden gegenüber unangefochten als Alphamännchen aufspielen; falls es jedoch Probleme geben sollte, war das Personal gehalten, Charlie immer als den zu behandeln, der im Recht war, und ihm Schutz zu gewähren. Mit der Zeit heckte Charlie ein Spielchen aus, das ihn bei Gärtnern und anderen auf dem Gelände des Weißen Hauses beschäftigten Arbeitern höchst unbeliebt machte. Er schlich sich geräuschlos hinter einen Arbeiter, der grub oder etwas pflanzte. Dann nutzte er einen Augenblick, wo sein Opfer nicht auf die Umwelt Acht gab, und kniff ihn in den Hosenboden oder zwickte ihn ins Bein. Diese Attacke war im Nu geschehen, und Charlie rannte in sicherem Abstand von seinem Opfer voller Begeisterung über den Rasen. Ein Arbeiter beschwerte sich bei seinem Vorgesetzten, dass Charlie ihn wahrhaftig so fest gebissen hätte, dass es blutete. «Vergiss es», bekam er zur Antwort. «Wenn es einer von den anderen Hunden wäre, könnten wir was machen, aber bei dem hier ist es schwierig. Wenn es darum ginge, wer von euch beiden das Feld räumt, müsstest du gehen und nicht Charlie.»

Es ist interessant, was für einen Rückhalt diese selbstbewussten Hunde einem dominanten Menschen geben können. Nehmen wir zum Beispiel die Episode, wie sich Traphes Bryant[3], der Hundepfleger des Weißen Hauses, auf dem Höhepunkt der Kubakrise ins Büro des Präsidenten einbestellt sah. Bryant beschreibt die Szene: «Ich war an dem Tag in Jack Kennedys Büro. Alles war in Aufruhr. Ich stand drei Meter von Kennedys Schreibtisch entfernt, vor dem Pierre Salinger (der Pressesprecher) hin und her lief, die neuesten Nachrichten entgegennahm und Anweisungen erteilte, während der Präsident mit dem Ausdruck größter Sorge dasaß. Man sprach davon, dass ein russischer Flottenverband anrückte, dem einer von den unseren den Weg verlegte. Es sah nach Krieg aus. Völlig unerwartet verlangte Kennedy plötzlich, dass man ihm Charlie bringen sollte.»

Der überraschte Hundepfleger eilte hinaus und war ein paar Augenblicke später mit dem kleinen Terrier wieder da. Der Raum war ein Durcheinander von hochwichtigen Nachrichten, hektisch agierenden Mitarbeitern und beängstigender Unschlüssigkeit. Mittendrin saß John F. Kennedy mit seinem Hund auf dem Schoß. «Er streichelte den Hund, und das schien seine Spannung zu verringern.» Nach einer Weile signalisierte er Bryant, Charlie wieder hinauszubringen. Kennedy lächelte, während man ihm den Hund abnahm. Dann stützte er sich auf seinen Schreibtisch und sagte: «Ich glaube, es ist an der Zeit, ein paar Entscheidungen zu treffen.»

Charlie war aber der Liebling von John F. Kennedy, nicht der seiner Frau Jacqueline. Nach der Ermordung des Präsidenten ließ Jackie keinen Zweifel daran, dass sie die Mühen und Kosten für die Haltung seiner Hunde nicht übernehmen wollte. Und so schaffte sie fast alle ab, auch Charlie. Der einzige Hund, den sie behielt, war ein Cocker-Spaniel namens Shannon, den sie vom irischen Premierminister Eamon de Valera geschenkt bekommen hatten. Es wurde allgemein angenommen, dass sie auch diese Ausnahme eher aus diplomatischen als aus emotionalen Gründen machte. Vielleicht war Jackie Kennedy einfach nicht eine so dominante Persönlichkeit, dass ein so selbstbewusster Hund wie Charlie ihr zum lieben Freund und Kameraden werden konnte.

10

Hunde für vertrauensvolle und für kontrollierende Menschen

Das nächste Persönlichkeitsmerkmal, das für uns wichtig ist, ist *Vertrauen*. Menschen mit einem hohen Punktwert auf der Vertrauensskala wollen wir «vertrauensvoll», Menschen mit einem niedrigen «kontrollierend» nennen. Diese Persönlichkeitsdimension spielt im Umgang mit einem Hund eine wichtige Rolle, da wir in bestimmten Situationen entscheiden müssen, ob wir den Instinkten unseres Hundes vertrauen können oder ob wir sein Verhalten beeinflussen beziehungsweise kontrollieren müssen. Außerdem sind manche Rassen berechenbarer und vertrauenswürdiger als andere.

Menschen mit einem hohen Punktwert auf der Vertrauensskala sind in der Regel freundlich und konventionell. Zuvorkommend, bescheiden, aufrichtig, wie sie im Umgang mit anderen meist sind, werden sie von Leuten, die sie kennen, als Menschen charakterisiert, die «gute Kameraden» sind. Wenn eindeutig erkennbare Führungspersonen sie erteilen, halten sie sich bereitwillig an Direktiven und führen anstandslos Befehle aus. Nach allgemeiner Ansicht sind vertrauensvolle Menschen keine Egoisten und überdies fast immer glaubhaft und wahrheitsliebend.

Genau die Neigung zu vertrauen macht es wenig wahrscheinlich, dass diese Menschen in Berufen Erfolg haben, wo Misstrauen von Vorteil und Argwohn äußerst angebracht ist. So

Abb. 1: US-Präsident George Bush sen. mit seinem geliebten Springer-Spaniel Millie. Bush hat einmal verraten, dass Millie während seiner Jahre im Weißen Haus jeden Morgen mit ihm unter die Dusche ging.

Abb. 2: Sigmund Freud mit seinem Chow-Chow Jo-Fi, der bei vielen Psychoanalysestunden zugegen war. Freud behauptete, er baue auf Jo-Fis Urteil über den inneren Zustand seiner Patienten.

Abb. 3: Die Filmschauspielerin Jean Harlow und ihre Bobtails. Von ihr stammt der Satz: «Ich mag jeden Hund, neben dem ich gut aussehe.»

Abb. 4: Humphrey Bogart gab sich Mühe, im Alltag ebenso zu wirken wie die harten Burschen, die er in zahlreichen Filmen spielte. Kein Wunder, dass er eine Vorliebe hatte für zähe und selbstsichere Hunde wie Boxer und Scotchterrier.

Abb. 5 Winston Churchill ist der schlagendste Beweis gegen die Behauptung, die Menschen suchten sich Hunde aus, die ihnen ähnlich sehen. Churchill sah angeblich aus wie eine Bulldogge oder wie ein Mops. Tatsächlich aber waren seine Lieblingshunde die Zwergpudel wie der hier abgebildete Rufus.

Abb. 6: Der Literaturnobelpreisträger John Steinbeck fuhr durch die USA allein mit seinem Pudel Charley. Die langen «Gespräche» zwischen beiden nehmen breiten Raum ein in dem Bestseller *Reisen mit Charley.*

Abb. 7: Eugene O'Neill, der nobelpreisgekrönte amerikanische Dramatiker, konnte mit seiner Dalmatinerhündin Blemie die liebevollen Gefühle ausleben, die ihm gegenüber seinen Kindern versagt blieben. O'Neill kaufte extra für Blemie ein wunderschönes Himmelbettchen.

Abb. 8: Dwight D. Eisenhower liebte die Scotchterrier. Einer namens Caaci begleitete ihn während des Feldzugs in Nordafrika. Als Oberbefehlshaber der alliierten Streitkräfte mit Sitz in England bekam er von seinem Fahrer und Freund einen zweiten Scotch geschenkt: Telek. Auf diesem Foto sind Telek und Caaci zu sehen.

Abb. 9: Fala war Präsident Franklin Delano Roosevelts liebster Scotchterrier. Der wurde in den Jahren des Zweiten Weltkriegs zur nationalen Symbolfigur. Fala spielte auch eine wichtige Rolle in der Verleumdungskampagne, die die Republikaner 1944 im Wahlkampf gegen Präsident Roosevelt anzettelten.

Abb. 10: Im Weißen Haus war John F. Kennedy von vielen Hunden umgeben. Mitgebracht ins Amt hat er aber nur einen, den Welsh Terrier Charlie. Charlie blieb JFKs Lieblingshund und diente ihm als «Geheimrat» während der Kubakrise.

Abb. 11: Obwohl Richard Nixon in der Öffentlichkeit stets mit dem Cocker-Spaniel Checkers zusammengebracht wurde, der vielleicht wirklich seine politische Karriere gerettet hat, war Nixons tatsächlicher Lieblingshund der hier mit ihm gezeigte Irische Setter King Timahoe.

Abb. 12: In ihren Backfischjahren war Königin Victorias Lieblingshund ein Cavalier-King-Charles-Spaniel mit Namen Dash. Am Tag ihrer Krönung kehrte die frisch gebackene, erst neunzehn Jahre alte Königin nach dem Zeremoniell in den Palast zurück, befreite sich von den schweren Prunkgewändern und bereitete erst einmal ihrem Dash ein Bad.

Abb. 13: Ihren ersten Corgi bekam die spätere Königin Elizabeth II. von ihrem Vater geschenkt, dem damaligen Herzog von York. Da war sie erst sieben Jahre alt, aber dieses Geschenk stiftete fürs ganze Leben ihre Liebe zu dieser Hunderasse.

Abb. 14: Harry Truman scheint Hunde nicht gemocht zu haben. Auf diesem Bild sieht man die Präsidententochter Margaret mit dem Irischen Setter Mike, dessen Zeit im Weißen Haus sehr schnell abgelaufen war.

Abb. 15: Lyndon Baines Johnson war ein großer Hundeliebhaber. Während seiner Präsidentschaft bevölkerten das Weiße Haus etliche Beagles, ein neurotischer weißer Collie und ein Terriermischling. Als jedoch LBJ dabei erwischt wurde, wie er einen seiner Beagles an den Ohren hochzog, löste dieses Pressefoto in Amerika einen Sturm der Entrüstung aus.

Abb. 16: 1971 wohnten Elizabeth Taylor und Richard Burton während ihres gesamten Englandaufenthalts an Bord ihrer Yacht auf der Themse. Sie taten dies, um ihren Lieblingen – Pekinese und Lhasa Apsos – die gesetzliche (und entsetzliche) halbjährige Quarantäne zu ersparen, ohne die kein Hund eine Pfote auf britischen Boden setzen durfte.

Abb. 17: Der Schriftsteller E. B. White ist wohl am bekanntesten als Verfasser des Kinderbuch-Klassikers *Charlotte's Web* und als Autor geistvoller, gelegentlich ironischer Artikel im *New Yorker*. Er besaß im Laufe seines Lebens viele Hunde unterschiedlicher Rasse. Geschrieben hat er viel über seine Hassliebe zu seinem Dackel Fred.

Abb. 18: Elvis Presleys Vorliebe für Bloodhounds könnte etwas zu tun haben mit seinem Rock-and-Roll-Hit «You Ain't Nothin' But a Hound Dog». Allerdings besaß er auch einen winzigen Malteser mit Namen Foxhugh.

findet man selten vertrauensvolle Menschen bei der Bankenaufsicht, bei Wirtschaftsauskunfteien oder bei der Gewerbeaufsicht. Es gibt sie kaum unter Börsenspekulanten, Brokern und auch kaum unter Schulleitern. Vertrauensvolle Menschen fühlen sich wohler in künstlerischen Berufen: als Musiker, darstellende Künstler, Schriftsteller, Designer, Werbegraphiker und so weiter. Am besten liegen ihnen Arbeitsbedingungen, unter denen sie nur mit der Qualität ihrer Arbeit mit anderen in Konkurrenz treten müssen, und keineswegs solche, wo sie unter Umständen die Fähigkeit zu Kabalen und Intrigen beweisen müssten. Vertrauensvolle Menschen sind oft einfach zu gutgläubig und können von skrupelloseren Menschen belogen und manipuliert werden.

In Arbeitssituationen mit straffen Vorgaben wie zum Beispiel, wenn ein Lehrer seinen bis ins Einzelne festgelegten Lehrplan abarbeitet oder jemand als Spendenwerber für gemeinnützige Organisationen oder eine politische Partei tätig ist, machen Menschen mit einem hohen Punktwert auf der Vertrauensskala ihre Sache in der Regel gut, finden gewöhnlich viel Anklang und sind beliebt. Wenn allerdings Probleme auf der sozialen Ebene auftreten, so zum Beispiel, wenn ein Lehrer sich mit einer wütenden Mutter auseinander setzen muss, die der Meinung ist, dass ihr Kind bessere Noten verdient hätte, kommt ein vertrauensvoller Mensch damit nicht ebenso gut zurecht. Er sieht möglicherweise die Probleme nicht voraus, die später auftreten können, zum Beispiel wenn die Mutter sich mit der Sache an die Schulleitung, das Schulamt oder die Presse wendet. Ein solches Vorgehen würde einem vertrauensvollen Menschen nie in den Sinn kommen, weil dadurch Vertrauen verletzt wird. Genau diese Einstellung macht vertrauensvolle Menschen zum Traum jedes Verkäufers, da sie bereitwillig alles für bare Münze nehmen, was in der Werbung behauptet wird.

Sie wissen, dass Sie auf einen Menschen mit einem hohen

Punktwert auf der Vertrauensskala getroffen sind, wenn Sie feststellen, dass er weder sein Auto noch sein Haus abschließt und seine Bürotür, an deren Schlüsselloch ein Schlüsselbund baumelt, offen stehen lässt, während er über den Flur gegangen ist, um mit irgendjemandem zu sprechen. Wenn es zu Hause klingelt, macht er bereitwillig die Tür auf, ohne vorher nachzusehen, wer draußen ist.

Diese Menschen sind angenehme Freunde und Lebenspartner. Sie zweifeln selten an der Treue ihres Lebenspartners oder Freundes, selbst wenn sie längere Zeit nicht zu Hause sind. Sie nehmen ihre Freunde meistens beim Wort. Wenn irgendein Freund einem vertrauensvollen Menschen zum Beispiel anbietet, ihm die Haare zu schneiden, macht der sich vielleicht nicht mal die Mühe nachzufragen, ob der Freund das überhaupt kann oder schon mal gemacht hat. Wenn vertrauensvolle Menschen in eine Auseinandersetzung verwickelt werden, scheuen sie vor gewaltbasierten Taktiken wie Fluchen und Schreien zurück und vermeiden es auch, subtilere Druckmittel anzuwenden, etwa den anderen «wie Luft zu behandeln». Sie sind anderen auch selten lange böse und verzeihen nach einiger Zeit den Menschen, die sie hereingelegt haben.

Kontrollierende Menschen mit einem niedrigen Punktwert auf der Vertrauensskala konkurrieren gern mit anderen und können berechnend oder sogar manipulierend sein. Sie werden von anderen häufig als schlau, durchtrieben, gerissen, berechnend, gewieft und selbstüberzogen beschrieben. Wenn Sie zu den kontrollierenden Menschen gehören, sind Sie schnell bei der Hand, jemandem Bescheid zu stoßen, der versucht, Ihnen den Rang abzulaufen oder Sie herumzukommandieren. Wenn jemand Sie ärgert, sagen Sie ihm möglicherweise recht unverblümt, was Sie von ihm halten, selbst wenn es Ihr Vorgesetzter oder irgendeine andere Autoritätsperson ist. Wenn Sie in irgendeiner Form gekränkt worden sind, vergessen Sie das nicht, sondern gehen vielleicht noch Tage und Wochen mit Rachegedanken schwanger. Es kann gut sein, dass mit Ihnen der Gaul durchgeht und Ihnen der Kragen platzt, sobald sich die erste Gelegenheit zur Abrechnung bietet. Diese Neigung ist eine Erklärung dafür, warum man Menschen mit einem niedrigen Punktwert für Vertrauen selten in Berufen findet, wo auf Versöhnlichkeit aufgebaut oder auf sie hingewirkt werden muss, so zum Beispiel nicht als Eheberater, Psychotherapeuten und klinische Psychologen, oder in solchen, wo die Irrtümer anderer unkommentiert hingenommen werden müssen, zum Beispiel nicht als Logopäden oder Physiotherapeuten.

Vielleicht weil sie ihrerseits einen niedrigen Punktwert auf der Vertrauensskala haben, können diese Menschen andere sehr gut manipulieren, selbst wenn sie sie dabei hinters Licht führen müssen. Falls nötig, schaffen sie sich irgendein Problem nicht selten mit einem Bluff vom Hals oder «verschaukeln» andere Menschen. Wenn sie versuchen, sich ein Problem vom Hals zu schaffen, bedienen sie sich dabei aller nur erdenklichen Taktiken; ihre Lieblingstaktik ist es aber, ein bewusst charmantes, hilfreiches, romantisches Verhalten an den Tag zu legen. Wenn das nicht funktioniert, greifen sie zu vernünftig klingenden Argumenten, wie sehr man sich mit Streitereien schade, wie vorteilhaft es sei, sich ihrer Meinung anzuschließen. Wenn diese Taktiken nicht verfangen, greifen sie zu härteren Methoden wie zum Beispiel, den anderen zu kritisieren, zu fluchen, zu drohen oder einfach nur zu schmollen beziehungsweise sich obstinat zu verhalten und den anderen zu ignorieren. Die letzte Taktik in ihrem Arsenal ist ein demütiges, hilfsbedürftiges Verhalten. Sie verwenden diese Taktik, wenn die Situation es erfordert, da sie aber für Menschen mit unterwürfigem Verhalten nichts als Verachtung übrig haben, ist diese Taktik für sie allenfalls die Ultima Ratio. Bei einem so reichhaltigen Sortiment von Tricks zur Manipulation ihrer Umwelt überrascht die Feststellung nicht, dass man diese kontrollierenden Menschen häufig unter Politikern auf allen Ebenen des Regierungsapparats, Wertpapiermaklern, Spekulanten aller Art, Grundstücksmaklern findet und ebenso in vielen anderen aggressiveren Marketingjobs, wie zum Beispiel dem Telefonmarketing.

Menschen mit einem niedrigen Punktwert für die Vertrauensdimension sind sich oft ihres Bedürfnisses, andere zu manipulieren, vollauf bewusst. In Bestform haben sie das Zeug dazu, charismatische Führungsgestalten zu werden, die verschiedene Parteiungen zusammenbringen, um in einem Land oder einer Organisation inneren Streit zu verhindern. Wahrhaftigkeit und ehrliches Vorgehen sind in diesen Dingen nicht sonderlich gefragt; alles, was zählt, sind die Resultate, und diese Menschen verstehen es, Resultate zu erzielen, wenn sie mit anderen Menschen verhandeln. Im ungünstigsten Fall können sie zu Schwindlern und Hochstaplern werden. Sie haben keinerlei Skrupel, einfach nur der Vorteile, des Prestiges und der Informationen zuliebe, die ihnen das verschafft, mit den «richtigen Leuten» Freundschaft zu schließen. Diese Menschen wollen die Kontrolle und die Macht über andere haben, die die Früchte des Erfolgs sind. In einer Basketballmannschaft wird ein kontrollierender Mensch nicht selten einen Weitwurf riskieren, weil ihn die so erzielten Punkte sofort zum Star machen, selbst wenn er den Ball an einen Mannschaftskameraden abgeben könnte, der vielleicht eine bessere Möglichkeit zum Punkten hat. So sorgen Menschen mit einem niedrigen Punktwert für Vertrauen schlimmstenfalls nur für sich und nicht für ihre soziale Gruppe.

Menschen mit einem Punktwert im mittleren Bereich der Vertrauensskala zeigen Aspekte von beiden Extremen. Sie sagen manchmal die Unwahrheit, um ihre Ziele zu erreichen, und sind ein andermal schockiert und empört über die Lügen anderer. Ob sie anderen vertrauen und sie akzeptieren oder sie in kämpferischem Geist manipulieren, hängt einzig und allein von den

Umständen ab. Diese Menschen sind manchmal offen und ehrlich und nutzen dann wieder bestimmte Situationen und versuchen sogar bewusst, andere zu manipulieren.

Es sieht ganz so aus, als ob die Vertrauensdimension bei der Entscheidung für die Hunderasse, die uns glücklich macht, eine wichtige Rolle spielte. Tabelle 3 zeigt, spezifiziert nach Männern und Frauen, im Überblick, welche Hunderasse-Großgruppen sich am besten für welche Punktwerte in der Vertrauensdimension eignen. Denken Sie daran, dass Sie in Anhang II eine Auflistung sämtlicher in den neuen Großgruppen zusammengefasster Hunderassen finden. Es ist interessant festzustellen, dass sich, mit Ausnahme von Menschen mit einem niedrigen Punktwert auf der Vertrauensskala, in dieser Dimension für Männer und Frauen ein unterschiedliches Bild ergibt.

Tabelle 3

Bevorzugung von Hundegruppen nach Maßgabe von Geschlechtszugehörigkeit und Vertrauen

Punktwert für Vertrauen	Hundegruppen für Frauen	Hundegruppen für Männer
hoch	ausgeglichene Hunde	wachsame Hunde
	wachsame Hunde	intelligente Hunde
mittel	freundliche Hunde	freundliche Hunde
	ausgeglichene Hunde	eigenwillige Hunde
niedrig	ruhige Hunde	ruhige Hunde
	selbstbewusste Hunde	selbstbewusste Hunde

Emily und Keeper

Es ist eine traurige Wahrheit, dass Menschen mit einem sehr hohen Punktwert auf der Vertrauensskala den Gipfel von Ruhm und Macht oft nicht erreichen. Das liegt wahrscheinlich daran, dass es ein Mensch, der auf dem Weg nach oben ist, gar nicht vermeiden kann, irgendjemandes Neid zu erregen, und Menschen mit einem vertrauensvollen Wesen können von anderen, die ihren Ruf ruinieren wollen, leicht getäuscht und hintergangen werden. Vertrauen spielt auch eine Rolle bei Vertragsabschlüssen und beim Auf- und Ausbau von Geschäftsverbindungen und -partnerschaften. Ein vertrauensvoller Mensch überprüft Verträge unter Umständen nicht auf irgendwelche Fallgruben oder verlässt sich auf die Integrität seines Geschäftspartners und bekommt dann am Ende vielleicht Probleme. Wenn ein vertrauensvoller Mensch berühmt wird, geschieht das in den meisten Fällen durch Zufall oder weil er auf einem Gebiet begabt ist, auf dem die alltäglichen zwischenmenschlichen Reibereien nicht stattfinden. So kann ein hochbegabter Schriftsteller oder Maler sehr vertrauensvoll und gutgläubig sein und trotzdem berühmt werden, einfach weil er außergewöhnlich gut schreibt oder malt. Genau genommen gilt das mehr für die Vergangenheit als für die Gegenwart, da Maler und Schriftsteller mehr und mehr gehalten sind, für ihre Arbeit öffentlich die Werbetrommel zu rühren. Zu Publizitätszwecken ist es dann nicht selten notwendig, das eigene Image so zu manipulieren und auf Menschen wie Situationen so Einfluss zu nehmen, dass man im Fernsehen, im Rundfunk und in den Printmedien möglichst häufig und viel Beachtung findet. In der Welt von heute kann es für einen freundlichen, vertrauensvollen Menschen schwierig sein, aufgrund seiner Begabung erfolgreich zu sein. Wenn wir aber zurückschauen in der Geschichte, finden wir einige Beispiele dafür, dass solche Menschen Erfolg hatten.

Ein interessantes Beispiel für einen solchen sehr vertrauensvollen Menschen haben wir in einer der drei weithin bekannten Brontë-Schwestern.[1] Ihr Vater, Patrick Brontë, ein anglikanischer Geistlicher irischer Abstammung, wurde 1820 Pfarrer von Haworth, einem Ort inmitten der Moor- und Heidelandschaft Yorkshires. Er brachte seine Frau, Maria Branwell Brontë, und ihre sechs kleinen Kinder mit. Sie waren erst kurze Zeit in Haworth, als Mrs. Brontë und die beiden ältesten Kinder, Maria und Elizabeth, starben. So musste der Vater für die drei Töchter und den einen Sohn, Patrick Branwell, sorgen. Diese Aufgabe war für ihn allein zu viel, deshalb zog eine Tante, Elizabeth Branwell, von Cornwall zu den Brontës nach Haworth, um ihm dabei zu helfen.

Am bekanntesten von den drei Schwestern sollte Charlotte mit ihrem viel gelesenen Roman *Jane Eyre* werden, der innerhalb der viktorianischen Literatur neue Maßstäbe auf dem Gebiet des satirischen Realismus setzte. Eine ihrer größeren Neuerungen bestand darin, die Geschichte aus der Sicht eines Kindes oder einer Frau zu erzählen. Ihre Werke werden oft von Feministinnen als anschauliche Beispiele dafür zitiert, auf welch unterschiedliche Weise bestimmte Situationen von Männern und Frauen wahrgenommen werden. Ein wiederkehrendes Thema ist bei ihr der Konflikt zwischen den gesellschaftlich vorgegebenen Erwartungen und Beschränkungen einerseits und den Wünschen und Bedürfnissen einer nach Selbständigkeit strebenden Frau andererseits.

In Anbetracht ihrer eigenwilligen Schreibweise überrascht die Erkenntnis nicht, dass Charlotte eine überaus dominante und stark kontrollierende Persönlichkeit war. Für die Zeit, in der sie lebte, erwies sie sich als eine bemerkenswert unabhängige Frau, als sie die Heiratsanträge von drei ernsthaften und höchst achtbaren Bewerbern ablehnte, bevor sie beim vierten einwilligte. Charlotte übernahm die Fürsorge für ihre Schwestern, vor allem für Emily, die ein so vertrauensvolles Wesen hatte, dass sie es meist anderen überließ, lebenswichtige Entscheidungen für sie zu treffen. Als ihr Bruder am Anfang seiner Künstlerkarriere große Schulden machte, nahm Charlotte eine Arbeit an, um die Familie finanziell zu unterstützen.

Zwar steht nicht Charlotte im Mittelpunkt dieser Geschichte, die Feststellung ist aber interessant, dass sie Hunde tatsächlich gern mochte und dass sie in Übereinstimmung mit ihrer dominanten Persönlichkeit die Hunde, die zur Selbstbewussten Gruppe gehören, am liebsten hatte. Die Familie hielt einen Terrier namens Grasper – wahrscheinlich eine Frühform des Scotchterriers oder Cairn-Terriers, nach dem Bild zu urteilen, dass Emily von ihm gemalt hat –, und für alle galt es als ausgemacht, dass Grasper eigentlich Charlottes Hund war und dass sie ihn am meisten liebte. Ihre Vorliebe für Terrier zeigte sich auch später, als sie sich nach ihrer Heirat wieder einen Terrier anschaffte.

Anne Brontë, das jüngste der Brontë-Kinder, wurde für nicht so talentiert gehalten wie Charlotte oder Emily. Sie wurde am bekanntesten durch die beiden Romane *Agnes Grey* und *The Tenant of Wildfield Hall*, die sich gut verkauften, aber nicht von bleibender Wirkung waren. Eine Tuberkulose bereitete ihrem Leben ein jähes Ende, als sie erst neunundzwanzig Jahre alt war. Anne wird als die herzlichste und freundlichste der drei Schwestern geschildert. Wie Sie im nächsten Kapitel sehen werden, sind solche Menschen sehr glücklich mit einem Hund aus der Großgruppe der Freundlichen Hunde, und Anne wählte sich ihren vierbeinigen Freund aus dieser Gruppe aus, einen Cocker-Spaniel namens Flossy.

Die Brontë-Schwester, die uns hier jedoch am meisten interessiert, ist Emily. Ihr Ruhm gründet auf ihrem einzigen Roman *Die Sturmhöhe*, einer hochdramatischen Geschichte von Liebe und Leidenschaft und auch von Hass und Rache vor dem Hintergrund der Moor- und Heidelandschaft Yorkshires. Emily war zudem eine begabte Lyrikerin, und im Jahr 1845 fand Charlotte zufällig ein paar von ihren Gedichten. Im Gespräch darüber entdeckten die Schwestern, dass sie alle drei Gedichte geschrieben hatten. Sie beschlossen, diese Gedichte in einem Band unter dem Titel *Poems* von Currer, Ellis und Acton Bell zu veröffentlichen, und bedienten sich dabei eines Pseudonyms, weil sie befürchteten, die Arbeiten von weiblichen Autoren würden nicht ernst genommen werden. Sie kamen überein, für ihr Pseudonym alle drei denselben Nachnamen zu verwenden, und wählten dazu einen Vornamen aus, der mit demselben Buchstaben anfing wie ihr eigener. Der Band enthielt einundzwanzig Gedichte von Emily, und die Kritiker waren sich einig, dass nur Emilys Beiträge eine wirkliche poetische Begabung verrieten.

Emily war still und zurückhaltend, wenig dominant, dafür vertrauensvoll und gutgläubig. Sie war stolz darauf, dass das kontrollierende Verhalten von Heathcliff und Catherine, den beiden Hauptfiguren in ihrem Roman *Die Sturmhöhe*, nicht auf irgendwelche Aspekte ihrer Persönlichkeit oder Erfahrungen von ihr zurückzuführen war. Charlotte erkannte Emilys vertrauensvolles Wesen und versuchte, sie vor Menschen zu beschützen, die ihr Vertrauen vielleicht missbrauchten, und ihr dabei zu helfen, Entscheidungen zu treffen. Als Charlotte an Mrs. Woolers Schule in Roe Head eine Stelle als Lehrerin bekam, nahm sie Emily als Schülerin mit. Den größten Teil des Tages sich selbst überlassen, während Charlotte unterrichtete oder sich abends unterrichtsbezogenen Aufgaben widmete, fühlte Emily sich unwohl und kehrte bald nach Hause zurück.

Das eine große Abenteuer in Emilys Leben, das sie über die Grenzen Yorkshires hinausführte, war ebenfalls eine Folge ihres gutgläubigen Vertrauens in die Entscheidung ihrer Schwester. Um die Familie zu Hause zusammenzuhalten, plante Charlotte, in Haworth eine Schule für Mädchen zu eröffnen. Deshalb ging sie zusammen mit Emily mit dem Vorsatz nach Brüssel, dort all die Feinheiten der Fremdsprachenpädagogik und der Schulverwaltung zu erlernen, die sie brauchen würden. Emily stellte Charlottes Entscheidungen und die Art, wie sie die Regie über ihr Leben übernahm, nie in Zweifel. Dazu hätte es eines ausgeprägteren kontrollierenden Verhaltens bedurft, als ihr angenehm war. Zwar war das Experiment mit Brüssel interessant, zur Eröffnung der Schule kam es jedoch leider nicht, weil Haworth von größeren Ortschaften einfach zu weit abgelegen und überdies schwierig zu erreichen war.

Emily Brontë hatte einen Lieblingshund namens Keeper. Passend zu ihrer sehr vertrauensvollen (und vielleicht wenig dominanten) Persönlichkeit bevorzugte sie einen Hund aus der Gruppe der Wachsamen Hunde. Es hat einige Diskussionen darüber gegeben, zu welcher Rasse Emilys Hund gehörte. Zur damaligen Zeit wurden Versuche gemacht, Bulldogge und Mastiff zu kreuzen, um so einen kompakteren, schnelleren Wachhund zu bekommen. Das Ergebnis dieser Versuche war der Bullmastiff, und als man dieser Mischung noch etwas Deutsche Dogge beigab, kam dabei der schlankere, leichtere Boxer heraus. Einige Historiker haben behauptet, dass Keeper ein Bullmastiff, andere haben gesagt, dass er ein Boxer war. Zwar spielt es für unsere Zwecke keine große Rolle, da beide Rassen in die Großgruppe der Wachsamen Hunde gehören, ein Blick auf Emilys Tuschzeichnungen von Keeper lassen jedoch wenig Zweifel daran, dass er ein Boxer war. Er war hellbraun, hatte einen weißen Brustfleck und trug eine schwarze Zeichnung auf seinem markant geschnittenen, faltenlosen Kopf. Vor allem sein gedrungener, muskulöser Körper, die langen Beine und die schmalen Hüften weisen ihn eindeutig als Boxer aus. Emily hatte großes Interesse an diesem Hund gezeigt, noch bevor er ihr gehörte. Sie liebte seine Eigenwilligkeit, seine Wildheit und sein ungebärdiges, störrisches Wesen. Als sie den Hund schließlich bekam, war das mit einer Warnung verbunden. Man sagte ihr, dass Keeper seinen Freunden treu ergeben sei, dass aber niemand je nach ihm schlagen dürfe, da es in der Natur dieser Rasse liege, einem Angreifer an die Kehle zu gehen.

Es kommt einem vielleicht etwas seltsam vor, dass sich diese zarte, zerbrechliche Frau in einen Hund verliebt, der ihr als ein Tier mit einem derart wilden Wesen angekündigt wird. Sie schrieb später einmal: «Sein Knurren war schrecklicher als sein Bellen, bedrohlich wie gedämpftes Donnergrollen.» Emily behandelte Keeper mit großer Zuneigung und wurde schon bald für ihn zum Mittelpunkt der Welt. Er trottete hinter ihr her auf ihren ausgedehnten Spaziergängen durch Heide und Moor und verließ seinen Platz nur, wenn sich ihnen ein Fremder oder ein anderer Hund näherte. Sein Beschützerinstinkt war groß, und Emily musste nicht selten seine Wunden verbinden, wenn er der Meinung gewesen war, dass ihnen ein anderer Hund allzu nahe gekommen war und sie tatkräftig verteidigt werden musste. In dem Bemühen, solche Konfrontationen zu vermeiden, brachte Emily Keeper bei, auf Kommando zu bellen und zu knurren. Wenn ihm bedeutet wurde, das zu tun, konnte er tatsächlich ein Gebrüll von sich geben, das dem eines Löwen sehr ähnelte, und das Geräusch war bedrohlich genug, die meisten Menschen und Tiere dazu zu veranlassen, Distanz zu halten. Emilys Schwester Charlotte verwendete dieses Verhalten von Keeper sogar bei der Beschreibung des wilden Hundes Tartar in ihrem Roman *Shirley*.

Einmal sah ein Besucher die zierliche Frau und den großen Hund an, der schützend neben ihr stand, und sagte vielleicht ein wenig missbilligend: «Ich verstehe, dass die meisten Damen für gewöhnlich lieber einen Schoßhund haben.»

«Vielleicht bin ich eine Ausnahme», gab Emily zur Antwort.

Der Besucher wusste nicht, wie nahe Keeper für Emily an einen Schoßhund herankam. Beim Lesen saß sie gewöhnlich auf einem Teppich auf dem Boden und lehnte sich von Zeit zu Zeit an ihn oder legte ihm einen Arm um den Hals.

Eines Abends hatten die Brontës Besuch – es war ein Mann, der sich für Emily interessierte und hoffte, ihr irgendwie näher zu kommen. Emily setzte sich auf das große Sofa der Familie und hatte auf der einen Seite Charlotte und auf der anderen Seite den Mann neben sich. Während sie sich unterhielten, kam Keeper aus der hintersten Zimmerecke, zwängte seinen großen Körper zwischen Charlotte und Emily und platzierte dann sein Vorderteil und seinen Kopf auf Emilys Schoß. Dieser Platz war ungemütlich beschränkt, deshalb schob er sich weiter vor und legte die Vorderpfoten und ein Stück von seinem Kopf auf das Knie des Besuchers. Der Mann hatte Emilys Herz schon gewonnen, als er Keeper gewähren ließ; sie war wohl viel zu vertrauensvoll, um auf den Gedanken zu kommen, dass es die körperliche Nähe zu ihr war, die ihren Besucher dazu veranlasste, die Unart des Hundes zu dulden.

Keeper schlief nachts in Emilys Zimmer und durfte manchmal mit ins Bett, er zeigte aber bald tagsüber ein unerfreuliches Verhalten. Wenn er in Ruhe schlafen wollte, stahl sich der große Boxer in den oberen Stock und sprang auf eines der erreichbaren frisch bezogenen Betten. Es war schon schlimm genug, dass es sich dieser Hund, dem die restliche Familie nicht traute und den sie für gefährlich hielt, auf ihren Betten bequem machte, schlimmer noch waren aber die dunklen Fußspuren, die er überall auf der weißen Bettdecke hinterließ. Da die Bettbezüge aus weißem Leinen schwierig zu waschen und zu bügeln waren, geriet die Haushälterin des Pfarrhauses in großen Zorn über diese Unsitte Keepers. Die ganze Familie kam zu dem Schluss, dass etwas geschehen musste. Emily kündigte ihnen an, sie werde Keeper, ungeachtet der Bedenken, die sie in Bezug auf ihn und die ganze Rasse hegten, beim nächsten Vorkommnis dieser Art so streng bestrafen, dass dergleichen sich nicht noch einmal wiederholen würde.

Der kritische Augenblick kam am nächsten Nachmittag. Die

Haushälterin erschien im Wohnzimmer und teilte Emily mit, dass Keeper auf dem Bett ihres Vaters sanft und selig schlafe. Die Farbe wich aus Emilys Gesicht, und sie presste die Lippen fest aufeinander, während sie sich erhob. Obwohl die anderen Familienmitglieder besorgt waren, wie die Sache ausgehen würde, blieben sie sitzen, während Emily allein hinaufging. Ein paar Minuten später erschien sie wieder oben an der Treppe. Ihre beiden kleinen Hände umklammerten Keepers Halsband, und sie zog ihn hinter sich her. Der Hund sträubte sich mit aller Macht und ließ ein leises, drohendes Knurren hören, während sie ihn Stufe für Stufe die Treppe herunterzog. Bei jeder Stufe sagte sie zu ihm: «Du böser Hund. Du böser Hund.»

Und so schleifte Emily Keeper alle Stufen herunter bis zu dem Platz unter der Treppe, wo er tagsüber liegen und schlafen sollte. Dort ließ sie ihn los und fing an, ihn mit ihren kleinen Fäusten zu bearbeiten. Und während sie auf ihn einschlug, schluchzte sie: «Tu das nie, nie, nie, nie wieder!» Der große Hund stand ganz benommen da, bis Emily vor ihm auf die Knie fiel. Sie legte die Arme um Keepers Hals und lehnte ihr tränenüberströmtes Gesicht an seine Stirn. Dann erhob sie sich mit aller Gefasstheit und Würde, die sie in dem Moment aufbringen konnte, führte Keeper in die Küche, wusch ihm liebevoll sein dunkles Gesicht und murmelte dabei: «Von jetzt an bist du lieb, ja?»

Keeper nahm die Sache nicht krumm und hörte auf, tagsüber auf Betten zu schlafen. Emily hat ihn nie mehr geschlagen. Der Vorfall war für einen so unaggressiven Menschen wie sie einfach zu schmerzhaft gewesen. Sie hatte trotz aller Warnungen, die sie bekommen hatte, darauf vertraut, dass Keeper nicht auf sie losgehen würde, und Keeper hatte sich dieses großen Vertrauens würdig erwiesen.

Im Alter von dreißig Jahren bekam Emily, die schon immer eine schwache Gesundheit gehabt hatte, Tuberkulose. Am letzten Tag ihres Lebens stand sie abends aus dem Bett auf, um Keeper und Annes Cocker-Spaniel Flossy zu füttern. Ihre Schwestern versuchten, sie dazu zu bewegen, sich wieder ins Bett zu legen, aber sie beharrte darauf, dass das ihre Aufgabe sei. An diesem Abend starb sie.

Keeper führte an der Seite von Emilys Vater den Trauerzug an und saß während der Trauerfeier mucksmäuschenstill da. Dann ging er nach Hause und legte sich vor die Tür von Emilys leerem Zimmer. Wenn jemand vorbeiging, blickte er hoffnungsvoll auf und winselte, wenn er sah, dass es nicht Emily war. Drei Jahre später gesellte er sich zu Emily auf ein hoffentlich weiches, weißes Bett aus Träumen, wo er ungestraft für immer schlafen kann.

Präsident Nixon und King Timahoe

Ich habe bereits erwähnt, dass wenig vertrauensvolle Menschen über ein ganzes Arsenal von Taktiken verfügen, die für Politiker, Gewerkschaftsbosse, politische Lobbyisten, Werbestrategen und PR-Manager sehr nützlich sind. Vergessen Sie nicht, dass Menschen mit niedrigem Vertrauenswert häufig eine skeptische, distanzierte Einstellung zu ihrer Umgebung haben. Das erlaubt ihnen, gegen andere sich ganz bewusst bestimmter Strategien der Meinungsmanipulation zu bedienen. Psychologen bezeichnen diesen Persönlichkeitsaspekt manchmal als *Machiavellismus*. Der Name geht zurück auf Nicolò Machiavelli, den berühmten italienischen Staats- und Militärtheoretiker, Historiker, Dramatiker und Diplomaten. Machiavellis berühmtestes Werk ist *Der Fürst*, ein Leitfaden, wie ein Machthaber die Menschen in seiner Umgebung mit allen dazu erforderlichen Mitteln kontrollieren und manipulieren kann.

Machiavellis politische Doktrin missachtet die herkömmlichen Regeln der Ethik, mit deren Hilfe die Menschen Vertrauen und Fairness unter sich zu etablieren versuchen. Er betont, dass «ein Fürst, der sich behaupten will, lernen muss, *nicht* gut zu sein», damit er sich frei zwischen allen Verhaltensweisen entscheiden kann, die ihm die Durchsetzung seines Willens verbürgen. Machiavelli hätte Aussprüchen zugestimmt wie zum Beispiel «Man kann Menschen am einfachsten manipulieren, wenn man ihnen sagt, was sie hören wollen.» – «Jeder, der einem anderen rückhaltlos vertraut, beschwört Probleme herauf.» – «Es ist klug, einflussreichen Menschen zu schmeicheln» und «Sag nur dann die Wahrheit, wenn es dir einen Vorteil bringt.» Zwar deutet eine solche Philosophie auf eine zynische Weltanschauung hin, sie ist erfolgreichen Politikern aber dienlich und hilfreich in allen Berufen, in denen es darum geht, die Meinungen und Verhaltensweisen anderer Menschen zu beeinflussen.

Dean Keith Simonton, Professor für Psychologie an der Universität von Kalifornien in Davis, hat die machiavellistischen Tendenzen amerikanischer Präsidenten von George Washington bis Ronald Reagan gemessen. Von ihnen allen ist Richard M. Nixon derjenige mit dem bei weitem niedrigsten Punktwert für unsere Persönlichkeitsdimension Vertrauen (folglich mit dem höchsten für Machiavellismus).[2] In der Tat war es ein so extrem niedriger Punktwert, wie er bei weniger als einem Tausendstel der Bevölkerung auftritt. Zwar könnte man die Moral und die Klugheit einer Reihe von Entscheidungen bezweifeln, die schließlich dazu führten, dass Nixon als erster Präsident der Vereinigten Staaten vorzeitig aus dem Amt scheiden musste, auf gar keinen Fall zu bezweifeln ist jedoch die Tatsache, dass er ein Politiker reinsten Wassers und ein meisterlicher Manipulator der öffentlichen Meinung war.[3] Schon ziemlich früh in seinem Leben lieferte Nixon Beweise für seine Fähigkeit, andere zu manipulieren und zu beeinflussen. In einem Alter, in dem andere Kinder noch Märchenbücher lesen, interessierte Nixon sich schon für Politik. Noch in der Grundschule trat Nixon einem Arbeitskreis Freie Rede bei und nahm an seiner ersten öffentlichen Debatte teil. Im College zeigten sich weiterhin deutlich seine Fähigkeit und sein Bedürfnis, andere zu überzeugen und zu manipulieren. Er wurde zum Präsidenten des Freshman-Jahrgangs, dann zum Präsidenten seiner studentischen Verbindung und im letzten Collegejahr zum Präsidenten der Studentenschaft gewählt. Nach seinem Abschluss und dem Beginn seines Studiums an der juristischen Fakultät der Duke University wurde er schon bald wieder zum Präsidenten der Studentenschaft und im letzten Studienjahr zum Präsidenten der Duke Bar Association gewählt.

Am Ende des Zweiten Weltkriegs war Nixon seine kontrollierende Persönlichkeit in der Politik von großem Nutzen und bescherte ihm schließlich einen Sitz im Senat, die Vizepräsidentschaft unter Eisenhower und am Ende das Amt des Präsidenten. Es sieht so aus, als ob es Nixons kontrollierende Tendenzen waren, die schließlich seine Amtszeit beendeten. Kurz vor seiner Wahl für eine zweite Amtszeit heuerte Nixon beziehungsweise Mitarbeiter, die in seinem Auftrag handelten, eine Einsatzgruppe an, die ins Hauptquartier der Demokratischen Partei, das Watergate-Gebäude, einbrechen und versuchen sollte, an Informationen über die Wahlkampfstrategie des Gegners heranzukommen und es Nixon so zu ermöglichen, das Wahlergebnis besser zu steuern. Nixons Pech war, dass die Leute, die in die Sache verwickelt waren, verhaftet und wegen Einbruchs und Abhörens angeklagt wurden. Aufgrund seiner kontrollierenden Tendenzen glaubte Nixon, die Verstrickung des Weißen Hauses in die Sache vertuschen zu können. Obwohl er der Lüge gegenüber dem Untersuchungsleiter überführt wurde, gab er als eine wahrhaft machiavellistische Persönlichkeit den Verstoß gegen Recht und Sitte niemals zu. Stattdessen ließ er seinen Sprecher Ronald L. Ziegler der Presse einfach nur bekannt geben, dass alle früheren Erklärungen der Exekutive zur Watergate-Affäre «außer Kraft gesetzt seien». Ähnlich, als er wegen seiner Verstrickung in das Vertuschungsmanöver schließlich zurücktreten musste: In seiner letzten Erklärung sprach er nicht einmal am Rande von Moral, brachte kein Wort der Entschuldigung und nicht die Andeutung eines Schuldeingeständnisses vor. Er verkündete einfach nur, dass er nicht mehr über eine ausreichende politische Basis zum Regieren verfüge und aus diesem Grund sein Amt zur Verfügung stelle.

Eine sehr bekannte Geschichte aus Nixons Leben, in der ein Hund eine Nebenrolle spielte, brachte viele Leute zu der Überzeugung, dass die von ihm bevorzugte Rasse der Cocker-Spaniel sei und nicht eine aus der Großgruppe der Selbstbewussten oder Eigenwilligen Hunde, wie unsere Überlegungen nahe legen würden. Es war im Jahr 1952, kurz nachdem die Republikanische Partei Nixon zum Anwärter auf das Amt des Vizepräsidenten bestellt hatte, der mit dem Präsidentschaftskandidaten Eisenhower in den Wahlkampf ziehen sollte. Nur wenige Tage später schien über Nixons politische Karriere das Todesurteil gesprochen zu sein. Ein Artikel in der *New York Post* trug die Überschrift: «Geheimer Trustfonds reicher Leute ermöglicht Nixon Lebensstil weit über seine Verhältnisse.» In der Öffentlichkeit brach sofort ein Sturm der Entrüstung los, und es sah ganz so aus, als ob ihn die Sache seine Kandidatur für die Vizepräsidentschaft kosten würde. Bei Licht besehen war nichts Geheimes oder Unerlaubtes an dem Fonds. Nixon war alles andere als wohlhabend, und als er einen Sitz im Senat gewann, hatten ihm ein paar Geschäftsleute einen Fonds von etwa 18 000 Dollar eingerichtet, damit er mit den Wählern in seinem Heimatstaat Kalifornien in Kontakt bleiben konnte, während er Senatsmitglied war und in Washington wohnte.

Nixon erkannte, dass er sich des neuen Mediums Fernsehen bedienen konnte, um auf die Anschuldigungen zu antworten und die öffentliche Meinung zu steuern. In einem brillant-theatralischen Fernsehauftritt, der von Pathos und bescheidenen Familienwerten nur so triefte, bestritt er, dass irgendetwas Unlauteres an der Annahme des Geldes sei, und betonte: «Meine Frau Pat besitzt keinen Nerz. Sie trägt bloß einen ehrbaren republikanischen Stoffmantel.» Der Knalleffekt kam jedoch, als er zugab, dass er tatsächlich einmal ein Geschenk angenommen hatte – nämlich der Hund der Familie. «Ein Mann in Texas hörte, wie Pat im Radio sagte, dass unsere beiden Jüngsten sich einen Hund wünschten. Und ob Sie es glauben oder nicht, einen Tag bevor wir auf Wahlkampfreise gingen, wurden wir von der Union Station in Baltimore benachrichtigt, dass man dort ein Paket für uns hätte. Wir fuhren hin, um es abzuholen. Und wissen Sie, was es war? Es war ein kleiner – schwarzweißer – Cocker-Spaniel in einer Lattenkiste, den der Mann den ganzen weiten Weg von Texas hergeschickt hatte. Und unsere sechsjährige kleine Tochter gab ihm den Namen Checkers. Und was soll ich Ihnen sagen, die Kinder lieben den Hund, und eins will ich gleich noch dazusagen, wir werden ihn behalten, und wenn die Leute sich auf den Kopf stellen.»

Es gab Berichte, denen zufolge viele Zuschauer, darunter auch Eisenhowers Frau Mamie, an dieser Stelle Tränen der Rührung vergossen; auch einige von Eisenhowers Wahlhelfern wischten sich verstohlen die Augen (bedenken Sie, man schrieb das Jahr 1952, als es noch verpönt war, wenn Männer in der Öffentlichkeit weinten). Die Rede war ein politischer Triumph. Der Filmproduzent Darryl F. Zanuck rief an und sagte, dass diese Rede «der fulminanteste Auftritt war, den ich je erlebt habe», und als Eisenhower Nixon kurz nach seiner Rückkehr traf, sagte er zu ihm: «Dick, Sie sind mein Mann.» Nixons Karriere war gerettet, und eine Zeit lang war Checkers der berühmteste Hund von Amerika.

Nixon war dem Cocker-Spaniel dankbar, weil er seine Karriere gerettet hatte, aber Checkers war eindeutig der Hund seiner Tochter Tricia und nicht die Rasse, die Nixon sich selber ausgesucht hätte. Lange nach Checkers' Tod wurde Nixon zum Präsidenten gewählt. Als er ins Weiße Haus einzog, brachte er zwei Hunde mit: Pasha, einen Yorkshire-Terrier, der seiner Tochter Tricia gehörte, und Vicky, einen Zwergpudel, den Pat Nixon geschenkt bekommen hatte. Doch der Hund, von dem Nixon immer mit der größten Zuneigung sprach, war der Irische Setter, den er als Kind besessen hatte. Dieser Hund hatte ihn als treuer Freund durch schwere Zeiten begleitet, Zeiten der Krankheit, aber auch von Geldproblemen, mit denen seine Eltern in seiner Jugend zu kämpfen hatte. In Anbetracht von Nixons niedrigem Punktwert für Vertrauen war ein Irischer Setter der passende Hund für ihn, weil er zur Großgruppe der Eigenwilligen Hunde gehört, die von Menschen bevorzugt werden, die wie Nixon eine kontrollierende Persönlichkeit haben.

Da Nixon so oft von dem Irischen Setter seiner Jugendzeit sprach, beschloss der Mitarbeiterstab des Weißen Hauses, ihm wieder einen Irischen Setter als Präsidentenhund zu kaufen. Der Hund kam im Januar 1969 an und wurde sofort nach dem kleinen Dorf in Irland, aus dem Nixons Quäkervorfahren stammten, King Timahoe genannt. Es war nicht zu übersehen, dass King Timahoe Nixons Liebling war (Abb. 11). Er bewahrte extra für ihn allerlei Leckereien in seiner Schreibtischschublade im Oval Office auf. Nixon erlaubte auch nicht, dass irgendjemand den Setter bestrafte, selbst dann nicht, als er einen der Teppiche im Büro des Präsidenten ganz zernagt hatte. In seinen seltenen Arbeitspausen fuhr Nixon ab und zu, den großen rotbraunen Hund neben sich, in einem Golfplatzbuggy spazieren. Er sagte einmal: «Wir wollen eigentlich nirgendwohin, Tim fährt nur so gern in dem Buggy, und ich seh es so gern, wenn er glücklich ist.»

Nixons Zuneigung zu King Timahoe war so groß, dass er es in Kauf nahm, sich den Unmut der U.S. Army zuzuziehen. Üblicherweise wurden die Haustiere des Weißen Hauses von den Tierärzten des Walter Reed Army Hospital behandelt. Zwar war das für die anderen Hunde der Familie, Pasha und Vicky, gut genug, nicht aber für den auserkorenen Liebling des Präsidenten. Sehr zum Ärger der höheren Ebene der Militärverwaltung ließ Nixon den Hund zu dem Tierarzt bringen, den ihm sein Züchter empfohlen hatte. So war jeder Besuch beim Tierarzt für den Hundepfleger des Weißen Hauses mit einer zweistündigen Rundfahrt zusammen mit dem Hund in einer der Limousinen des Präsidenten verbunden.

Obwohl Nixon King Timahoe sehr liebte, ließ er sich dadurch nicht von seinen machiavellistischen Versuchen abhalten, andere Menschen zu beeinflussen. Während seiner ersten Amtszeit war Prinz Charles von England der begehrteste Junggeselle der Welt. Es wurde allgemein angenommen, dass Nixon daran dachte, sich durch die Verehelichung seiner Tochter Tricia mit Prinz Charles Zugang zu höchsten Adelskreisen zu verschaffen. Er arrangierte deshalb einen Staatsbesuch für Charles, bei dem Tricia als seine Begleiterin und Hostess fungieren sollte. Als der Tag der Ankunft des Prinzen näher rückte, instruierte Nixon die Mitarbeiter des Weißen Hauses per Rundschreiben: «Während des Besuchs des Prinzen heißt King Timahoe nur Timahoe, da es sich nicht schickt, dass der Prinz im Rang einem Hund nachsteht.» Alles war für die Katz, weil Tricia und Charles einfach überhaupt keinen Eindruck aufeinander machten.

Picasso und Kabul

Man ist versucht zu glauben, dass hochgradig kontrollierende Menschen mit einem niedrigen Punktwert auf der Vertrauensskala hauptsächlich im politischen Milieu und in der Geschäftswelt zu finden sind. Doch diese Persönlichkeit trifft man überall, sogar bei den schönen Künsten. Nehmen wir zum Beispiel Pablo Picasso, den wohl berühmtesten bildenden Künstler des 20. Jahrhunderts.

Picasso wurde im südspanischen Málaga geboren. Es war der Sohn eines baskischen Zeichenlehrers namens Blasco Ruiz und einer italienischen Mutter, Maria Picasso.[4] Nach spanischem Brauch erhielt er den Namen Pablo Picasso y Ruiz, und so signierte er auch seine frühen Bilder. Bevor er im Alter von einundneunzig Jahren starb, signierte er mehr als fünfundvierzigtausend Arbeiten. In Anbetracht der Tatsache, dass Rubens mit einer ganzen «Fabrik» von Lehrlingen in seinem Leben weniger als dreitausend Werke geschaffen hat, dürfte Picasso der produktivste bedeutendere bildende Künstler der bisherigen Geschichte gewesen sein.

Ein Professor für Kunstgeschichte erzählte mir, dass Picasso fünf Passionen hatte: seine Kunst, sein Ego, sein Image, seine Frauen und seine Hunde. «Er musste immer absoluter Herr der Lage sein, und das zahlte sich auch wirtschaftlich für ihn aus. In Anbetracht seiner erstaunlichen Produktivität hätten Picassos Arbeiten überall, wo das Gesetz von Angebot und Nachfrage galt, eigentlich sehr billig sein müssen. Weil er jedoch sein Image und die öffentliche Einschätzung seines künstlerischen Ranges sorgfältig steuerte, geschickt dafür sorgte, dass er immer im Scheinwerferlicht der Presseberichterstattung blieb, und Kritiker, Museumskustoden und Galeriebesitzer von der Besonderheit und Einzigartigkeit seiner Arbeiten zu überzeugen verstand, wurde Picasso reich und berühmt. Aus der Produktion eines Jahres (1969) stellte er hundertsiebenundsechzig Ölgemälde und fünfundvierzig Zeichnungen aus. Der Marktwert von diesem Bruchteil seines Output, war rund fünfzehn Millionen Dollar auf dem Kaufkraftstand von 1970.

Sein Umgang mit Frauen basierte strikt auf Kontrolle. Die Anzahl der Frauen, mit denen er eine Beziehung hatte, ist strittig, es waren aber viele. Zu Zeiten, in denen er verheiratet war, hatte er nicht selten nebenbei noch eine Geliebte. Zu Zeiten, in denen er nicht verheiratet war, hatte er außer einer Geliebten noch eine heimliche Geliebte und zahlreiche flüchtige Affären. In all diesen Beziehungen musste er absoluter Herr der Lage sein. Er charakterisierte die Frauen in seinem Leben als «Göttinnen oder Fußabtreter». Sie waren Göttinnen, bis sie ihm hörig waren, und danach waren sie nur noch Fußabtreter.

Picasso benutzte alle nur erdenklichen Mittel, um die Menschen in seiner Umgebung zu kontrollieren. Im Umgang mit Frauen oder unbedeutenderen Mitgliedern der Kunstszene schreckte er, wenn es nicht anders ging, auch vor Erpressung nicht zurück. Picasso fing zum Beispiel an, sich für Irène Lagut zu interessieren, eine unbedeutende Malerin und Geliebte eines anderen Malers, Serge Férat, der einer reichen russischen Aristokratenfamilie entstammte. Picasso begehrte Irène, doch sie lehnte seine Anträge ab, deshalb startete er eine heimliche Intrige, um Irène und Férat auseinander zu bringen. Zunächst stahl er ihr ein Foto, auf dem sie nackt zu sehen war, das sie Férat nie gezeigt hatte. Er ließ sie wissen, dass er das Foto hatte, und sagte ihr: «Das wird mir eines Tages sehr nützlich sein.» Irène schrieb später: «Als Serges Schwester aus Nizza nach Hause kam, ging er [Picasso] zu ihr und sagte: ‹Irène ist eine Hure. Zum Beweis brauchen Sie sich nur anzusehen, was sie trägt, wenn sie sich fotografieren lässt. Sie hat Serge betrogen. Ich habe auch mit ihr geschlafen.›» Laut Irène «tat er alles in seiner Macht Stehende, um zu erreichen, dass ich auf die Straße gesetzt wurde, damit ich gezwungen wäre, bei ihm Unterschlupf zu suchen. Er ist der abscheulichste Mensch, den man sich überhaupt vorstellen kann.»

Obwohl Férat Picassos Behauptungen zuerst nicht glaubte, gab der nicht auf. Er zeigte Férat als Nächstes das Foto und wiederholte seine Lügengeschichte. Dabei besaß er eine solche

Überzeugungskraft, dass Férat Irène zur Rede stellte. Er sagte ihr, dass Leugnen zwecklos sei, Picasso habe höchstpersönlich geschworen, dass sie bereits mit ihm geschlafen habe. Férat sagte Irène, dass sie ihre Sachen packen und verschwinden solle. Als Serge später zu seinem Atelier zurückkam, bemerkte er einen starken Gasgeruch, und die Tür war von innen abgeschlossen. Mit Hilfe der Concierge brach er die Tür auf und fand Irène bewusstlos vor dem Gasherd: Sie hatte versucht, sich umzubringen. Einem Arzt gelang es (mit einiger Mühe), sie wiederzubeleben, und Irène gelang es, Férat davon zu überzeugen, dass Picassos Anschuldigung haltlos und Teil eines Plans waren, sie und Férat auseinander zu bringen.

Ohne sich durch diese unvorhergesehenen Ereignisse abschrecken zu lassen, änderte Picasso geschickt seine Taktik. In einer Reihe von Briefen an sie erklärte er Irène seine Liebe und brachte sein Bedauern darüber zum Ausdruck, dass sie sich zu einer so unbesonnenen Handlung hatte hinreißen lassen. Er drehte den Spieß um und versuchte, ihr ein schlechtes Gewissen zu machen, weil sie ihm wehgetan habe. Er schrieb in einem Brief, durch den Selbstmordversuch «hast du mir Kummer, großen Kummer bereitet, aber ich trage dir das nicht nach». Diese neue Taktik funktionierte, und Irène antwortete ihm, um ihn zu trösten und ihm zu sagen, dass sie inzwischen ganz wiederhergestellt sei. Es folgte ein weiterer Austausch von Briefen, ein Rendezvous, und bald darauf lebte Irène mit Picasso. Sie blieb nur drei Jahre mit Picasso zusammen, bevor sie einer neuen Geliebten weichen musste.

Picasso war sein Leben lang ein Hundenarr. Er hatte viele verschiedene Rassen, unter anderem Terrier, Pudel, einen Boxer, Dachshunde, einen Deutschen Schäferhund, mehrere Afghanen und viele «Zufallsprodukte». Er schenkte seinen Freunden Hunde, häufig, um sicherzugehen, dass immer ein Hund dabei war, wenn er mit ihnen zusammen war. Wenn eine seiner Romanzen in die Brüche ging, ließ Picasso oft all seine Sachen zurück und verschwand, um irgendwo anders mit einer neuen Frau zusammenzuleben. Er ließ sich in der Regel nur ein paar Sachen zurückgeben, dazu gehörten gewöhnlich einige seiner jüngsten Bilder, ein paar Pinsel und Farbe und sein Hund beziehungsweise seine Hunde. Alles andere konnten seine Freunde oder die Frau, die er verließ, behalten.

Picassos Hunde haben oft Eingang in seine Kunst gefunden. Eine seiner ersten Arbeiten war ein Scherenschnitt von seinem Terrier. Lump, ein Dachshund, ging in mehrere Interpretationen Picassos von Velasquez' Gemälde *Las Meniñas* ein. Freaky, ein Mischling, ist Gegenstand vieler Zeichnungen, während Kabul, Picassos Afghane, auf einer Reihe von Bildern zusammen mit Jacqueline, einer seiner Ehefrauen, zu sehen ist.

Ich habe Picasso einmal kennen gelernt. Es war bei einem Empfang anlässlich der Enthüllung einer auf einem öffentlichen Platz aufgestellten Kolossalplastik, die von einer Universität in Auftrag gegeben worden war. Picasso hatte die Plastik nicht selbst geschaffen. Wenn ich mich richtig erinnere, war damit ein Gehilfe betraut worden (ich glaube, es war ein Schwede), der nach Picassos Zeichnungen arbeitete. Der Empfang war eine Art Staatsakt mit großem Publikum, und man hatte bewusst ein paar Medienvertreter auf die Gästeliste gesetzt, damit die Universität publizistisches Kapital aus der Sache schlagen konnte. Ich weiß nicht mehr, warum man mich eingeladen hatte; ich war jedenfalls dort, zusammen mit ein paar anderen Hochschullehrern vor allem aus dem Bereich der bildenden Kunst.

Picasso war schon weit in den Achtzigern. Ich erinnere mich daran, dass es mich überraschte, wie klein und drahtig er war. Am deutlichsten im Gedächtnis geblieben sind mir seine Augen – sie waren riesig im Verhältnis zu seinem Kopf, und auf den ersten Blick schienen sie fast schwarz zu sein. Nach allem, was man hörte, verließ Picasso nur noch selten das Haus, aber seine Haut war gegerbt und von tausend Fältchen durchzogen, wie man es an Menschen sieht, die ihr Leben lang der Sonne und dem Wind ausgesetzt waren. Er war von Honoratioren umringt, die den Zustrom der Menschen kanalisierten, die ihn persönlich begrüßen wollten.

Einer meiner Kollegen beugte sich mit den Worten zu mir: «Wir können mal hingehen und versuchen, ihm guten Tag zu sagen, aber er spricht eigentlich nur mit wichtigen Leuten oder Leuten, die etwas für ihn tun können.»

«Also, ich würd's gern versuchen», sagte ich. «Ich möchte ihn etwas fragen.»

«Was denn?»

«Etwas zu seinen Hunden.»

Mein Kollege warf mir einen Blick zu, als ob ich nicht recht bei Trost sei, aber dann zuckte er die Achseln und machte sich auf den Weg zu dem Pulk «wichtiger Leute».

Ich stellte fest, dass mein Kollege Recht hatte. Picasso redete praktisch nicht mit den Leuten, die an ihm vorbeizogen. Wenn sie ihm vorgestellt wurden, streckte er ihnen nicht die Hand hin, sondern nickte und tauschte hin und wieder einen Blick mit einem von ihnen. Als ich mir diese Szene ansah, wusste ich, dass ich kaum eine Chance hätte, auch nur ein kurzes Gespräch mit ihm zu führen, ich beschloss aber, es dennoch zu versuchen.

Ich überlegte mir, dass ich gegenüber den anderen Anwesenden möglicherweise im Vorteil war, da ich vor kurzem gelesen hatte, dass Picasso, der seit fünfzig Jahren in Frankreich lebte, immer noch sehr stolz auf seine spanische Herkunft war. Ich habe damals fließend Spanisch gesprochen (seither ist es mit meinen Spanischkenntnissen arg bergab gegangen, und der Grund dafür ist offenbar, dass ich in Kanada lebe und Französisch gelernt habe). Während wir uns vorwärts bewegten, legte ich mir rasch die Fragen zurecht, die ich ihm stellen wollte – auf Spanisch.

Sobald wir vor ihm standen und mein Kollege nur meinen Namen genannt und eine Handbewegung in meine Richtung gemacht hatte, sagte ich schnell: «Entschuldigen Sie. Ich weiß, dass es bei dieser Veranstaltung um Ihre Kunst geht, ich würde Ihnen aber gern eine Frage zu Ihren Hunden stellen.»

Als er seine Muttersprache hörte, sah er mir mit dem kaum wahrnehmbaren Anflug eines Lächelns ins Gesicht. «Bitte», sagte er.

«Ich habe Sie auf Fotografien mit so vielen verschiedenen Rassen gesehen. Gibt es irgendeine Rasse oder irgendeinen Hund, den Sie am liebsten hatten?»

Jetzt lächelte er tatsächlich. «Ich habe so viele Hunde gehabt», fing er an, und der Blick seiner schwarzen Augen wanderte nach oben. «Einige habe ich geschenkt bekommen, einige habe ich aufgelesen. Rassen … gewöhnlich schaffe ich mir nicht wieder dieselbe Rasse an. Ich möchte, dass jeder ein Individuum ist, und ich möchte nicht mit den Wiedergängern der anderen Hunde zusammenleben. Einen nehme ich allerdings aus … Das war Kabul, ein Afghane. Nach ihm hatte ich noch andere Afghanen … vielleicht suche ich nach seinem Wiedergänger. Er ist der Einzige, an den ich manchmal denke.»

Er sah mir ins Gesicht, und während er weitersprach, beschrieb seine rechte Hand Linien und Bögen in der Luft, als ob er etwas auf eine Leinwand vor uns zeichnete.

«Wenn Kabul mir bei der Arbeit einfällt, verändert es häufig das, was ich mache. Die Nase in einem Gesicht, das ich zeichne, wird länger und schärfer. Das Haar einer Frau, das ich skizziere, wird länger und weich und schmiegt sich an ihre Wangen, wie sich Kabuls Ohren an seinen Kopf schmiegten. Ja, wenn ich einen Lieblingshund gehabt habe, war es mein Afghane Kabul.»

Er bedachte mich mit einem Lächeln, das keinen Zweifel daran ließ, dass meine Audienz beendet war. Während ich mich bei ihm bedankte und zum Gehen wandte, sah ich, dass mich zwei

Honoratioren, die ich nicht kannte, anstarrten, als ob meine kurze Unterhaltung in einer fremden Sprache ein sinistres Komplott oder zuallermindest einen groben Verstoß gegen das Protokoll darstellte. Ich hatte jedoch eine Antwort auf meine Frage bekommen, und heute, etwa fünfundzwanzig Jahre später, verstehe ich im Licht unseres Materials, warum er Kabul ausgewählt hat. Ein so kontrollierender Mensch wie Picasso käme auf einen sehr niedrigen Punktwert für die Persönlichkeitsdimension Vertrauen. Diese Menschen wären immer am besten bedient mit einem Hund aus der Gruppe der Eigenwilligen Hunde, zu denen der Afghane gehört.

Nebenbei bemerkt, habe ich seit damals Picassos Kunstwerke mit anderen Augen betrachtet. Ich sehe mir jetzt immer die Nase und das Haar an und frage mich, ob auf dem Bild vor mir etwas von einem Jagdhund zu sehen ist oder nicht.

11

Hunde für warmherzige und für kühle Menschen

Die letzte interpersonale Persönlichkeitsdimension, mit der wir uns beschäftigen müssen, ist *Warmherzigkeit*. Menschen mit einem hohen Punktwert in dieser Dimension werden folglich «warmherzig», Menschen mit einem niedrigen Punktwert dagegen «kühl» genannt.

Menschen mit einem hohen Punktwert in der Warmherzigkeitsdimension werden als einfühlsam, versöhnlich, weichherzig, liebevoll, nachsichtig und zuvorkommend charakterisiert. Bei den meisten sozialen Interaktionen wirken warmherzige Menschen fürsorglich und hilfsbereit. Das sind die Leute, von denen man am ehesten erwarten kann, dass sie anderen, die in Schwierigkeiten sind, Hilfe brauchen, krank oder psychisch labil sind, emotionalen und praktischen Beistand leisten – sie sind tatsächlich diejenigen, die am ehesten versuchen, allen (und allem) zu helfen, die in Schwierigkeiten sind.

Die Berufe, in denen wir erwarten dürfen, die meisten warmherzigen Menschen zu finden, sind diejenigen, die unter die Oberbegriffe Hilfeleistung, Dienstleistung, Beratung fallen. Es sind Berater aller Art. Berater bei Eheproblemen, bei Problemen der Berufswahl und Berater bei psychischen Problemen gehören ebenso hierher wie klinische Psychologen, Logopäden, Psychiater sowie eine Vielfalt von Menschen in der öffentlichen Gesundheitsfürsorge und der Sozialhilfe. In einigen geistlichen und kirchlichen Berufen, vor allem denen, die mit missionarischen Aufgaben verbunden sind, und in karitativen Organisationen wird man sehr viele warmherzige Menschen antreffen. Kindbezogene Berufe, Lehrer auf allen Stufen, vor allem aber den niederen, Kindergärtnerinnen und Betreuer in Ferienlagern passen oft auch gut in diese Kategorie.

Wenn Sie gewöhnlich versuchen, Menschen zu helfen, die in Schwierigkeiten sind, selbst wenn das für Sie mit irgendwelchen Störungen oder Unannehmlichkeiten verbunden ist, dann handeln Sie wie ein warmherziger Mensch. Wenn Sie ein warmherziger Mensch sind, sind Sie auch bereit, sich in Vereinen oder sozialen, politischen und karitativen Organisationen zu engagieren, ohne dafür Lob und öffentliche Anerkennung zu erwarten. Das Verhalten eines warmherzigen Menschen kann man am besten durch Dinge wie Schmollen und schlechte Laune beeinflussen oder indem man ihm aus dem Weg geht und nicht mit ihm redet. Sehr warmherzige Menschen leiden sehr unter dem Entzug von Liebe und Aufmerksamkeit. Sie fühlen sich auch sehr unbehaglich, wenn bei einem Streit geflucht und geschrien wird. In solchen Situationen suchen sie bereitwillig nach irgendwelchen Ausgleichsmöglichkeiten, um den anderen wieder versöhnlicher zu stimmen.

Menschen mit einem niedrigen Punktwert in der Warmherzigkeitsdimension sind viel ichbezogener. Kühle Menschen tun sich selbst etwas zugute auf ihre persönliche Unabhängigkeit, ihre Unbeeinflussbarkeit durch die Meinung anderer und ihre Verachtung gesellschaftlicher Konventionen. Menschen mit einem niedrigen Punktwert auf der Warmherzigkeitsskala suchen selten bei anderen Rat oder bitten ihre Familie und Freunde um Hilfe oder Unterstützung. Man darf eher von ihnen erwarten, dass sie die Rolle des einsamen Wolfs spielen und ihre eigenen Pläne und Wünsche verfolgen. Diese Fixiertheit auf das eigene Tun, ohne große Rücksichtnahme auf die Reaktionen anderer, lässt kühle Menschen gelegentlich ziemlich unhöflich erscheinen.

Kleine Aufmerksamkeiten, wie zum Beispiel jemandem die Tür aufzuhalten, jemandem tragen zu helfen, der mit Paketen beladen ist, einem älteren Menschen im überfüllten Bus seinen Platz anzubieten, vor dem Auflegen des Telefons an den Abschiedsgruß zu denken, werden oft vergessen.

Wenn Sie ein kühler Mensch sind, charakterisieren Ihre Freunde und Kollegen Sie wahrscheinlich als leicht reizbar, eigensinnig und aufbrausend. Um Ihren Kopf durchzusetzen, scheuen Sie sich nicht, den anderen zu kritisieren, mit Flüchen und versteckten Drohungen zu operieren, wenn Sie der Meinung sind, dass diese Taktiken Erfolg haben. Manchmal spielen Sie bewusst den Beleidigten oder tun so, als ob Sie seine Manier als beleidigend empfänden – so als wollte er Sie «in den Senkel stellen». Auf den Gedanken, dass man Menschen durch Charme, Komplimente und irgendwelche romantischen Aktionen beeinflussen kann, kommen Sie selten.

Wenn kühle Menschen sich an Spielen oder anderen Formen des Wettbewerbs beteiligen und wenn andere Menschen dabei verletzt oder vor den Kopf gestoßen werden, dann geht's nun mal so zu auf der Welt. Von kühlen Menschen darf man auch am ehesten erwarten, dass sie die Entscheidung eines Schiedsrichters anzweifeln, wenn sie sich gegen sie richtet, und gleich damit bei der Hand sind, auf (tatsächliche oder vermeintliche) Regelverstöße des Gegners hinzuweisen. Außerhalb des Spielfelds sind kühle Menschen nicht selten sofort bereit, rechtliche Schritte gegen andere einzuleiten.

Menschen mit einer kühlen Persönlichkeit findet man vermehrt in Berufen, in denen ein gewisses Maß an Zynismus oder Skepsis von Vorteil ist. So profitieren zum Beispiel alle Arten von Detektiven – Privatdetektive, Versicherungsdetektive und Wirtschaftsdetektive – von einer kühlen Persönlichkeit. Ebenso haben die Kontrolleure der Gewerbeaufsicht, der Berufsgenossenschaft oder der Bauaufsicht und auch die Analysten, Wirtschaftsprüfer, Mitarbeiter der Rechnungsprüfungsbehörden und im betrieblichen Rechnungswesen oder Leute, die mit Lagerbuchhaltung zu tun haben, großen Nutzen von einer kühlen Persönlichkeit. Es ist interessant, dass es bei wissenschaftlichen Forschungsaufgaben, vor allem solchen, bei denen persönliche Gefühle außen vor bleiben und Menschen oder Tiere eher als Datenquellen denn als Individuen betrachtet werden müssen, vorteilhaft zu Buche schlägt, wenn sie von kühlen Persönlichkeiten durchgeführt werden.

Menschen mit einem Punktwert im mittleren Bereich richten sich in ihren Reaktionen viel eher nach der jeweiligen Situation. Sie entscheiden in der Regel von Fall zu Fall. Sie sind herzlich und entgegenkommend gegenüber Menschen, die sie gut kennen, und reserviert und kühler gegenüber Fremden. Menschen mit einem hohen Punktwert für Warmherzigkeit werden eine für sie neue Situation mit Freundlichkeit, kühle Menschen werden sie mit Reserviertheit und Distanziertheit angehen. Menschen mit einem Punktwert im mittleren Bereich reagieren weitgehend nach der Devise: «Wie man in den Wald hineinruft, so schallt es wieder heraus.» Wenn man ihnen mit Freundlichkeit begegnet, werden sie darauf mit Freundlichkeit antworten, wenn ihnen jedoch gleich von vornherein eine kühle Behandlung entgegenschlägt, werden sie sich in dieser konkreten Situation ihrerseits auf eine kühle Strategie verlegen.

Menschen mit einem Punktwert im mittleren Bereich wirken unter Umständen ein wenig sprunghaft und unberechenbar, denn einmal reagieren sie mit Optimismus und Bonhomie, ein andermal wieder mit Pessimismus und Indifferenz, die fast wie Desinteresse wirkt. Dieses wechselhafte Verhalten hat auch einen positiven Aspekt: Diese Menschen neigen sehr viel weniger zu extremen Stimmungslagen und Handlungsweisen als Menschen mit einem sehr hohen oder sehr niedrigen Punktwert für Warmherzigkeit. Selbst in ihren kühlsten Momenten lassen sich durchschnittlich warmherzige Menschen dazu bewegen, anderen zu helfen oder sie wenigstens nicht unnötigerweise zu verletzen. Und umgekehrt: In den Zeiten, wo sie am freundlichsten und hilfsbereitesten sind, behalten diese Menschen trotzdem die Situation im Auge und bewahren einen Rest von Distanz, der ihnen jederzeit sicherzustellen erlaubt, sich in ihrem Verhalten nach den jeweiligen Umständen zu richten.

Warmherzigkeit ist eine wichtige Persönlichkeitsdimension bei der Bestimmung der Hunde, die wir lieben oder hassen. Tabelle 4 zeigt, welche Hundegruppe auf welchem Warmherzigkeitsniveau die bevorzugte ist. Denken Sie daran, dass Sie am Ende des Buches eine Auflistung sämtlicher in den neuen Großgruppen zusammengefasster Hunderassen finden.

Warmherzigkeit ist eine Persönlichkeitsdimension, in der die Geschlechter sehr stark divergieren, was in unserem Zusammenhang bedeutet, dass Männer und Frauen auf gleichem Warmherzigkeitsniveau recht unterschiedliche Rassen bevorzugen.

Tabelle 4

Bevorzugung von Hundegruppen nach Maßgabe von Geschlechtszugehörigkeit und Warmherzigkeit

Punktwert für Warmherzigkeit	Hundegruppen für Frauen	Hundegruppen für Männer
hoch	wachsame Hunde	intelligente Hunde
	freundliche Hunde	freundliche Hunde
mittel	eigenwillige Hunde	wachsame Hunde
	intelligente Hunde	eigenwillige Hunde
niedrig	selbstbewusste Hunde	ruhige Hunde
	ruhige Hunde	ausgeglichene Hunde

Jimmy und Beau

Das Bild, das sich die Öffentlichkeit vom Charakter eines Schauspielers oder einer Schauspielerin macht, hat mit der Wirklichkeit oft wenig zu tun. Viele Filmvamps entpuppen sich in ihrem Privatleben als ganz bescheidene, zurückhaltende Frauen, und viele Filmhelden erweisen sich zu Hause als ganz gewöhnliche Menschen. Ein Schauspieler, dessen Filmrollen seiner wirklichen Persönlichkeit nahe kommen, ist Jimmy Stewart. Für das American Film Institute ist James Stewart «bei den Kinogängern so beliebt, dass sie ihn ‹Jimmy› nennen, als wäre er ein Familienmitglied».

Die Rollen, mit denen man Stewart identifiziert, sind in der Regel ganz gewöhnliche Menschen, die sich trotz widriger Umstände im Leben durchsetzen, und das mit Anstand und Würde und einer großen Portion Herzlichkeit. Das sind die Haupteigenschaften der Personen, die er in seinen frühen Filmen *Lebenskünstler, Mr. Smith geht nach Washington* und *Die Nacht vor der Hochzeit* (für den er den Oscar bekam) unter der Regie von Frank Capra verkörperte. Solche Rollen spielte er auch später wieder, nachdem er aus dem Zweiten Weltkrieg als ein wirklicher Held zurückgekommen war. Selbst in Thrillern wie Hitchcocks *Das Fenster zum Hof* und *Der Mann, der zu viel wusste* oder Otto Premingers *Anatomie eines Mordes* war hinter der Rolle seine warmherzige reale Person zu spüren. Jimmy Stewart wurde 1908 in seinem Elternhaus in Indiana, Pennsylvania, geboren, einer Stadt, die für sich als «Welthauptstadt des Weihnachtsbaums» warb. Er und seine zwei Schwestern wuchsen in einer liebevollen Familie auf, und vielleicht hat diese harmonische Jugend seine Liebenswürdigkeit und Warmherzigkeit noch verstärkt. Stewart war offenbar ein sehr heller Kopf und bestand sein Examen nach dem Architekturstudium in Princeton mit Auszeichnung. Unglücklicherweise schrieb man das Jahr 1932.

Die Vereinigten Staaten befanden sich mitten in der Großen Depression, und es gab wenig Geld für neue Bauten und wenig Arbeit für junge Architekten. Stewart war aber ein vorzüglicher Akkordeonspieler, was letztlich seinen Lebensweg bestimmte. Am Tag seines Examens lernte er zufällig Joshua Logan kennen, der ebenfalls in Princeton studiert hatte und später ein namhafter Filmproduzent werden sollte. Logan lud Stewart ein, sich den University Players in Falmouth, Massachusetts, als «gastierender Akkordeonspieler» anzuschließen. Er ist nie mehr zur Architektur zurückgekehrt.

Als die Show, bei der Stewart mitwirkte, an den Broadway ging, ging Jimmy mit, und damit stand sein Berufsweg fest. Im Privatleben musste er sich ein Zimmer mit Henry Fonda teilen, und darüber hinaus teilten sie auch den Traum, Filmschauspieler zu werden. Stewarts Schauspielerlaufbahn erfuhr nur ein einziges Mal eine Unterbrechung, und zwar als er sich im Zweiten Weltkrieg freiwillig zur Luftwaffe meldete, bei der er als einsatzleitender Pilot an zwanzig Kampfbomber-Angriffsflügen teilnahm. Nach seiner Beförderung zum Staffelkommandeur wurde er Offizier im Führungsstab und später Stabsführer seines Kampfgeschwaders im Range eines Colonels. Die Rolle, die er in seinem ersten Film nach dem Krieg spielte, kommt dem Menschen, der er im wirklichen Leben war, am nächsten. Es ist Frank Capras *Ist das Leben nicht schön?*, inzwischen ein Weihnachtsklassiker, in dem Stewart den guten, warmherzigen Idealisten George Bailey spielt, der sich mit dem Gedanken trägt, Selbstmord zu begehen, weil er in finanziellen Schwierigkeiten ist und sich für einen Versager hält. Mit der Unterstützung eines Engels kommt er zu der Einsicht, wie sehr er gebraucht und geliebt wird und wie wichtig er für seine Familie und seine Mitmenschen ist.

Stewart heiratete Gloria Hatrick McLean. Zum Zeitpunkt ihrer Hochzeit hatte sie schon zwei Söhne aus einer früheren Ehe, und sie und Stewart bekamen später noch ein Zwillingspaar, zwei Mädchen. Stewart war allen vier Kindern ein warmherziger, liebevoller Vater. Er und Gloria blieben einundvierzig Jahre, bis zu Glorias Tod, glücklich verheiratet. Sie lebten die ganze Zeit in ein und demselben Haus in Hollywood. Stewart unterstützte die Arbeit seiner Kirche und karitativer Einrichtungen und nahm sich trotz starker beruflicher Inanspruchnahme die Zeit, im Spendenbeschaffungskomitee seiner Kirche den Vorsitz zu führen. Er hatte eine Reihe besonderer Vorlieben für bestimmte Orte oder Organisationen, wie zum Beispiel die Pfadfinderbewegung. Obwohl er dezidierte politische Ansichten hatte, achtete er sorgfältig darauf, dass sie sich nicht auf seine Arbeit oder auf seine Beziehung zu seiner Familie oder Freunden auswirkten. Bei jeder Gelegenheit offenbarte sich seine Leutseligkeit. Man konnte sich darauf verlassen, dass er bei Wohltätigkeitsveranstaltungen aller Art erschien, in der Regel mit Gloria an seiner Seite. Er flog sogar quer durchs Land, nur um seine Heimatstadt in Pennsylvania zu bestimmten Anlässen zu besuchen.

Stewarts Warmherzigkeit war bemerkenswert in einem Beruf, in dem die Menschen nicht selten kühl, abweisend, ja sogar arrogant sind. Sein Haus lag an der Route, auf der viele Touristenbusse ihre Klientel an den Häusern der Hollywoodstars vorbeikarrten. Anders als viele Filmstars, die sich ständig über dieses Eindringen in ihre Privatsphäre ärgerten, zeigte Stewart überhaupt keine derart negativen Gefühle. Wenn er zufällig vor dem Haus und von der Straße aus zu sehen war, wenn ein Bus vorüberfuhr, lächelte er freundlich und winkte den erstaunten, beseligten Gaffern lässig zu.

Die Tatsache, dass Stewart die Hunde aus der Großgruppe der Freundlichen Hunde bevorzugte, passt sehr gut zu seiner warmherzigen Persönlichkeit. Genau gesagt, war der Golden Retriever die Rasse, die er am liebsten mochte. Er hatte mehrere davon im Laufe seines Lebens, und er hatte sie schrecklich gern. Als ich mich vor ein paar Jahren auf einer Lesereise befand, hatte ich einmal Gelegenheit, Jimmy-Stewart kennen zu lernen. Er war nicht mehr der junge Charles-Lindbergh-Typ, an den ich mich aus dem Film *Mein Flug über den Ozean* erinnerte, und er war auch nicht mehr die Idealbesetzung für den schlaksigen jugendlichen Helden in *Der Mann, der Liberty Valance erschoss*. Man sah ihm sein Alter allmählich an, und er wirkte fast zerbrechlich. Er bewegte sich langsam, und er sprach auch langsamer als in seinen Filmen. Als er aber auf seine Hunde zu sprechen kam, trat ein Lächeln auf sein Gesicht, und er wurde lebhafter. Er sagte mir:

«Als ich Gloria heiratete, hatte sie bereits einen Deutschen Schäferhund mit Namen Bello. Er liebte Gloria sehr, und nach einer Weile kamen er und ich gut miteinander aus. Gloria hatte Deutsche Schäferhunde tatsächlich am allerliebsten, trotzdem kam sie einige Zeit, nachdem wir unseren zweiten Schäferhund verloren hatten, zu dem Schluss, dass der Schäferhund nicht die richtige Rasse für mich war. Jedenfalls ist sie losgegangen und hat mir diesen Golden Retriever mit Namen Simba gekauft, und seitdem gab's für mich nur noch Golden Retriever.

Wir haben jetzt sogar drei Hunde. Kelly und Judy sind Golden Retriever, und dann gibt's da noch Princess, einen Mischling, den meine Tochter irgendwo aufgelesen hat und dem wir, wenn man so will, das Leben gerettet haben. Princess hatte Verhaltensstörungen, und ich glaube, dass Kelly und Judy einige von ihren schlechten Angewohnheiten übernommen haben – sie haben wohl gedacht, wenn Princess damit durchkäme, täten sie's auch. Wir hatten Matthew Margolis kennen gelernt [Koautor einer Reihe guter Bücher über die Ausbildung von Hunden, zum Beispiel *When Good Dogs Do Bad Things*, zusammen mit Mordecai Siegal], und Gloria mochte ihn. Er leitet das National Institute of Dog Training. Kelly und Judy gehorchten nicht. Sie hörten nicht auf unsere Kommandos, sprangen dauernd an uns hoch, bellten und zerrten an der Leine – sie imitierten beide wahrscheinlich einfach nur Princess. Nun, wie auch immer, Matthew sagte uns, dass er die Hunde sechs Wochen in seine Hundeschule mitnehmen müsse, um ihnen Mores beizubringen. Dass er sie in seinem Zwinger haben wollte, hatte etwas mit ‹Sozialisation› und solchen kynologischen Sachen zu tun. Das sollte ihre Überspanntheit und Übererregbarkeit abbauen helfen. Gloria und mir hat das zwar nicht gefallen, doch war sie der Meinung, dass irgendetwas geschehen musste. Na ja, das Ganze hat nur einen Tag gedauert. Wissen Sie, ich liebe mein Haus, aber ohne meine Hunde wirkt es wie eine Art Mausoleum. Ich hab zu Gloria gesagt: ‹Hol die Hunde nach Hause, ich halt's hier ohne sie nicht aus.› Wie auch immer, Matthew hat's dann mit einem Training bei uns im Haus versucht, aber es hat eigentlich nicht so gut hingehauen. Schließlich haben wir einen Kompromiss geschlossen. Wir haben die drei Hunde aufgeteilt und haben immer einen oder zwei von ihnen für kurze Zeit in die Hundeschule geschickt und haben dann doch noch einen oder zwei von ihnen bei uns zu Hause gehabt. Es hat mir trotzdem nicht gefallen, obwohl wir die Hunde an den Wochenenden in ihrer Schule besuchen durften. Gloria hat dauernd dort angerufen, um sich zu vergewissern, dass es ihnen gut ging – damit ich beruhigt war, nehme ich an.

In Wahrheit wollte ich wohl lieber einen glücklichen als einen abgerichteten Hund. Meine Hunde sind nie gut gewesen in so Sachen wie ‹Sitz›, ‹Platz› oder auch ‹Komm›. Wahrscheinlich haben wir schon ein paar Touristen zum Lachen gebracht, wenn die Hunde plötzlich anfingen, heftig an der Leine zu ziehen, und Gloria die Straße entlang hinter sich herzerrten. Mir macht es noch nicht mal was aus, wenn die Hunde an mir hochspringen. Matthew hat uns gezeigt, wie wir an der Leine rucken mussten, um das abzustellen. Wahrscheinlich muss man das machen – ich meine, damit sie nicht mal jemanden umwerfen oder den Leuten die Kleider versauen –, es kommt mir aber irgendwie grausam vor. Wenn mein Hund an mir hochspringt, möchte er mich wahrscheinlich ins Gesicht küssen und mir sagen, wie nett er mich findet. Ich glaube nicht, dass man einen Hund dafür bestrafen sollte, dass er einem sagt: ‹Ich liebe dich.› Wenn dein Hund dich mit einem solchen Gesichtsausdruck ansieht, solltest du ihm sagen, dass du ihn genauso liebst.

Gloria hat mir gesagt, Matthew sei der Ansicht, wir bemutterten die Hunde zu sehr und dass sie deshalb nie wirklich gut abgerichtete Hunde sein würden. Trotzdem, sie sind jetzt viel besser als vorher, da muss doch ein Teil der Ausbildung gewirkt haben. Der Unterschied zwischen ‹passabel ausgebildet› und ‹vorzüglich ausgebildet› ist mir wirklich egal. Ich hab mal einen Film mit Lassie gedreht. Wenn dieser Hund in Begeisterung geriet, sprang er wie verrückt um Rudd Weatherwax [Lassies Ausbilder] herum. Nun ist das der intelligenteste Hund der Welt. Wenn der am besten ausgebildete Hund der Welt herumspringen darf, um zu zeigen, wie glücklich er ist, dürfen meine Hunde das auch.

Ich gebe zu, dass es mir wirklich schwer fällt, ohne einen Hund bei mir im Schlafzimmer einzuschlafen. Das ist schon eine komische Sache. Ich hab mal einen Hund namens Beau gehabt. Der schlief immer in einer Ecke in meinem Schlafzimmer. Manchmal kam er aber nachts ins Bett gekrochen und legte sich mitten zwischen Gloria und mich. Ich weiß, dass ich ihn eigentlich hätte rausschmeißen müssen, aber das hab ich nicht getan. Er war ins Bett gekommen, weil er von mir den Kopf getätschelt haben wollte, und das tat ich dann auch jedes Mal. Aus irgendeinem Grund fühlte er sich glücklicher, wenn ich sein Fell berührte, und was mich selbst betraf, so schlief ich allein schon dadurch besser, dass er an mich geschmiegt neben mir lag. Als er tot war, hatte ich nachts noch oft das Gefühl, er käme zu mir ins

Bett und ich tätschelte ihm den Kopf. Dieses Gefühl war so lebensecht, dass ich einmal ein Gedicht darüber geschrieben habe und auch darüber, wie sehr es schmerzt zu wissen, dass er nie wieder da sein wird.»[1]

Jimmy Stewart schwieg und starrte einen Augenblick gedankenverloren in die Ferne. Die Warmherzigkeit dieses Menschen war die ganze Zeit über, die er mit mir sprach, zu spüren gewesen, so wie es jetzt die Liebe war, die er für einen seit langem toten Hund empfand.

Ich erfuhr später, wie sehr Stewart Beau geliebt hat. Stewart spielte in einem Film mit, dessen Außenaufnahmen in Arizona gedreht wurden. Eines Abends bekam er einen Anruf von seinem Tierarzt, einem Dr. Keagy, der ihm sagte, dass Beau sehr krank sei. Er hatte Probleme mit dem Atmen sowie große Schmerzen, und es war Dr. Keagy klar, dass er ihn nicht retten konnte. Der Tierarzt rief bei den Stewarts zu Hause an, um die Erlaubnis einzuholen, Beaus Leben schnell zu beenden. Stewarts Frau Gloria hatte gesagt, dass sie diese Entscheidung nicht treffen könne, da Beau Jimmys Hund sei.

«Ich kann Ihnen so nicht sagen, dass Sie ihn einschläfern sollen», sagte Stewart. «Nicht übers Telefon – nicht, ohne ihn zu sehen. Halten Sie ihn am Leben, und ich komme.»

Stewart galt immer als ein Schauspieler, mit dem man problemlos zusammenarbeiten konnte, einer, der keine übertriebenen Forderungen stellte. Deshalb war der Regisseur überrascht, als Stewart ihn bat, ihm ein paar Tage frei zu geben, damit er nach Hause fliegen und seinen Hund sehen konnte. Er bekam die Erlaubnis und saß lange bei Beau, bevor er die Entscheidung traf. Er gab später zu, dass er nach dem Verlassen der Tierarztpraxis erst einmal gut zehn Minuten in seinem Auto sitzen und sich die Tränen aus den Augen wischen musste, damit er in der Lage war, sicher nach Hause zu fahren.

Byron und Boatswain

Als ein Mensch mit einem niedrigen Punktwert in der Persönlichkeitsdimension Warmherzigkeit gibt man sich unter anderem auch durch die Unfähigkeit zu erkennen, zu anderen Menschen eine tief gehende, dauerhafte und enge Beziehung aufzubauen. Einem klassischen Beispiel für diesen Persönlichkeitstyp begegnen wir in dem begabten, aber zynischen und lieblosen Dichter George Gordon Byron.[2] Byron war der Sohn eines gut aussehenden, aber unzuverlässigen Seemanns, Captain John «Mad Jack» Byron, der das ganze Vermögen seiner Frau durchgebracht hatte. Da er starb, als sein Sohn erst drei Jahre alt war, konnte er seinen unsoliden Lebenswandel nicht an den zukünftigen Lord Byron weitergeben. Die einzige Hinterlassenschaft für seine Familie bestand in einer relativen Armut. Im Alter von zehn Jahren erbte Byron unerwartet nicht nur einen Titel, sondern auch das gesamte Hab und Gut seines Großonkels William, des Fünften Baron Byron. Zu den Besitzungen gehörte auch Newstead Abbey in Nottinghamshire, das die Byrons von Heinrich VIII. geschenkt bekommen hatten.

Byron war mit einem leicht verkrüppelten Fuß zur Welt gekommen und hinkte ein wenig beim Gehen. Er war in seiner Kindheit deswegen verspottet worden und schämte sich sein Leben lang der Missbildung. Einige seiner Biographen waren der Meinung, dass das einer der Gründe dafür war, warum er einen so niedrigen Punktwert auf der Warmherzigkeitsskala hatte und Distanz hielt, sobald er zu Rang und Reichtum gekommen war, die ihm das erlaubten. Andererseits wurde diese Missbildung dadurch wettgemacht, dass er ziemlich gut aussehend war und ein charmanter Gesellschafter sein konnte, wenn er wollte oder musste.

Zwar mangelte es Byron an Warmherzigkeit, es mangelte ihm aber nicht an Leidenschaft. Er hatte viele Affären, zeigte aber kaum Interesse an den Frauen, die darin verwickelt waren. Die meisten sexuellen Beziehungen, die er zu Frauen unterhielt, ergaben sich aus der Gunst der Umstände. Zum Beispiel: Durch die Popularität seiner Dichtungen und seinen aristokratischen Rang kam er in Berührung mit Lady Caroline Lamb, und auf diese intime Beziehung folgte eine weitere mit einer anderen bequem verfügbaren Dame der Gesellschaft namens Lady Oxford, die er bei verschiedenen Anlässen getroffen hatte. Als Nächstes kam dann Lady Frances Webster dran, die zufällig ein Faible für seine Arbeit hatte, und so weiter und so fort. Reichtum und herkömmliche Moral ließen ihn weitgehend kalt. Im Sommer 1813 benutzte Byron die häufigen Zusammentreffen mit seiner Halbschwester Augusta dazu, eine Affäre mit ihr anzufangen, ungeachtet der Tatsache, dass sie inzwischen mit Colonel George Leigh verheiratet war.

Da die Zahl und die Identität seiner Geliebten einen öffentlichen Skandal heraufzubeschwören drohten, versuchte Byron dem durch eine Heirat zu entgehen. Er machte Anne Isabella Milbanke einen Antrag, doch basierte diese Verbindung nicht auf Liebe, sie war lediglich eine Fluchtburg und das Mittel zum Zweck, ihm das Ansehen von Seriosität und Solidarität zu geben. Die Ehe dauerte nur zwei Jahre, aber immerhin lange genug, dass eine Tochter, Augusta Ada, aus ihr hervorging. Die Tatsache, dass er Vater wurde, erweckte in Baron keinerlei freundliche Gefühle. Nach ihrem ersten Lebensjahr sah er Augusta nie wieder.

Nach dem Scheitern seiner Ehe verließ Byron England, um nie mehr zurückzukehren. In Genf ließ er sich in der Nähe des Dichters Percy Bysshe Shelley nieder, der mit Mary Godwin, der Tochter William Godwins aus erster Ehe, durchgebrannt war. Godwins Stieftochter Claire Clairmont, die seine zweite Frau mit in die Ehe gebracht hatte, lebte mit den Shelleys zusammen. Typisch für Byron: Die Konstellation kam ihm sehr gelegen, und

Claire wurde das nächste Objekt seiner Begierde. Das Shelley-Trio fuhr nach England zurück, wo Claire am Ende des Sommers Byrons uneheliche Tochter Allegra zur Welt brachte. Byron empfand kaum mehr Zuneigung für diese Tochter als für die erste. Später sollte er sie in ein Kloster schicken, um sie loszuwerden.

Byron war nach Venedig weitergereist und hatte eine Affäre mit Marianna Segati, der Frau seines Vermieters. In Rom war Margarita Cogni, eine Bäckersfrau, seine nächste Gespielin. Dann begegnete er der Frau, bei der er spürte, dass sie in ihm Herzenswärme und Liebe würde entfachen können. Es war die Contessa Teresa Gamba Guiccioli, die erst neunzehn Jahre alt und schon mit einem Mann in den Fünfzigern verheiratet war. Byron folgte ihr nach Ravenna, und sie begleitete ihn später nach Venedig zurück. Diese «wahre Liebe» dauerte nur drei Jahre (was für Byron lang war). Seine Begeisterung für die griechischen Freiheitskämpfe lieferten ihm einen Vorwand, sie zu verlassen, und nur ein Jahr später zog er sich in Griechenland das Fieber zu, an dem er mit sechsunddreißig Jahren sterben sollte.

Zwar rechnet die Literaturgeschichtsschreibung Byron zu den Romantikern, doch ist für viele seiner Werke gerade das Fehlen jeglicher Gefühlstönung und romantischer Stimmung kennzeichnend. Sein berühmtestes Werk, *Don Juan*, ist im Grunde genommen eine zynische Satire. Sein zweites Hauptwerk, *Ritter Harolds Pilgerfahrt*, ist ein düsterer, freudloser Reisebericht.

In Anbetracht von Byrons Persönlichkeit überrascht es nicht, dass der Hund, den er am liebsten mochte, aus der Großgruppe der Ruhigen Hunde stammte. Dazu gehören unter anderem der Bernhardiner, die Bulldogge, der Berner Sennenhund und Byrons Hund, der Neufundländer. Er hieß Boatswain (was *bo's'n* ausgesprochen wurde). Er war ein Landseer Neufundländer, das heißt, er war, im Gegensatz zu den verbreiteteren einfarbig schwarzen Neufundländern, schwarzweiß.

Byron war ungefähr zwanzig Jahre alt, als er Boatswain bekam, und fasste eine echte Zuneigung zu dem Hund. Er beschloss, ihn nach Cambridge aufs College mitzunehmen. Byron stand schon damals in dem Ruf, ein wenig exzentrisch zu sein, trotzdem hielten es seine Kommilitonen vom Trinity College für inakzeptabel, mit einem Hund im Wohnheim zusammenzuleben. Als sie Boatswain aus Byrons Zimmern vertreiben wollten, ging der zum Gegenangriff über: Er präsentierte einen Tanzbär als Bewerber für einen Studienplatz. Die Presse fand, dass das sehr lustig war und möglicherweise etwas über die anderen Studenten der Universität aussagte, wenn der Bär als «der Beste und Klügste» von ihnen allen angepriesen wurde. Die Bewerbung des Bären wurde abgelehnt, Byrons Kommilitonen erkannten aber, dass ein weiterer Widerstand zu einer langen und für ihr Bild in der Öffentlichkeit möglicherweise wenig schmeichelhaften Kontroverse führen würde. Um das zu vermeiden, willigten sie ein, dass der Hund bleiben durfte.

Im Alter von nur fünf Jahren erlag Boatswain plötzlich einem Anfall. Sein früher Tod war ein schwerer Schlag für Byron, und er hat mehr über den Verlust seines Hundes als später über den Verlust seiner Mutter getrauert. Um den Schmerz über den Verlust zu lindern, gab Byron zweihundertsechzig Pfund Sterling (ein kleines Vermögen zur damaligen Zeit) für ein Mausoleum und einen Gedenkstein für Boatswain aus. Nicht nur der Hund sollte in dieser Gruft in Newstead Abbey begraben werden, sondern Byron verfügte, dass auch er selber an der Seite seines Hundes dort seine letzte Ruhe finden sollte, wenn seine Zeit gekommen war. Dieser Wunsch wurde anschließend förmlich in sein Testament aufgenommen. Er verfasste dann eine Inschrift für den Gedenkstein:

Nah diesem Ort
Ruhen die Überreste
von einem
Dem Schönheit eigen war
Ohne Eitelkeit
Stärke ohne Frechheit
Mut ohne Wildheit
Und alle Tugenden des Menschen
Ohne dessen Laster

Dies Lob, es wäre unsinnige Schmeichelei
Setzte man's als Inschrift über Menschenasche
Dient der Erinnerung nur als wohlverdientes Unterpfand
An «Boatswain», einen Hund,
Der, in Neufundland geboren
Im Mai 1803,
Gestorben ist in Newstead Abbey,
Den 18. Nov. 1808

Es folgen 26 gereimte Verse, in denen sich seine große Liebe zu seinem Hund ebenso spiegelt wie seine kalte, ja zynische Meinung über den Rest der Menschheit.

Nachdem Byron England verlassen hatte und bevor seine Dichtungen ihn finanziell sorgenfrei stellten, machte er große Schulden. Um sie bezahlen zu können, war er gezwungen, Newstead Abbey zu verkaufen, und deshalb konnte seinem Wunsch, neben seinem Hund begraben zu werden, nicht entsprochen werden. Byron hat nie wieder eine herzliche, liebevolle Beziehung zu einem Hund ausgebildet.

Selbst ein Mensch so kalt wie Byron ist zur Liebe fähig. Wenn nicht zu einem Menschen, so wenigstens zu einem Hund – vorausgesetzt, er hat sich den richtigen ausgesucht.

12

Passend für alle Größen

In den letzten vier Kapiteln habe ich mich hauptsächlich auf die Rassen konzentriert, die zu Menschen mit Extremwerten (hoch oder niedrig) für die interpersonalen Persönlichkeitseigenschaften passen. In gewisser Hinsicht sind diese extrem ausgeprägten Eigenschaften die Aspekte unserer Persönlichkeit, die uns unverwechselbar machen. Wenn Sie gebeten werden, jemanden zu charakterisieren, sagen Sie vielleicht: «Er ist eigentlich nur ein ganz gewöhnlicher, durchschnittlicher Mensch, außer, dass er …», und hier heben Sie eine seiner ausgeprägten Eigenschaften hervor, vielleicht, dass er so «warmherzig und liebevoll ist» oder «so ein Arbeitstier» oder «einen dominanten, bestimmenden Zug hat» oder «so intelligent ist». Mit anderen Worten, wir setzen voraus, dass bei den meisten Menschen Persönlichkeitsmerkmale in einem mittleren, durchschnittlichen Grad ausgeprägt sind, und unsere Aufmerksamkeit wird durch die Persönlichkeitsaspekte eines Menschen geweckt, die extrem ausgeprägt und deshalb charakteristisch sind.

Die meisten Menschen glauben, dass jemand, der bei der Bewertung einer Persönlichkeitseigenschaft im mittleren Bereich liegt, durchgängig Einstellungen und Verhaltensweisen mittlerer Lage zeigt. Zum Beispiel begegnet ein Mensch mit einem mittleren Wert auf der Warmherzigkeitsskala den meisten Menschen möglicherweise mit verhaltener Freundlichkeit, sprudelt nicht über von Liebe und Hilfsbereitschaft, brüskiert andere aber auch nicht oder zeigt offene Feindseligkeit gegen sie. Das ist ohne Frage ein mögliches Persönlichkeitsbild. Es ist jedoch tatsächlich die weniger verbreitete von zwei Arten, wie jemand mit einer mittleren Bewertung beim Test einer Persönlichkeitsdimension abschneiden kann.

Die verbreitetere Art, wie jemand beim Test einer Persönlichkeitsdimension mit einem Mittelwert abschneidet, besteht darin, dass er eine Anzahl extremer Verhaltensweisen, zugleich aber auch deren polaren Gegensatz, an den Tag legt, sodass sein Punktwert rein arithmetisch einen Mittelwert ergibt. So haben wir da zum Beispiel jemanden, der außergewöhnlich liebevoll und freundlich zu den Menschen ist, die er mag, und sehr feindselig und rachsüchtig gegenüber denen, die er nicht mag. Oder wir haben möglicherweise eine Person, die den Eindruck erweckt, jeden Tag sprunghaft ihr Verhalten zu ändern. An einem Tag ist sie freundlich und hilfsbereit, am nächsten kalt und lieblos. Wenn jedoch warmherziges und liebloses Verhalten sich die Waage halten, dann hat dieser Mensch ebenfalls einen Punktwert im mittleren Bereich für Warmherzigkeit.

Interessant an diesen «pendelnden» Persönlichkeiten ist unter anderem, dass ihr Verhalten nicht so unberechenbar ist, wie man vielleicht annimmt. Ihre Verhaltensweise ist oft eine unmittelbare Reaktion auf die gegebenen Umstände, was dafür spricht, dass Menschen mit einem Punktwert im mittleren Bereich für eine Persönlichkeitseigenschaft sehr empfindlich auf ihre Umgebung und das soziale Klima, das darin herrscht, reagieren. Diese Menschen sind nicht einfach nur Blätter im mutwilligen Wind ihrer Emotionen. Der Zusammenhang zwischen ihrer Verhaltensweise und den Umständen, die sie provozieren, ist oft ein durchaus schlüssiger, und nicht selten spiegelt ihr Verhalten nur dasjenige wider, mit dem sie sich konfrontiert sehen. Wenn sie zum Beispiel mit Menschen zusammen sind, die Vertrauen erwarten und vertrauensvoll handeln, werden Leute im mittleren oder Durchschnittsbereich darauf ihrerseits vertrauensvoll reagieren. Wenn ihnen von Leuten, die versuchen, die Situation zu kontrollieren, Misstrauen entgegenschlägt, werden sie ihr eigenes Misstrauen wachsen fühlen und ein Bedürfnis entwickeln, ihrerseits die Situation zu kontrollieren. In den meisten Situationen werden sie allerdings zunächst einmal Verhaltensweisen in mittlerer Lage und maßvollen Grades an den Tag legen.

Gibt es Hunde für Menschen, deren Persönlichkeitseigenschaften größtenteils im Mittelwert liegen? Die Antwort muss ja lauten, wenn wir uns an die Faustregel halten, dass jede Hundegroßgruppe, die den Messwerten eines Menschen auf unseren Persönlichkeitsskalen zweimal oder öfter zugeordnet wird, diesen Menschen einen passenden Hund zu bieten hat. Die meisten Menschen liegen mit einer oder mehreren ihrer Persönlichkeitseigenschaften im mittleren Bereich, und daher überrascht es nicht, dass die zu Mittelwertpersönlichkeiten, wenn man sie so nennen darf, passenden Hundegroßgruppen viele der populärsten Rassen einschließen.

Die Hundegroßgruppe, die sich für Menschen mit einer mittelmäßig ausgeprägten Persönlichkeitseigenschaft am häufigsten empfiehlt, ist die der Freundlichen Hunde. Sie ist in unseren vier Tabellen für Männer insgesamt dreimal und für Frauen insgesamt zweimal als empfehlenswert registriert. Sie umfasst unter anderen den Labrador-Retriever, den Golden Retriever und den Cocker-Spaniel, drei Rassen, die ständig unter den zehn beliebtesten in Nordamerika zu finden sind. Tatsächlich kommt ein kürzlich vorgelegter Bericht, in dem Statistiken aus vierzehn Ländern ausgewertet werden, sogar zu dem Ergebnis, dass «der Labrador-Retriever vielleicht die beliebteste Hunderasse der Welt ist». Die Freundlichen Hunde eignen sich prima für Männer und Frauen mit Punktwerten im mittleren Bereich.

Nicht so dagegen, wenn wir uns fragen, welche Hundegruppe für durchschnittliche Menschen an zweiter Stelle zu empfehlen ist: Hier ergibt sich bei den Frauen ein signifikant anderes Bild als bei den Männern. Für Frauen ist die beste Wahl offenbar die Gruppe der Intelligenten Hunde (taucht in zwei von unseren vier Tabellen als empfehlenswert auf). Hierher gehören der Pudel und der Deutsche Schäferhund, die Dauergäste auf der Liste der zehn beliebtesten Rassen sind. Außerdem erscheint für Frauen mit mittelmäßig ausgeprägten Persönlichkeitseigenschaften auf zwei von den vier Tabellen die Großgruppe der Ausgeglichenen Hunde als passend, zu denen der Dachshund, der Spitz und der Chihuahua (alle unter den zehn beliebtesten Rassen) gehören. Bei den Männern ist das Bild einfacher. Die einzige Hundegroßgruppe, die mehr als einmal für Männer empfohlen wird, ist die der Freundlichen Hunde, was sehr dafür spricht, dass diese Rassen der beste Tipp für durchschnittliche Männer sind. Alle anderen Gruppen werden jedoch einmal für Männer mit mittelmäßigen Persönlichkeitseigenschaften empfohlen. Das lässt sich in dem Sinne interpretieren, dass Männer mit Durchschnittspersönlichkeit womöglich für mehr Hunde eine gewisse Toleranz mitbringen, als es durchschnittliche Frauen tun. Frauen mit einer Durchschnittspersönlichkeit sind offenbar etwas wählerischer in Bezug auf die Hunderassen, die sie tolerieren, scheinen aber auch fähiger zu sein, eine enge Bindung zu den Rassen einzugehen, die sie mögen.

Zu den Hundegruppen, die am besten zu Menschen mit Punktwerten im mittleren Bereich passen, gehören acht der zehn beliebtesten Hunderassen. Ich erwähne diese Beliebtheitsstatistiken, weil Hundebesitzer dazu neigen, der Rasse treu zu bleiben, die am besten zu ihrem Lebensstil und ihrer Persönlichkeit passt. Und umgekehrt: Wenn Sie sich einen Hund einer Rasse angeschafft haben, mit dem Sie einfach nicht zurechtgekommen sind, werden Sie sich wahrscheinlich nie wieder einen Hund aus dieser Rasse auswählen. Zwar gibt es viele Faktoren dafür, dass die Beliebtheit einer Rasse für kurze Zeit stark zunimmt (man denke zum Beispiel an die Neufassung der Walt-Disney-Produktion *101 Dalmatiner*), generell können wir jedoch die Beliebtheit einer Rasse als ungefähren Maßstab dafür nehmen, wie gut sie die Bedürfnisse der meisten Menschen stillt. So kann man sagen: Würden Hunde in konfektionierten Größen und Ausführungen geliefert, würden die für Männer und Frauen empfohlenen Rassen der Freundlichen und die für Frauen empfohlenen Rassen der Intelligenten und der Ruhigen Großgruppe wahrscheinlich das Etikett tragen: «Passend für alle Größen.»

Viktorianische Hunde

Die meisten Menschen, die ins Licht der Öffentlichkeit gelangen, haben wenigstens ein paar hervorstechende oder extrem ausgeprägte Persönlichkeitseigenschaften. Das gilt vor allem für die Bereiche Unterhaltung, Politik und Kunst. Wir erwarten von unseren Politikern, dass sie dominant und immer Herr der Lage sind. Wir erwarten von unseren Schauspielern und Schauspielerinnen, dass sie extravertiert sind. Wir erwarten, dass Künstler wie Maler oder Musiker extreme Persönlichkeitseigenschaften haben, also übermäßig warmherzig oder übermäßig kühl sind. Diese Erwartungen erfüllen sich nicht selten, weil die Medien extrem ausgeprägte Persönlichkeitseigenschaften besonders interessant finden. Man darf erwarten, dass über Menschen mit extrem hohen Punktwerten für irgendwelche Eigenschaften eher in den Medien berichtet wird, und diese Berichterstattung vergrößert oft den Ruhm und den Bekanntheitsgrad des Betreffenden.

Trotzdem gibt es einige Möglichkeiten, wie Menschen mit ziemlich durchschnittlicher Persönlichkeit in den Brennpunkt des öffentlichen Interesses rücken. Es sind häufig Menschen mit besonderen Fähigkeiten, zum Beispiel Wissenschaftler, Erfinder, Lehrer, Physiker oder Ingenieure. Sie sind sonst meist ganz gewöhnliche Menschen, die ihre besonderen Fähigkeiten in die Lage versetzt, große Entdeckungen zu machen oder wichtige Projekte erfolgreich zu Ende zu führen. Andere finden aufgrund irgendwelcher zufälliger Umstände oder zeitgeschichtlicher Ereignisse Beachtung. Ein Beispiel dafür könnte zum Beispiel der Hauptmann sein, der den Einsatz einer Pioniereinheit bei einer Flutkatastrophe leitet, oder der Pilot, der mit einem Triebwerkschaden eine spektakuläre Notlandung hinlegt und dadurch ein paar hundert Menschenleben rettet. Diese Menschen geraten nicht wegen ihrer Persönlichkeitseigenschaften, sondern aus ganz anderen Gründen ins Rampenlicht.

Menschen mit einer ganz durchschnittlichen Persönlichkeit werden unter Umständen auch sehr bekannt, weil sie zu einer reichen oder mächtigen Familie gehören, und was sie selbst an Reichtum und Status besitzen, verdanken sie dieser Familienzugehörigkeit. Das gilt vor allem für solche Menschen, die dazu bestimmt sind, in Erbfolge einen Titel oder ein Amt zu übernehmen. Wenden wir uns einer gewöhnlichen, durchschnittlichen Person zu, die zum Wahrzeichen einer ganzen Epoche geworden ist und auch Hunde besaß.

Sie wurde am 24. Mai 1819 als Alexandrina Victoria im Kensington-Palast geboren und sollte es schließlich zu dem Titel Königin des Vereinigten Königreichs von Großbritannien und Irland und Kaiserin von Indien bringen.[1] Dass sie Königin werden sollte, wurde ihr nicht an der Wiege gesungen, es war einfach eine Kette unvorhergesehener Ereignisse, die schließlich dazu führte. Als George III. aufgrund einer Geisteskrankheit regierungsunfähig wurde, übernahm sein Sohn George IV. die Regentschaft für ihn und wurde später König. Unglücklicherweise starb 1817 die einzige Tochter Georges IV., Prinzessin Charlotte. Daraufhin begann ein Wettlauf zwischen den potenziellen Erzeugern des nächsten Herrschers von England. 1818 heirateten drei der Söhne Georges III., die Herzöge von Clarence, Kent und Cambridge, eiligst in dem Bemühen, die Thronfolge zu sichern. Edward, der Herzog von Kent, gewann den Wettlauf mit der Geburt Victorias im folgenden Jahr. Nach dem Tod ihres Vaters war Victoria immer noch nicht die erste Anwärterin auf den Thron, sie stand hinter dem Herzog von York und dem Herzog von Clarence an dritter Stelle in der Thronfolge. Der Herzog von York starb 1827, und der Herzog von Clarence bestieg schließlich als König William IV. den Thron. Hier hätte es mit Victorias Aussichten auf die Krone eigentlich aus und vorbei sein müssen, aber alle Nachkommen Williams IV. starben noch im Kleinkindalter. So war es auf eine Kette von Zufällen und nicht auf ihre Persönlichkeit und ihre Talente zurückzuführen, dass Victoria den Thron bestieg.

Im Bewusstsein der Allgemeinheit ist Königin Victoria eine strenge, dominierende, hypermoralische Frau, die gern die Fäden in der Hand hält. Ich war deshalb sehr überrascht, als vier Experten (drei Historiker und ein Politikwissenschaftler) sie bei allen vier Persönlichkeitsdimensionen als durchschnittlich eingestuft haben. Ich habe einen von ihnen angerufen, um mehr darüber zu erfahren, und er erklärte mir, dass Victoria sich zwar einerseits in denkwürdigen Einzelfällen extrem dominant und kontrollierend zeigte, dass dies aber andererseits aufgewogen wurde durch ebenso viele eindeutige Beispiele von Nachgiebigkeit und Fügsamkeit. «Es hat Momente gegeben, wo ihr Verhalten übertrieben oder der Situation unangemessen war», sagte er. «Aber diese Fälle waren nicht vorhersehbar, und ihr Verhalten war widersprüchlich. So hat sie zum Beispiel einmal öffentlich Tränen vergossen aus Mitleid mit der schlimmen Lage eines armen Arbeiters und seiner Familie. Andererseits sind zahlreiche Fälle überliefert, die ihr Gelegenheit boten, etwas für die mittellose Arbeiterklasse als ganze zu tun, sie aber einfach nicht reagierte oder es glatt ablehnte. Wahrscheinlich hätten wir ihr Verhalten die meiste Zeit für recht durchschnittlich und unauffällig gehalten, sieht man von dem mit dem Amt verbundenen Prunk ab. Einer ihrer Biographen bezeichnet Victoria als eine «gewöhnliche, durchschnittliche Hausfrau, die zufällig auf den Thron gekommen ist». Ein Blick auf Victorias Leben zeigt uns, dass er wahrscheinlich ganz Recht hat.

Sie war eine kleine Frau mit selbstbewusstem Auftreten und einer silberhellen Stimme in ihrer Jugend. Schon bald nach der Krönung heiratete Victoria ihren Cousin Albert von Sachsen-Coburg-Gotha. Sie hatte ihn seit seinem ersten Besuch in England nach und nach gut kennen gelernt und etwa vier Jahre lang mit ihm korrespondiert. Bei seinem neuerlichen Besuch am englischen Hof im Jahr 1839 war Victoria ganz fasziniert von seinem guten Aussehen und seinem Charme. Mit der Unterstützung ihres Onkels Leopold (des Königs von Belgien) machte Victoria Albert schon fünf Tage nach seiner Ankunft auf Schloss Windsor einen Heiratsantrag.

Victorias Liebe zu Albert verrät eine unglaubliche Warmherzigkeit und Leidenschaft. «Ohne ihn habe ich an allem kein Interesse», schrieb sie einmal. Im späteren Leben, nach Alberts Tod, unterhielt sie eine herzliche, freundschaftliche Beziehung zu dem Schotten John Brown, die sie trotz aller Gerüchte und gegen den Rat ihrer Minister nicht aufgab. Dagegen hatte sie zu ihren neun Kindern ein relativ kühles Verhältnis. Victorias Sekretär schrieb einmal: «Wird die Königin denn nie begreifen, dass ihr Einfluss auf ihre Kinder zehnmal größer ist, wenn sie freundlich zu ihnen ist und nicht versucht, wie ein Despot über sie zu herrschen?» Hier haben wir einige dieser gegensätzlichen, einander widersprechenden Verhaltensweisen.

Während der gemeinsamen Jahre mit Albert gab es viele Feste, und Victoria hat manchmal die ganze Nacht durchgetanzt. Sie hatte aber an zwangloser Geselligkeit im Grunde genommen keine so große Freude, wie man nach diesem Verhalten hätte erwarten können. Albert stellte fest, dass sie zuweilen bei ihren gesellschaftlichen Auftritten ein klares Schema in Form eines protokollarischen Rituals brauchte, das es ihr erlaubte, die anderen auf Distanz zu halten, wie er es ausdrückte: «Sie genoss das Hofzeremoniell, die Etikette und belanglose Formalien.» Als er diesen introvertierten Aspekt ihres Verhaltens erkannte, ermutigte Albert Victoria, die königlichen Residenzen Osborne auf der Isle of Wight und Balmoral Castle in Schottland zu bauen. An diesen Orten genoss sie die Ungestörtheit und das Privatleben, nahm aber auch Besucher freundlich auf, wenn sie kamen. Ganz offensichtlich haben wir es hier mit einem Menschen zu tun, der in puncto Extraversion im mittleren Bereich liegt.

Die Vorstellung von Victoria als einer eisernen, unbeugsamen Monarchin mit großem politischem Geschick ist sicherlich falsch, obwohl sie die äußeren Zeichen von Macht und Herrschaft zweifellos ebenso liebte wie das Hofzeremoniell. Premierminister Benjamin Disraeli sicherte sich mit einer Reihe ihr Herz erfreuender imperialistischer Aktionen für alle Zeiten ihre Gunst. Als es so aussah, als ob England im Begriff wäre, die Kontrolle über den Suezkanal an Frankreich zu verlieren, konnte Victoria die Aussicht auf diesen Macht- und Prestigeverlust nicht ertragen. Deshalb unterstützte sie einen brillanten Schachzug Disraelis, der dazu führte, dass er 1875 die Mehrheit der Suezkanalaktien für England erwarb. Und hinterher war sie entzückt, als er ihr den Kanal mit den Worten: «Die Sache ist erledigt; er gehört Ihnen, Ma'am» gleichsam zum persönlichen Geschenk machte. Noch mehr entzückte es Victoria, als Disraeli 1876 die Liste ihrer monarchischen Titel noch um den der «Kaiserin von Indien» erweiterte.

Falls nötig, war Victoria in der politischen Arena mitunter ganz schön durchsetzungsfähig und trickreich. Sie kannte die meisten bedeutenderen Persönlichkeiten der europäischen Aristokratie persönlich, weil sie und Albert auf irgendeine Art mit ihnen verwandt waren, und zudem, weil sie viele ihrer Kinder mit Abkömmlingen der einflussreichsten Familien Europas verheiratet hatte. Sie hielt es nicht für unter ihrer Würde, die Informationen und den Einfluss, die ihr aus diesen verwandtschaftlichen Beziehungen erwuchsen, dazu zu benutzen, politischen Druck auszuüben. Mitunter war Victoria in ihren politischen Manövern ganz geschickt. So leistete sie zum Beispiel wichtige Vermittlerdienste zwischen dem Ober- und dem Unterhaus beim Zustandekommen des Kompromisses, der das Parlamentsreformgesetz von 1884 ermöglichte.

Victoria war immer imagebewusst und veranstaltete in ihren persönlichen wie in ihren Familienbeziehungen oft die gleichen Machtspiele und Manipulationen wie in der Politik. In mancher Beziehung scheint sie in ihren machiavellistischen Tendenzen mit Richard Nixon zu konkurrieren. So nutzte sie zum Beispiel nach Alberts Tod ihren Glorienschein als Mutter, um ihrem Image als Königin neue Glanzlichter aufzusetzen. Zur Zeit ihres Goldenen Regierungsjubiläums versuchte sie ganz bewusst, ihr mütterliches Image einzusetzen, um der Öffentlichkeit mit allem Nachdruck klar zu machen, dass die Ehrerbietung gegenüber dem Monarchen eine ebenso heilige Pflicht sei wie die gegenüber einem liebenden Elternteil. Viele von Victorias Kindern sollten im Laufe der Jubiläumsfeierlichkeiten stellvertretend für sie öffentliche Reden halten, und sie bestand darauf, diese Reden vorher zu sehen und zu redigieren. Dann wies sie Ponsonby an, ihren Kindern ihre Wünsche mitzuteilen. Indem sie wie gewöhnlich von sich in der dritten Person sprach, hielt sie fest: «Die Königin billigt diese Antworten, wünscht jedoch, dass stets die Worte ‹meine liebe Mutter› eingefügt werden. Nicht nur bei dieser Gelegenheit, sondern immer. Wenn Sir Henry der Meinung ist, dass es sich an anderer Stelle besser ausnähme, kann er dahin gehend ändern. Die Königin wünscht jedoch, dass es niemals ausgelassen wird, wenn ihre Kinder sie bei Repräsentationspflichten vertreten.»

Bis jetzt habe ich das Bild eines dominanten, kontrollierenden Menschen gezeichnet, aber das ist nur die eine Seite der Medaille. Die Phasen von Victorias dominantem Verhalten dauerten nie sehr lange, und nicht selten verfiel sie anschließend in die völlig konträre Haltung grenzenloser Duldsamkeit und Willfährigkeit. So hatte sie zwar ursprünglich vorgehabt, Albert aus Regierungsangelegenheiten herauszuhalten, suchte jedoch schon bald bis ins kleinste Detail seinen Rat, bevor sie eine Entscheidung traf. Eine Biographie Alberts (von Daphne Bennett) trägt den Titel *König ohne Krone* und bestätigt seinen weitreichenden Einfluss auf alle Staatsaktionen Victorias. Sie übertrug den größten Teil der Macht und Kontrolle, die sie im täglichen Leben ausgeübt hatte, an Albert. Man erzählte sich, dass Victoria «kein Kleid anzog und keine Haube aufsetzte, wenn Albert nicht sein Einverständnis dazu gegeben hatte».

Nach Alberts Tod gewann Victoria trotzdem ihre Entscheidungsfähigkeit und die Kontrolle über ihr Leben nicht völlig zurück. In vielen Fällen sagte sie ausdrücklich, dass sie zu derselben Entscheidung zu gelangen suche, «die Albert unter diesen Umständen getroffen hätte». Es wurde oft bemerkt, dass der Prüfstein für die Wahrheit und Richtigkeit einer Entscheidung jetzt «die Meinung ihres Liebsten» war. Wie man sich denken kann, führte das mitunter zu merkwürdigen und unangemessenen Entscheidungen. Zwar mag sie die Ansichten, die Albert zu seinen Lebzeiten vertreten hat, gekannt haben, doch hatten sich die Umstände seither mehrfach geändert, und außerdem könnten Alberts Ansichten auf inzwischen längst überholten Prinzipien beruht haben. Nach Alberts Tod übertrug sie Disraeli leichten Herzens viele ihrer Machtbefugnisse, der das einfach nur mit den Worten akzeptierte, er betrachte es «als eine Freude und eine Pflicht, die Abwicklung der Geschäfte so zu gestalten, dass

Ihre Majestät entlastet wird». Er versicherte Victoria, dass das nur deshalb geschehe, weil sie ohnehin «sehr überarbeitet» sei, und die Königin ließ das bereitwillig gelten.

Zwar war Victoria hochgradig kontrollierend, was ihr Image und ihre Kinder betraf, sie war aber nicht ständig berechnend und damit beschäftigt, andere Menschen zu manipulieren, wie gern von ihr angenommen wird. Sie gab schließlich ihre Versuche auf, Einfluss auf ihre Premierminister Lord Palmerston und Lord Gladstone zu nehmen, obwohl sie die beiden Männer und die Politik, die sie vertraten, nicht mochte. Außerdem war Victoria strikt gegen den Gedanken einer «demokratischen Monarchie» und hatte überdies ein abgrundtiefes Misstrauen gegen den Gedanken einer Demokratie. Doch zeigte sie weder den Enthusiasmus noch die Fähigkeit, dagegen zu kämpfen, und so stellte sie fest, dass die politische Macht der Monarchie im Begriff war abzunehmen, als sich ihre Regentschaft dem Ende zuneigte.

Im Ganzen gesehen weist Victorias Persönlichkeitsprofil in keiner der vier Dimensionen charakteristische Extremwerte auf. Zwar kommt es bei einzelnen Persönlichkeitseigenschaften gelegentlich zu einem Ausreißer, der aber bei anderen, anders gelagerten Gelegenheiten aufgewogen wird durch einen extremen Ausschlag in die entgegengesetzte Richtung. Wie schon erwähnt, sind derart alternierende Verhaltensmuster typisch für Menschen, die auf unseren Tabellen im mittleren Bereich angesiedelt sind.

Wenn Victoria eine Persönlichkeit mit Werten im mittleren Bereich hatte, dann dürften wir eigentlich erwarten, dass sie Hunde aus der Großgruppe der Freundlichen Hunde mochte. Es zeigt sich, dass es tatsächlich so war. Victorias ständiger Begleiter und vielleicht einziger wirklicher Freund während ihrer Teenagerjahre war ihr Cavalier-King-Charles-Spaniel Dash (Abb. 12). Der Cavalier ist ein kleiner Toy-Spaniel mit einem federleichten Fell, dicht behaarten Spanielohren und einer stattlichen Fahne. Diese Hunde haben eine lange Geschichte, und eines der frühesten Zeugnisse des Cavalier-King-Charles-Spaniels findet sich auf dem im frühen 16. Jahrhundert entstandenen Bild der Venus von Urbino von Tizian, wo er am Fußende des Bettes sitzt. Die King-Charles-Spaniels haben eine weit zurückreichende Verbindung zum englischen Königshaus, waren sie doch die Lieblingshunde von König Charles II., der sie als Erster populär machte und ihnen auch den Namen gab. König Charles I. vor ihm und König Charles II. und der Herzog von Marlborough nach ihm hielten diese Hunde ebenfalls. Sie waren auch die Lieblingshunde von Maria Stuart, der unglückseligen Königin von Schottland.

Victoria liebte Dash von ganzem Herzen und erwähnte ihn oft in ihrem Tagebuch. Eine Eintragung aus dem Jahr 1833 lautet: «Ich habe den *lieben, süßen, kleinen Dash* nach dem Dinner umgezogen, in eine scharlachrote Jacke und eine blaue Hose.» (Die Hervorhebung stammt von Victoria.) Fünf Jahre später, am 28. Juni 1838, dem Tag ihrer Krönung, kam die frisch gebackene 19-jährige Königin nach den Krönungsfeierlichkeiten nach Hause, entledigte sich ihrer schweren königlichen Robe, raffte ihre Unterröcke und stürmte nach oben in ihr Zimmer, um sich Dash für sein allnachmittägliches Bad zu schnappen.

Ein halbes Jahr später berichtet ein anderer Eintrag von einem Zusammentreffen mit dem Premierminister Lord Melbourne. Gewandt, gebildet und äußerst freundlich und liebenswürdig im Umgang mit Victoria, war er ihr Privatsekretär und Mentor während der frühen Jahre ihrer Amtszeit. Es verband sie bald eine enge Freundschaft. Er war darum bemüht, ihr Selbstvertrauen zu stärken, ihre Begeisterung, Königin zu sein, mehr und mehr zu wecken und ihr das Einmaleins der Politik beizubringen. Die junge Königin schrieb in ihr Tagebuch: «Ich schickte nach Dashy, der nach Lord Melbournes Meinung krumme Beine hatte, was ich weit von mir wies! Wir stellten ihn [Dash] auf den

Tisch, und er wurde von Lord Melbourne ausgiebig getätschelt. Wir gaben ihm Tee, und Lord Melbourne sagte: ‹Ich wüsste gern, ob Schlappen ein angenehmes Gefühl ist› – denn wir kannten es ja nicht.»

Sir Edwin Landseer, der Maler und Bildhauer, der durch seine Darstellungen von Hunden in theatralischer Pose seinen größten Ruhm erlangen sollte, wurde aufgefordert, ein Porträt von Dash anzufertigen. Bilder von Dash, der in königlicher Haltung auf einem mit Troddeln verzierten Kissen saß, dienten den viktorianischen Frauen als Vorlage für ihre Stick- und Petit-Point-Arbeiten. Viele von diesen gestickten Kunstwerken kann man noch heute in Antiquitätenläden finden.

Als Dash starb, war Victoria sehr traurig. Sie teilte ein Stück des Schlossparks als Hundefriedhof ab und verfasste persönlich die Inschrift für den Grabstein.

> Hier ruht DASH, der Lieblingsspaniel von Königin Victoria,
> Auf deren Geheiß dieser Gedenkstein errichtet wurde.
> Er starb am 20. Dezember 1840, in seinem 9ten Lebensjahr.
> Seine Liebe war ohne Selbstsucht,
> Seine Fröhlichkeit ohne Arglist,
> Seine Treue ohne Falschheit.
> LESER, wenn du im Leben geliebt und nach dem Tode beweint werden willst, nimm dir an DASH ein Beispiel.

Nach der Hochzeit mit Victoria machte Albert sie mit der Hunderasse bekannt, die er bevorzugte. Seine Lieblingshunde waren die Greyhounds, die zur Großgruppe der eigenwilligen Hunde gehören. Das stimmt mit zwei von seinen Persönlichkeitseigenschaften überein: erstens seinem Mangel an Vertrauen (auf den seine Neigung zurückzuführen war, immer Herr der Lage zu sein, die die Wurzel seiner politischen Klugkeit war), und zweitens seiner Introvertiertheit. Er mochte ebenso verschiedene Terrierschläge, was sich aufgrund seiner hochgradiger Dominanz voraussagen ließ. Trotz ihrer großen Liebe und Achtung für Albert hat Victoria nie eine besondere Neigung für Greyhounds oder Terrier erkennen lassen. Sie tolerierte und respektierte diese Rassen, hat jedoch nie einen dieser Hunde für sich persönlich ausgewählt.

Victorias Zuneigung zu den Hunden aus der Großgruppe der Freundlichen Hunde hielt an. Obwohl sie nicht auf die Jagd ging, umgab sie sich mit einem Rudel von Retrievern. Die meisten davon waren Labrador-Retriever, die beliebtesten Hunde der Freundlichen Großgruppe, sie besaß aber auch einen Flat-Coated Retriever (ebenfalls in der Großgruppe der Freundlichen Hunde vertreten) und einige Mischlinge, Zufallskreuzungen, in der Regel mit ein bisschen Labrador darin.

Die zunehmende Popularität einer anderen Rasse aus der Großgruppe der Freundlichen Hunde, nämlich die des Collies, war mehr oder minder tatsächlich Victoria zu danken. Collies waren damals außerhalb von Schottland praktisch unbekannt, wo Victoria sie sah, wenn sie sich, wie es häufig geschah, ins Privatleben nach Schloss Balmoral zurückzog. Ein Colliezüchter brachte es auf den folgenden Punkt: «Wir verdanken es Königin Victoria, dass die Collies von der Weide ins Wohnzimmer geholt wurden. Ohne sie hätte es all die Lassie-Filme wohl nie gegeben.»

Victoria besaß mehrere Collies. Nach Alberts Tod pflegte ihr Liebling mit Namen Noble häufig mit ihr zusammen zu essen. Es war freilich nicht das zwanglose Essen, «der Mensch am Tisch, der Hundenapf am Boden». Noble wurde auf einen Stuhl gesetzt, der an den Tisch herangeschoben wurde. Ein flacher Teller wurde auf eine Leinenserviette hingestellt, und wenn Victoria aß, legte sie Stückchen von ihren Speisen auf seinen Teller, an denen er zierlich knabberte. Neben dem Teller stand eine Untertasse mit lauwarmem Tee, von dem er zwischen den einzelnen Bissen vorsichtig schlappte.

Als Victoria älter wurde, bevorzugte sie Hunde, die gut im Haus zu halten waren. Sie wählte nun ihre Hunde aus einer anderen Großgruppe aus, für die Frauen mit einer durchschnittlichen Persönlichkeit auch eine große Vorliebe haben, nämlich aus der der Ausgeglichenen Hunde. Für eine Rasse aus dieser Großgruppe entschied sie sich unter anderem zur Erinnerung an Albert. Albert liebte alles, was aus Deutschland kam, deshalb hielt sie zu seinem Angedenken mehrere Dachshunde. Ein anderer Hund aus der Gruppe der Ausgeglichenen Hunde, den Victoria besaß, war ein Pekinese, den sie geschenkt bekommen hatte. Diese Rasse war in der westlichen Welt praktisch unbekannt. Sie wurde in China exklusiv für die kaiserliche Familie und die Hocharistokratie gezüchtet, und es galt als ein strafwürdiges Vergehen, wenn sie ein normaler Sterblicher besaß, ganz davon zu schweigen, dass sie exportiert wurden.

Die kleinen Hunde aus der Großgruppe der Ausgeglichenen Hunde, die Victoria in ihrem späteren Leben am liebsten hatte, waren Spitze. Diese Hunde werden in Nordamerika im Volksmund häufig «Huskies» genannt. Sie haben ein keilförmiges Gesicht, spitze Ohren, einen buschigen Ringelschwanz und ein üppiges, seidenweiches Fell. Spitze sind heutzutage ziemlich klein und wiegen etwa zweieinviertel bis knapp über drei Kilogramm. Zur Zeit Victorias waren sie ziemlich viel größer (sie wogen bis zu dreizehneinhalb Kilogramm), aber die Königin war maßgeblich daran beteiligt, dass die kleinere Sorte bekannt und beliebt wurde.

Victoria war nicht das erste Mitglied der königlichen Familie, das Spitze besaß. Sie wurden von Prinzessin Charlotte Sophie von Mecklenburg-Strelitz in England eingeführt, die zu ihrer Vermählung mit Victorias Großvater, Georg III., nach Großbritannien gekommen war. Obwohl Spitze im Bereich des Palasts oft zu sehen waren, erweckten sie in der Öffentlichkeit kaum Interesse. Im Jahr 1888 fuhr Victoria nach Italien, um den Winter dort zu verbringen, und kaufte in Florenz vier Spitze, die allesamt ziemlich klein waren. Ein schwarzbrauner Spitz mit Namen Marco, der ausgewachsen nur zwölfeinhalb Kilo wog, wurde rasch ihr Liebling. Sie stellte ihn und Gina, eine Hündin, auf Cruffs renommierter, alljährlich in London stattfindender Hundeausstellung aus und gewann mit ihnen viele Prädikate und Championtitel. Die winzigen Spitze der Königin erregten ziemliches Aufsehen, und schon bald bemühten sich Züchter landauf, landab darum, kleinere Hunde zu züchten. Und schon bald gesellten sich zu Marco und Gina Beppo, Fluffy, Gilda, Lulu, Mino, Nino und andere Gefährten.

Am 22. Januar 1901, nach über dreiundsechzig Jahren auf dem Thron, lag Victoria im Sterben. Sie und die Ärzte wussten, dass dieser Tag höchstwahrscheinlich ihr letzter sein würde. Gestützt von einem Kissen, befahl Victoria, man solle ihr ihren derzeitigen Lieblingsspitz Turi bringen. Als der Hund hereinkam, klopfte sie mit der Hand leicht auf ihre Bettdecke, und eine ihrer Bedienerinnen setzte das Hündchen sachte an die von Victoria bezeichnete Stelle aufs Bett. Sie begann den Hund zu streicheln, und er kuschelte sich ganz dicht an sie. Victoria hielt einen Augenblick inne und sah sich um. «Hier haben noch mehr Hunde Platz», sagte sie. «Das Bett ist sehr groß.» Turi leckte ihr die Finger, und auf ihrem Gesicht erschien das verhaltene Lächeln, das ihren inneren Frieden verriet. Wenige Stunden später war Königin Victoria nicht mehr, die Monarchin, die in der Geschichte Englands am längsten regiert hat.

Elizabeth' Hunde

Als wollte es alle diejenigen widerlegen, die behaupten, dass sich die Geschichte nicht wiederholt, hob das Schicksal ein halbes Jahrhundert nach Victorias Tod eine junge Frau auf den

Thron, die viele Eigenschaften mit ihr teilt, unter anderem ihr Persönlichkeitsprofil und ihre Vorliebe für Hunde. Ihrem offiziellen Titel «Ihre Erhabenste Majestät, Elizabeth II., Königin des Vereinigten Königreichs von Großbritannien und Nordirland und ihrer anderen Reiche und Territorien, Haupt des Commonwealth und Defensor Fidei» fehlt nur Victorias Titel «Kaiserin von Indien», um die Analogie zu komplettieren.[2]

Wie Victoria war auch Elizabeth nicht von Kindheit an darauf vorbereitet worden, einmal den Thron zu besteigen. Als Nichte des Prinzen von Wales kam sie (genau wie Victoria) in der Anwartschaft auf den Thron erst an dritter Stelle. Hätten sich die Dinge nach allgemeiner Voraussicht entwickelt, wäre sie im Laufe der Jahre in der Warteliste der Thronfolge immer weiter abgestiegen. Elizabeth' Schicksal wurde im Jahr 1931 durch eine Zufallsbegegnung bei einer Geselligkeit endgültig entschieden, als der Prince of Wales (später König Edward VIII.) die Amerikanerin Mrs. Wallis Simpson kennen lernte. Fünf Jahre später, 1936, dankte er ab, und Elizabeth' Vater bestieg als König Georg VI. den Thron. Und so wurde Elizabeth Alexandra Mary Windsor, seine mutmaßliche Erbin, dazu bestimmt, ihrem Vater als Königin auf dem Thron zu folgen. Auch Elizabeth heiratete (wie Victoria) einen Cousin, den Kapitänleutnant Philip Mountbatten von der Royal Navy, ehemals Prinz Philip von Griechenland und Dänemark. Wie bei einer Person ihres Standes, ihrer öffentlichen Präsenz und ihres Reichtums nicht anders zu erwarten, hat es von Elizabeth eine Menge Charakter- und Persönlichkeitsanalysen gegeben. Viele davon sind zu dem Ergebnis gekommen, dass sie deshalb bemerkenswert ist, weil sie so durchschnittlich ist, und dass ihr auffälligster Zug ihre Unauffälligkeit ist. Elizabeth' Einstellungen und Verhaltensweisen sind denen der durchschnittlichen englischen Mittelstandsbürgerinnen sehr ähnlich, dazu gehört, dass sie ihr Abendbrot von einem Tablett einnimmt und sich dabei im Fernsehen eine Sitcom ansieht, wenn ihre Termine es ihr erlauben. Was ihre Persönlichkeit anbelangt, liegt Elizabeth laut vier Experten (drei Historikern und einem Politikwissenschaftler), die sie nach der IAPS bewertet haben, wie Victoria im mittleren Bereich. Sie ist allerdings zu diesen mittleren Werten auf eine andere Art gekommen. Während Victoria ihre Mittelwerte dadurch erzielte, dass sie zwischen gegensätzlichen Extremen hin und her pendelte, wird Elizabeth in allen vier Persönlichkeitsdimensionen auf der mittleren Ebene eingestuft, weil sie bei allem, was sie tut, eine ziemlich moderate, unspektakuläre Form wahrt.

Einige ihrer Biographen haben Elizabeth als ein wenig schüchtern beschrieben, was vielleicht darauf zurückzuführen ist, dass sie zu Hause unterrichtet wurde, statt der facettenreicheren Sozialisation, die der Schulunterricht bedeutet, ausgesetzt zu sein. Den größten Teil ihrer Ausbildung bekam sie von ihrer Mutter, die gelegentlich von Elizabeth' Vater und ihrer Großmutter, Königin Mary, unterstützt wurde. Was in diesen Darstellungen als Unsicherheit interpretiert wird, ist allerdings einfach nur die Tatsache, dass Elizabeth nicht so extravertiert, manipulierend oder dominant ist, wie man es von einem Menschen erwarten würde, der ein Amt innehat, bei dem Schaugepränge der Macht eine solche Rolle spielt. In den ersten Jahren ihrer Ehe überließ sie es gern ihrem Mann, Philip Mountbatten, damals Herzog von Edinburgh, bei inoffiziellen Anlässen die Rede zu halten; als ihr aber bedeutet wurde, die Leute erwarteten, dass die Königin und nicht ihr Mann im Vordergrund stehe, war deutlich zu erkennen, dass sie extravertiert und selbstsicher genug war, um dieser Pflicht nachzukommen.

Wie viele Menschen mit einem durchschnittlichen Persönlichkeitsprofil hat Elizabeth ein großes Bedürfnis nach Regelmäßigkeit und Systematik in ihrem Leben. Eine schablonierte Zeiteinteilung bewahrt sie vor Überraschungen und ermöglicht es ihr, jeder neuen Situation mit einer Reaktion mittlerer Intensität zu begegnen. Leider vermag sie die erwünschte Ordnung und Systematik der Natur der Sache nach nur in ihr eigenes Leben und ihre allernächste Umgebung hineinzutragen. Wie die Massenblätter genüsslich hervorheben, bewahren sie die Ordnungsschemata, die sie für sich geschaffen hat, nicht vor mutwilligen Peinlichkeiten von Familienmitgliedern beziehungsweise deren Frauen oder Exfrauen. Solche Vorfälle machen der Königin sehr zu schaffen, und sie kann damit wie die meisten Durchschnittsmenschen nicht sehr gut umgehen. Zum Beispiel kam Premierminister Harold Macmillan einmal nach Schloss Sandringham, dem Landsitz der englischen Königsfamilie. Er wurde vom Herzog von Gloucester begrüßt, der sich in heller Aufregung befand. «Gott sei Dank, dass Sie da sind, Herr Premierminister», sagte er. «Die Königin ist in einer schlimmen Verfassung; im Billardzimmer ist ein Bursche, der ihre Schwester [Prinzessin Margaret] heiraten will, und Prinz Philip ist in der Bibliothek und möchte seinen Nachnamen in Mountbatten ändern.» Elizabeth fand übrigens in beiden Fällen eine Kompromisslösung, wie man es in Anbetracht ihrer Persönlichkeit erwarten durfte. Sie erlaubte Prinzessin Margaret tatsächlich, Anthony Armstrong-Jones, einen Bürgerlichen, zu heiraten, und verlieh ihm den Titel Lord Snowdon. (Die Ehe endete mit einer Scheidung, der ersten von vielen Scheidungen in der Familie, mit denen Elizabeth leben muss.) Prinz Philip setzte seinen Willen in Bezug auf die Namensänderung nur teilweise durch. Alle Kinder Elizabeth', Prinz Charles, Prinzessin Anne, Prinz Andrew und Prinz Edward, heißen mit Nachnamen «von Windsor», Elizabeth schuf aber den mit Bindestrich geschriebenen Nachnamen Mountbatten-Windsor für die Nachkommen, die den Titel Prinz, Prinzessin oder Königliche Hoheit nicht tragen wollen.

Mit ihrem öffentlichen Auftreten wird Elizabeth ihrer Rolle als Monarchin gerecht. Sie stellt die protokollarisch geforderten Zeichen und Symbole ihres Standes und ihres Reichtums zur

Schau, wenn die Staatsangelegenheiten es von ihr verlangen, braucht diesen Prunk aber nicht in ihrem alltäglichen Leben, und das Bedürfnis nach Pomp und Machtausübung ist nicht Teil ihrer Persönlichkeit. Trotz ihres Reichtums (ihr Vermögen wird auf rund fünfzehn Millionen Pfund geschätzt) fährt sie in einem alten Landrover durch die Moore von Balmoral und trägt dabei sportliche Kleidung. Sie verwendet Stickperlen und Ziermünzen von abgelegten Abendkleidern aus Sparsamkeit wieder. Wenn sie nicht durch Staatsgeschäfte in Anspruch genommen ist, fährt sie über Land, macht Einkäufe, isst in Gasthäusern und besucht Pferde- und Hundezüchter. Die Begleitung, die Elizabeth gewöhnlich bei sich hat, ist ziemlich klein, und die Königin ist nicht darauf aus, erkannt und besonders behandelt zu werden. Als sie in Norfolk einmal in einen Teeladen ging, trat eine Frau auf sie zu und sagte zu ihr: «Entschuldigen Sie, aber Sie haben eine unheimliche Ähnlichkeit mit der Königin.» Elizabeth lächelte und sagte: «Wie beruhigend.»

Elizabeth hatte ursprünglich ziemlich bescheidene Erwartungen an ihr späteres Leben. Wie sie als Kind ihrem Reitlehrer anvertraute, wollte sie «einfach nur eine Dame sein, die mit vielen Hunden und Pferden auf dem Land lebt». Sie hat diese Ziele in mehrfacher Hinsicht erreicht. Wie man bei einer Frau mit Persönlichkeitseigenschaften im Mittelwert erwarten würde, mag Elizabeth Hunde aus der Großgruppe der Freundlichen Hunde. Genau wie einst Victoria besitzt sie mehrere Labrador-Retriever. Ein Dokumentarfilm über das Leben der Königin zeigt sie beim Spiel mit einem schwarzen Labrador; sie lächelt über das ganze Gesicht, während der Hund um sie herumspringt und sie vor Überschwänglichkeit fast umwirft. Ihre Retriever dürfen, wie diejenigen Victorias, nur selten mit in den Palast. Als Haushunde hatte sie – wieder wie Victoria – mehrere Dachshunde aus der Großgruppe der Ausgeglichenen Hunde, was wiederum auf eine durchschnittliche Persönlichkeit hindeutet. Es sind jedoch weder

Labrador-Retriever noch Dachshunde, die die Öffentlichkeit mit ihr in Verbindung bringt. Es ist vielmehr ihr Rudel Corgis, eine Rasse, die zur Großgruppe der Intelligenten Hunde gehört (Abb. 13). Diese Großgruppe ist, wie unsere Überlegungen gezeigt haben, die dritte, die sich für Frauen eignet, deren Punktwerte für die vier Persönlichkeitsdimensionen im mittleren Bereich liegen.

Eilzabeth hat sich ihren ersten Corgi nicht selbst ausgesucht. Als sie ein siebenjähriges kleines Mädchen und ihr Vater noch Herzog von York war, kaufte er ihr einen Pembroke-Welsh-Corgi-Welpen mit dem eindrucksvollen Namen Rozavel Golden Eagle. Elizabeth' Vater war der Meinung, dass der Hund einen guten Spielkameraden für sie und ihre Schwester Margaret abgeben würde. Er wurde ohne Frage ein guter Freund für Elizabeth und passte so gut zu ihrem Temperament, dass sie ihr Leben lang bis heute ein besonderes Interesse an dieser Rasse hat.

Corgis sind eine intelligente, interessante, lebhafte Hunderasse. Der Pembroke Welsh Corgi, den Elizabeth besonders mag, ist ein Gebrauchshund mit langem Rücken und kurzen Beinen, der auf den ersten Blick so wirkt, als ob der Kopf eine Nummer zu groß für den Körper wäre. Die Rasse ist höchstwahrscheinlich durch die Kreuzung einiger örtlicher Züchtungen mit dem Schipperke entstanden. Diese Hunde waren mit einer Gruppe flämischer Weber nach Wales gekommen, die König Heinrich I. 1107 ins Land geholt hatte. Der Pembroke Corgi hat große Stehohren, ein ausgeprägtes, fuchsähnliches Gesicht und einen kupierten Schwanz. Es sind relativ kleine Hunde, mit einer Schulterhöhe von dreißig Zentimetern im Stehen, sie haben aber für ihre geringe Größe das stattliche Gewicht von ungefähr zwölf Kilogramm. Als Hütehunde gezüchtet, treiben sie Rinder und Schafe an, indem sie sie in die Beine zwicken. Einige Hundeexperten behaupten, dass dieser genetisch verankerte Hang zum Beißen, um das zu erreichen, was sie wollen, möglicherweise außer Kontrolle geraten ist. Sie berichten, dass es heutzutage viele Corgis gibt, die nach allem und jedem schnappen, wenn sie sich auch nur im Geringsten gestört oder gereizt fühlen. Selbst die Königin trug tatsächlich eine schwere Bisswunde davon, als sie 1991 versuchte, eine Rauferei zwischen zwei von ihren Hunden zu beenden.

Die zweite Erklärung für die Bissigkeit der Corgis stammt nach der Volkssage von ihrer Herkunft. Dort heißt es, dass ein Geschwisterpaar die ersten beiden Corgis von Elfen geschenkt bekommen hat. Walisischen Sagen zufolge haben die Elfen die kleinen Hunde für dieselben Aufgaben verwendet, für die die Menschen Pferde benutzen. Sie zogen kleine Wagen oder dienten dem Völkchen als Reittiere, auf denen es in die Schlacht ritt. Es heißt, dass man, wenn man ganz genau hinsieht, vor allem an den Schultern der dunkel gefärbten Pembroke Corgis, die von der Elfenkavallerie besonders bevorzugt wurden, noch Abdrücke ihrer Sättel entdecken kann. Manche behaupten, dass sich der legendäre Ursprung der Rasse schon in ihrem Namen spiegele, da er eine Zusammensetzung aus dem walisischen Wort für Elf *(cor)* und dem walisischen Wort für Hund *(gi)* zu *Corgi*, «Hund der Elfen», sei. Die Lust der Hunde am Beißen soll darauf zurückzuführen sein, dass sie ein Geschenk der Elfen waren, denn es wird allgemein geglaubt, dass dieses Völkchen kein Geschenk macht, an dem nicht irgendein versteckter kleiner Haken ist. Auf diese Weise, so sagt man, ist der lustige kleine Gebrauchshund Corgi zu seinem unberechenbaren und gelegentlich auch unbeherrschten Wesen gekommen.

Als Elizabeth dann den Thron bestieg, bestanden die öffentlichen Pflichten der englischen Königin ausschließlich im Repräsentieren. Elizabeth besitzt jedoch ein stark ausgeprägtes Verantwortungsbewusstsein und fing bald an, täglich die Akten zu studieren und sich mit ihrem Premierminister zu beraten. Um 1960 herum, als Harold Macmillan Premierminister war, lernte er sie genau kennen. Er schrieb später über Elizabeth: «Sie liebt ihre Pflichten und möchte Königin und keine Marionette sein.»

Ihr Pflichtgefühl und ihr Verantwortungsbewusstsein erstreckten sich auch auf ihre Hunde. In der Regel hält sie etwa ein halbes Dutzend Corgis gleichzeitig im Palast. All diese «Haus»-Hunde sind Weibchen und haben Namen wie zum Beispiel Diamond, Spark, Phoenix, Myth, Fable, Pharos und Kelpie. Elizabeth besteht darauf, die Hunde eigenhändig zu versorgen. Das ergibt eine Mixtur von Gewöhnlichem und Exotischem à la *Alice im Wunderland*. Jeden Nachmittag, an dem sie zu Hause ist, bringt ein Diener ein silbernes Tablett herein mit einer Schüssel Hundeflocken, einer zweiten Schüssel Futterfleisch, einer vollen Sauciere und drei silbernen Löffeln. Diese Zutaten, gemischt nach dem Geschmack des jeweiligen Hundes, verteilt die Königin dann auf die Näpfe der einzelnen Corgis, wobei sie die Menge nach dem geschätzten Bedarf eines jeden bemisst. Anschließend macht sie die Schüsseln und die übrigen Gegenstände oft selbst wieder sauber.

Wie Victoria liebt Elizabeth ihre Hunde offenbar nicht nur zu ihren Lebzeiten, sondern auch nach ihrem Tod. Sie führte Victorias Gewohnheit fort, ihre Hunde im Schlosspark zu begraben. Wenn einer von Elizabeth' Hunden stirbt, wird er an einem Ort begraben, der speziell zum Hundefriedhof bestimmt wurde. Jedes Grab ist durch einen Grabstein mit dem Namen des Hundes gekennzeichnet. Einer ihrer Bediensteten beobachtete Elizabeth einmal an diesem Ort. «Ich weiß nicht, ob sie einen bestimmten Hund suchte», sagte er. «Als ich sie sah, ging sie einfach nur durch den kleinen Friedhof, las die Namen und blieb ab und zu vor einem Grab stehen. Sie bückte sich einmal, um einen der Gedenksteine zu berühren und etwas von ihm abzuwischen. Sie sah traurig und nachdenklich aus und ging schließlich wieder, ohne ein Wort zu sagen.» Der traurige Aspekt an dem glücklichen Umstand, dass wir eine Hunderasse gefunden haben, die hundertprozentig zu unserer Persönlichkeit passt, ist der, dass es so furchtbar wehtut, wenn ein solcher Hund uns verlässt.

13

Auf keinen Fall einen Hund

Zwar soll in diesem Buch vor allem gezeigt werden, wie man Persönlichkeit eines Menschen und eine bestimmte Hunderasse beziehungsweise Rassengroßgruppe aufeinander abstimmen kann, es stellt sich jedoch noch eine zweite grundsätzliche Frage Gibt es irgendwelche Wesenseigentümlichkeiten an einem Menschen, die darauf hindeuten, dass der Betreffende ohne Hund glücklicher ist? Diese Frage ist etwas schwieriger zu beantworten, als ich gedacht habe. Bei meiner Befragung äußerten die meisten Menschen, die mit einem Hund zusammenleben, den Wunsch, sich wieder einen Hund anzuschaffen, falls ihr Hund sterben sollte. Menschen, die früher einmal Hundebesitzer waren, zum Zeitpunkt meiner Befragung aber keinen Hund hatten, sagten auch, dass sie schrecklich gern wieder einen Hund hätten, und nannten oft eingeschränkte Lebensbedingungen (zum Beispiel eine Wohnung, in der keine Tierhaltung erlaubt war) als Grund dafür, dass sie derzeit keinen Hund besaßen. Insgesamt sechsundneunzig Prozent der Hundebesitzer beziehungsweise ehemaligen Hundebesitzer, die ich getestet habe, wollten nach wie vor einen Hund als Gefährten. Nun sagten zwar einige dieser Hundebesitzer, dass sie aufgrund irgendwelcher Probleme oder weil Herr und Hund nicht zueinander gepasst hatten, nicht wieder dieselbe Rasse oder dieselben Rassen haben wollten wie bisher, die meisten von ihnen wollten aber trotzdem wieder irgendeinen Hund haben. Das berechtigt zu der Vermutung, dass Menschen, die einmal einen Hund in ihr Leben aufgenommen haben, in den meisten Fällen eine starke Liebe für diese Tierart entwickeln, es geht wahrscheinlich nur darum, die richtige Rasse für sie zu finden. Unter den von mir befragten Personen waren aber 1564, die noch nie einen Hund (oder auch nur eine Katze) besessen hatten. Wir können uns einmal ansehen, wie sich ihr Persönlichkeitsprofil von dem der Hundebesitzer unterscheidet.

Wenn wir die Menschen ausnehmen, die aufgrund kultureller beziehungsweise religiöser Restriktionen oder aufgrund irgendwelcher Phobien nicht mit einem Haustier zusammenleben wollen, stellen wir fest, dass das Persönlichkeitsprofil von Nicht-Hundebesitzern bei Männern und Frauen relativ ähnlich ist. Allgemein gesagt, haben Nicht-Hundebesitzer ziemlich extreme Werte auf der Extraversions-, der Dominanz- und der Warmherzigkeitsskala. Die Vertrauensskala spielt in diesem Zusammenhang kaum eine Rolle. Zunächst einmal erreichen Nicht-Hundebesitzer nur einen extrem niedrigen Punktwert auf der Extraversionsskala, der deutlich weniger beträgt als der Grenzwert für Introvertiertheit (19). Die Frauen unter den Nicht-Hundebesitzern kommen voraussichtlich auf dreizehn oder weniger Punkte für Extraversion, die Männer dagegen auf zwölf oder weniger Punkte. Diese Menschen haben üblicherweise auch einen ziemlich hohen Wert auf der Dominanzskala; er liegt bei Frauen normalerweise bei sechsundzwanzig oder mehr Punkten und bei Männern bei neunundzwanzig oder mehr Punkten. Schließlich haben wir es bei diesem Persönlichkeitsprofil mit einem sehr niedrigen Punktwert auf der Warmherzigkeitsskala zu tun; er liegt für Frauen bei sechzehn oder weniger Punkten und bei Männern bei vierzehn oder weniger Punkten. Dieses hochgradig dominante, introvertierte, kalte Persönlichkeitsprofil deutet darauf hin, dass der typische Nicht-Hundebesitzer ein sehr dynamischer, dem Konkurrenzdenken verhafteter Mensch ist, der sich selbst Gesellschaft genug ist und kein großes Bedürfnis hat, unter Menschen zu gehen, es sei denn, dass es ihm persönliche Vorteile bringt. Er wird sich aller Voraussicht nach keine besondere Mühe geben, dass sich die Menschen in seiner Umgebung wohl und geliebt fühlen, und er wird sich auch keine besonderen Umstände machen, anderen zu helfen. Ein solches Persönlichkeitsprofil dürfte es diesen Menschen schwer machen, eine liebevolle Beziehung zu ihren Mitmenschen zu entwickeln und auf Dauer aufrechtzuerhalten.

Der Poet und der Pudel

Ein Beispiel für dieses Persönlichkeitsprofil haben wir in Johann Wolfgang von Goethe. 1749 geboren, war Goethe einer der Titanen in der Welt der Literatur und trat als Lyriker, Romancier, Dramatiker, Kritiker, Essayist und Journalist hervor. Goethe war nicht nur ein produktiver Schriftsteller – eine Gesamtausgabe seiner Werke erschien in hundertdreiundvierzig Bänden –, sondern er war auch Wissenschaftler, Theaterleiter und hoher Staatsbeamter bei Hofe. Sein Leben war jedoch voller Frustrationen, weil es ihm Schwierigkeiten machte, sich auf intime Beziehungen einzulassen. Goethe war zwar ein Genie, aber sein Liebesleben war ein sonderbares Durcheinander von glücklosen Neigungen zum falschen Objekt, die ihm nur wenig Freude und Zufriedenheit gewährten.

Als er fünfzehn Jahre alt war, entwickelte Goethe eine leidenschaftliche Liebe zu einer Kellnerin mit Namen Gretchen. Diese Beziehung existierte nur in seiner Phantasie und führte zur ersten von vielen Abfuhren und missglückten Beziehungen. Während seiner Leipziger Universitätsjahre schrieb Goethe eine Reihe Gedichte, die unter dem Titel *Annette* und *Neue Lieder* erschienen und von der Tochter des Weinhändlers inspiriert waren, bei dem er gewöhnlich seinen Mittagstisch hatte. Zwar war seine Leidenschaft groß genug, dass sie ihn zum Schreiben von Gedichten motivieren konnte, sie führte jedoch zu keiner persönlichen Beziehung. Das war offenbar das typische Verlaufsmuster für diese Komponente seines Gefühlslebens. Seine unerfüllte Liebe zu Käthchen Schönkopf inspirierte ihn zu seinen ersten beiden Dramen, führte aber nicht zu einer dauerhaften Zuneigung. Als Nächstes verliebte sich Goethe in Charlotte Buff, eine Frau, die für ihn als Verlobte eines seiner Freunde unerreichbar war. Als die Affäre leidigerweise nicht von der Stelle kam, verlegte Goethe sie aus der unbefriedigenden Realität in das Reich der Phantasie, indem er zum Ersatz für die Romanze, die ihm in der Wirklichkeit versagt war, den Roman *Die Leiden des jungen Werther* schrieb. Danach war er mit Lili Schönemann, der Tochter eines reichen Bankers, verlobt. Zwar resultiert das Gedicht *Auf dem See* aus dieser Beziehung, Goethe ließ die Verlobung aber einfach im Sande verlaufen, als er nach Weimar übersiedelte.

Seine nächste Leidenschaft galt Charlotte von Stein, der Frau des herzoglichen Stallmeisters Friedrich von Stein. Wieder haben wir es mit einer Romanze auf Distanz zu tun. Goethe schrieb Charlotte etwa eintausendfünfhundert Briefe, und aus ihnen erfahren wir, dass sie ihn lenkte, ihn die Vorzüge gesellschaftlicher Formen lehrte, seine Gedanken beherrschte und das Verlangen in ihm weckte. Doch sie bestand auf einer Beziehung, die sich den Sittlichkeits- und Schicklichkeitsvorschriften der Zeit unterwarf. Sie wollte Goethes Freundin oder auch seine «Schwester» sein, aber nicht mehr. Die Ausbeute dieser Beziehung bestand für Goethe in einigen Theaterstücken und lyrischen Gedichten, nicht aber in einer liebevollen Vertrautheit. Erst im Jahr 1806, als Goethe schon siebenundfünfzig Jahre alt war, heiratete Goethe schließlich Christiane Vulpius, die Tochter eines Amtsarchivars, und schuf sich dadurch das, was man ein ganz normales Familienleben nennen könnte.

Es gibt kein Zeugnis dafür, dass Goethe jemals in seinem Leben einen Hund besessen hat. In seinem gesamten umfangreichen Werk wird über Hunde kaum etwas gesagt. Wenn er sie überhaupt erwähnt, dann nur, um sich zu beklagen.

> Manche Töne sind mir Verdruss, doch bleibet am meisten
> Hundegebell mir verhasst; kläffend zerreißt es mein Ohr.
>
> *Römische Elegien XVII*

Goethes Abneigung gegen Hunde wurde in der Öffentlichkeit bekannt, als er 1817 das Amt des Weimarer Theaterintendanten niederlegte. Es gab damals einen sehr bekannten Schauspieler namens Karsten, der überall im Land mit einem Melodrama unter dem Titel *Der Hund des Aubry* gastiert hatte. Zusammen mit Karsten trat ein Pudel auf, der es inzwischen selber zu einiger Berühmtheit gebracht hatte. Als Herzog Carl August einer Aufführung am Weimarer Theater zustimmte, war Goethe zutiefst verärgert. Er legte aufgrund dieses «Affronts» sein Amt als Theaterleiter nieder.

Goethe unterstrich in seinem *Faust* seine ablehnende Haltung gegen Hunde. In dem Theaterstück verlässt der Gelehrte Faust seinen Elfenbeinturm, um sich auf die Suche nach dem Glück zu machen, von dem er meint, dass es ihm vorenthalten worden ist. Er schließt einen Pakt mit dem Teufel, der ihm daraufhin zu einer Liebesaffäre mit einem einfachen Mädchen namens Gretchen verhilft. Die ganze Geschichte geht aber schief, führt zum Tode des Mädchens und einer ganzen Reihe von Handlungen, die Faust selbst an den Rand eines totalen moralischen Niedergangs bringen. In Goethes Faust-Version ist es wahrscheinlich kein Zufall, dass Mephisto, der Teufel, sich entschließt, in der Gestalt eines schwarzen Pudels in Fausts Leben zu treten und Faust damit Gelegenheit zu geben, ihn eine «solche halbe Höllenbrut» zu nennen.

Hunde erleben ihr Waterloo

Als ein weiteres Beispiel könnte uns Napoleon Bonaparte, der große Feldherr und Kaiser von Frankreich, dienen.[1] Napoleon entspricht dem Schema unseres Hundehassers recht gut. Dominant, dynamisch und ehrgeizig, war er außerdem ziemlich verschlossen und vergrub sich häufig im Alleinsein, in dem er absolut keine Störung duldete. Zwar war er ein leidenschaftlicher Liebhaber und konnte als Freund oder Gönner großzügig und zuverlässig sein, er hatte aber oft Schwierigkeiten, anderen Menschen seine Zuneigung und Sympathie zu zeigen. Was unsere pelzigen Hausgenossen anbelangt, so bewies er eine gutmütige Duldsamkeit gegenüber Katzen, die er als einen eleganten Schmuck ansah, und er ließ seinen Hofmaler François Gérard ein Bild von sich im Sitzen mit einer Katze auf dem Schoß malen. Das geschah allerdings nur des künstlerischen Effekts wegen, und die Katze gehörte Gérard und nicht Napoleon. Für Hunde, vor allem die kleinen Begleithunde, die bei wohlhabenden aristokratischen Familien in Frankreich beliebt waren, zeigte er noch weniger Zuneigung oder Interesse.

Die Verhältnisse, unter denen Napoleon aufwuchs, formten ihn zu einer selbständigen, vorwärts drängenden, dominanten Persönlichkeit. Sein Vater Carlo beteiligte sich aktiv an der korsischen Unabhängigkeitsbewegung gegen Genua und verbrachte viel Zeit damit, durch die Berge zu reiten und sich von der genuesischen Armee beschießen zu lassen. Carlo lag mehr daran, seine Söhne mit der politischen Lage vertraut zu machen, als sie mit Haustieren spielen zu lassen. Napoleon, der als zweites von acht Kindern geboren wurde, wuchs in einem Haus auf, in dem es keinen Hund gab.

Napoleon war klein für sein Alter und begann in seiner Jugend, seine geringe Körpergröße durch ein reizbares, aufbrausendes Wesen zu kompensieren. Trotz seiner kleinen Statur entwickelte er sich zu einem ziemlichen Raufbold, gegen den sein Bruder Giuseppe, der größer und über ein Jahr älter war, häufig den Kürzeren zog. Sein hitziges Temperament und seine Neigung zur Aggressivität blieben ihm das ganze Leben lang erhalten (genau wie seine geringe Körpergröße).

Napoleon war noch ziemlich jung, als er in den Generalsrang erhoben wurde, und er stellte fest, dass die meisten Offiziere, die er befehligte, älter waren als er. Das bereitete ihm einiges Kopfzerbrechen. Er hatte schon immer ein wenig Schwierigkeiten im Umgang mit Autoritätspersonen und auch mit Untergebenen gehabt, die seinen Rang und seinen Status offenbar nicht anerkannten. Weil er das wusste, traf er eine «politische» Entscheidung, anstatt seinem Herzen zu folgen und sich eine Frau zu suchen, die er liebte, wie es ein warmherziger Mensch wahrscheinlich getan hätte. Es kam ihm der Gedanke, dass er, wenn er eine Frau heiratete, die älter war als er, im Vergleich mit ihr vielleicht selber älter und reifer wirkte und dadurch von seinen Offizieren möglicherweise etwas mehr respektiert werden und es auf die Weise im Umgang mit ihnen einfacher haben würde. Marie-Josèphe-Rose de Beauharnais, die Witwe eines guillotinierten Generals, schien aufgrund ihres Alters und ihres Reichtums die ideale Partie zu sein, deshalb begann Napoleon, ihr den Hof zu machen. Da er den Namen «Rose», bei dem sie gewöhnlich genannt wurde, nicht mochte, eröffnete er ihr kurzerhand, dass er sie in Zukunft Josephine nennen würde, und stellte sie von da an auch tatsächlich anderen unter diesem Namen vor, unter dem inzwischen alle Welt sie kennt – wir dürfen darin wohl eine beispielhafte Äußerung seiner dominanten und kontrollierenden Persönlichkeit sehen.

Josephine verbrachte die ersten fünfzehn Jahre ihres Lebens auf der kleinen Antilleninsel Martinique, einer französischen Kolonie. Sie war die älteste Tochter eines verarmten Adeligen, der eine Offiziersstelle bei der Marine innehatte. Im Jahr 1779 heiratete sie den jungen Offizier Alexandre, Vicomte de Beauharnais, und zog nach Paris. Sie hatte keine besonders bemerkenswerte Persönlichkeit. Sie war in ihrem Dominanzverhalten anscheinend ziemlich durchschnittlich, zeigte mitunter Anwandlungen von Eigensinn und Dickköpfigkeit und machte dann wieder einen überaus duldsamen, entgegenkommenden Eindruck. Gleich weit entfernt von dem «Hoppla-jetzt-komm-ich»-Gebaren des echten Extravertierten wie von der Gezwungenheit des extrem Introvertierten, fand sie sich in der großen Gesellschaft leidlich gut zurecht. Das Problem, das sie auf dem gesellschaftlichen Parkett hatte, bestand darin, dass sie nicht sehr vornehm war, und Alexandre schämte sich ihrer provinziellen Manieren. Deshalb hat sie nie Gelegenheit bekommen, am Hof von Marie Antoinette in Versailles vorgestellt zu werden.

Alexandre behandelte Josephine mit zunehmender Gleichgültigkeit, und schließlich setzte sie eine Trennung durch. Mit zwei Kindern, für die sie sorgen musste, und der ständigen Ungewissheit vor Augen, dass ihr der Unterhalt jederzeit gestrichen werden konnte, lebte sie mehrere Jahre in Paris und bemühte sich, die Manieren und die Praktiken der vornehmen Welt zu erlernen, um schließlich zu versuchen, die Zuneigung ihres Mannes zurückzugewinnen. Inzwischen schloss sich Alexandre 1889 der Französischen Revolution an. Als Führer der Rheinarmee wurde er der Mitschuld an der Übergabe von Mainz (23. Juli 1793) bezichtigt und hingerichtet. Für Josephine war die Heirat mit dem erfolgreichen jungen General Napoleon der endgültige Schritt in eine sichere Zukunft.

In Anbetracht von Josephines mittleren Werten für Dominanz und Extraversion überrascht es nicht, dass die Hunde, die sie bevorzugte, hauptsächlich aus der Großgruppe der Ausgeglichenen Hunde stammten. Eine besondere Vorliebe hatte sie für Zwergspaniels wie zum Beispiel den King-Charles-Spaniel, aber sie mochte auch Möpse, die ebenfalls zu dieser Großgruppe gehören. Es ist wahrscheinlich ihr King-Charles-Spaniel Fortune gewesen, der in Josephines Hochzeitsnacht das Bett mit ihr und Napoleon teilte. Napoleon kam zu ihr ins Bett und stieß in der ihm eigenen herrischen, unsensiblen Art, in der er mit Menschen und Tieren umging, den kleinen Hund zur Seite. Daraufhin biss der Hund den General in die Hand. Einigermaßen aus der Fassung gebracht, verlangte Napoleon von Josephine, den Hund aus dem Bett zu entfernen. Sie lehnte das mit der Begründung ab, dass im Bett genug Platz für sie beide sei.

Die Tatsache, dass ihm etwas so Belangloses wie ein Hund vorgezogen worden war, ärgerte Napoleon und brachte ihn auf. Es setzte ihm offenbar derart zu, dass er es verschiedenen Vertrauten gegenüber in Gesprächen immer wieder beiläufig erwähnte. Zwei Jahre später, im Jahr 1798, ließ Napoleon längs der ganzen Umfassungsmauer von Alexandria in Ägypten Hunde anketten. Er erklärte, dass die Hunde frühzeitig vor einem Überfall warnen und außerdem den Angreifern das Eindringen erschweren würden; und wenn dabei einige der Hunde draufgingen, sei das auch kein zu hoher Preis. In der Tat, sagte er, könne er sich einen Hund vorstellen, der genau in diesem Augenblick auf Josephines Bett schlief, den er mit Freuden an der Lanzenspitze eines Feindes baumeln sähe.

Vielleicht war es gerade die Verachtung, die Napoleon für Hunde im Allgemeinen empfand, die zu dem einen überlieferten positiven Bericht über einen Hund führte. Emmanuel, Graf de Las Cases, dem Napoleon 1815 während seines Exils auf der Insel Sankt Helena seine Memoiren diktierte, zeichnete Napoleons Erinnerung an die Nacht nach der Schlacht von Bassano bei seinem Italienfeldzug auf. Der General ging über das Schlachtfeld, das mit den Leichen derer bedeckt war, die erst ein paar Stunden zuvor gefallen waren. Er erinnerte sich folgendermaßen daran:

«Wir waren allein in der tiefen Einsamkeit einer schönen Mondnacht. Plötzlich sprang ein Hund unter dem Umhang eines Leichnams hervor. Er kam auf uns zugerannt, machte dann fast unverzüglich wieder kehrt, rannte zu seinem toten Herrn zurück und heulte dabei erbarmungswürdig. Er leckte das gefühllose Gesicht des Soldaten, dann kam er wieder zu uns gelaufen – er wiederholte das mehrere Male. Er wollte beides, Hilfe holen und Rache nehmen. Ich weiß nicht, ob es die Stimmung des Augenblicks war oder der Ort, oder die Zeit, oder der Vorgang selbst, oder was – eines ist jedenfalls sicher, nichts, was ich auf einem anderen Schlachtfeld gesehen habe, hat je einen ähnlichen Eindruck auf mich gemacht. Ich blieb unwillkürlich stehen, um mir das Schauspiel anzusehen. Dieser Mann, sagte ich zu mir, hatte vielleicht Freunde, im Lager, in seiner Kompanie – und hier liegt er, von allen verlassen, außer von seinem Hund. Welche Lehre erteilt uns die Natur durch ein Tier.

Welch sonderbar Ding ist doch der Mensch! Wie rätselhaft die Sprungfedern seines Gefühls! Ich hatte das Kommando in Schlachten geführt, die über das Schicksal ganzer Armeen entscheiden sollten, und hatte nichts empfunden. Ich hatte bei Kampfhandlungen zugesehen, die zwangsläufig viele von uns das Leben kosten mussten, und meine Augen waren trocken geblieben. Und plötzlich war ich zutiefst erschüttert, ganz außer mir, durch einen Hund, der vor Kummer heult!»

Es ist gut möglich, dass Napoleon in diesem Augenblick so empfand, weil ein Hund, ein Tier, für das er nur Verachtung übrig hatte, mehr Anstand und Treue zeigte als die Soldaten, die er so hoch schätzte. Vielleicht kam ihm das Erlebnis wieder ins Gedächtnis, weil ihm nur wenige Monate bevor er diese Passage diktierte, ein Hund das Leben gerettet hatte. Es geschah im Februar 1815, als Napoleon beschloss, sein freiwillig gewähltes Exil auf der Insel Elba zu verlassen. Dieser Aufbruch führte schließlich zur Landung in der Nähe von Cannes, zu seiner Rückkehr nach Paris, zu seiner verheerenden Niederlage bei Waterloo und zu seiner endgültigen Verbannung auf die Insel Sankt Helena. All diese Ereignisse, die innerhalb der nächsten hundert Tage stattfanden, hätte es vielleicht nie gegeben, denn als Napoleon Elba verließ, widerfuhr ihm ein ziemliches Missgeschick.

Während sich sein Schiff von Elba entfernte, stand Napoleon am Schanzkleid, um einen letzten Blick auf die Insel zu werfen. Das Boot stampfte, und die Planken waren rutschig. Wenige Augenblicke später bemerkten die Seeleute, dass Napoleon nicht mehr da war – er hatte das Gleichgewicht verloren und war ins Meer gestürzt. Er konnte nicht schwimmen und schlug wild um sich, als ihm ein Hund zu Hilfe kam. Es war ein großer, schwarzweißer Neufundländer, der seinem Herrn, einem Fischer, helfen musste, Leinen zu kleinen Booten zu ziehen und Fischnetze einzuholen. Der Hund schwamm sofort zu Napoleon und hielt seinen Kopf so lange über Wasser, bis die Besatzung das Schiff gewendet hatte und Napoleon zu Hilfe kam. Er schaffte es, wieder auf das Schiff zu kommen, und setzte den ihm vom Schicksal vorherbestimmten Weg fort. Der Hund, dessen Namen wir nicht kennen, kehrte offenbar wohlbehalten zu seinem Herrn zurück.

Bei dieser Geschichte stelle ich mir einen großen schwarzweißen Hund vor, der triefend nass am Ufer steht, den Blick aufs Meer gerichtet langsam den Schwanz hin und her bewegt und dem es vollkommen gleichgültig ist, dass er gerade einem der berühmtesten Hundeverächter aller Zeiten das Leben gerettet hat. Hunde müssen ihre Zuneigung zu Menschen nicht rational begründen – sie haben sie in ihrer DNA.

Wenn man an eine ausgleichende Gerechtigkeit oder die Vererbbarkeit von Erinnerungen glaubt, dann könnte man auch glauben, dass die Hunde die Kränkungen und Geringschätzungen nicht vergessen haben, die ihnen Kaiser Bonaparte früher einmal hat zuteil werden lassen. Es sieht ganz so aus, als ob ein Vertreter der Hunderasse schließlich an Napoleons Familie Rache genommen hätte, obwohl es lange gedauert hat, bis es dahin gekommen ist. Es geschah 1945, als der letzte, in Amerika lebende Spross der Bonapartes im Central Park in New York seinen Hund spazieren führte. Der Hund geriet über irgendetwas in Aufregung und rannte vor ihm quer über den Weg. Der letzte Bonaparte stolperte über die Hundeleine, stürzte schwer zu Boden und zog sich dabei Verletzungen zu, denen er schließlich erlag.

Harry hasst Mike

Ich habe bereits erwähnt, dass die meisten Präsidenten der Vereinigten Staaten Hundebesitzer gewesen sind. Es hat darunter aber einige Ausnahmen gegeben. Die meisten dieser Ausnahmen waren, zumindest was ihre Fähigkeiten als Politiker betraf, eher mediokre Gestalten, und die Geschichtsbücher tun sie in wenigen Zeilen ab. Dazu gehören James Polk, Franklin Pierce und Chester A. Arthur, von denen keiner etwas getan hat, das seinen Namen in das Gedächtnis der Nachwelt eingeprägt hätte. Man erinnert sich kaum mehr an die Politik dieser Präsidenten und vielleicht noch weniger an ihre Persönlichkeit, weil sie nicht im Mittelpunkt weltbewegender Ereignisse gestanden haben. Weil es an den erforderlichen Informationen mangelt und kein allgemeines Interesse an diesen Personen besteht, können wir sie aus der Liste unserer nützlichen Beispiele streichen.

Es gab jedoch einen allgemein bekannten Präsidenten, der eine deutliche Abneigung gegen Hunde hatte. Es war Harry S. Truman, der nach Franklin D. Roosevelts Tod die Präsidentschaft übernahm.[2] Er wird für einen der dominantesten Männer gehalten, die je das Präsidentenamt innehatten, und diese Neigung zeigte sich in seiner wohl überlegten Erweiterung der Machtbefugnisse des Präsidenten. Als Außenpolitiker in der Atmosphäre des Kalten Krieges stärkte er seine Autorität auf Kosten des Kongresses. Er schickte Truppen nach Korea, ohne vorher die Zustimmung des Kongresses eingeholt zu haben. Er schuf das National Security Council und die Central Intelligence Agency, die ihm als Nachrichten- und Informationsquelle dienten. Diese Dienste waren nur dem Präsidenten verantwortlich und vom Außenministerium wie vom Kongress unabhängig. Truman vergrößerte zudem den Mitarbeiterstab des Weißen Hauses und den Beamtenapparat des Exekutivbüros. Das Bureau of Budget des Präsidenten zog so viele Planungen an sich, die früher in der Kompetenz von Kongressausschüssen gelegen hatten. Per Saldo erweiterten diese Maßnahmen in beträchtlichem Umfang die Möglichkeiten Trumans und seiner Nachfolger im Präsidentenamt, sich, zumal auf außenpolitischem Gebiet, vom Gängelband des Kongresses zu lösen.

Trumans dominantes und aggressives Wesen war auch an der Art zu erkennen, wie er seine Autorität als Präsident ausübte. Während der Sitzungsperiode des 80. Kongresses, in dem die oppositionelle republikanische Partei die Mehrheit hatte, machte Truman fünfundsiebzigmal, öfter als alle Präsidenten vor oder nach ihm, von seinem Vetorecht als Präsident Gebrauch. Das führte dazu, dass während dieser Zeit praktisch kein Gesetzentwurf verabschiedet wurde außer dem Taft Hartley Act, der gegen Trumans Veto angenommen wurde.

Truman kultivierte mit Vorliebe das Image eines im Grunde herzlichen und kontaktfreudigen Menschen. Er wollte als Freund des einfachen Mannes gelten und hob immer wieder hervor, dass er früher «ein Farmer, der sein Land selber bebaut hat», und Kurzwarenhändler gewesen sei. Zu der Zeit aber, als er dieser Farmer war, hat ihn kein Mensch jemals in einer blauen Latzhose gesehen. Ein Verwandter von Truman berichtete, dass er mit einem Panamahut auf dem Kopf in einem Wagen gesessen und den Lohnarbeitern beim Pflügen zugesehen habe. Anschließend habe er eine «Nobelkarosse» aus der Scheune geholt (ein Stafford Cabrio, Baujahr 1911, mit einer messinggerahmten Windschutzscheibe und riesigen Prestolite-Scheinwerfern) und sei in die Stadt gefahren, um sich dort mit Politikern zu treffen, von denen er glaubte, dass sie seine Karriere fördern könnten. Und das taten sie ohne Zweifel. Mit der Unterstützung von Demokratenboss Tom Pendergast und anderen großstädtischen Königsmachern gelang Truman der Einstieg in die Politik, und er schaffte es von der Kreisverwaltung über den Senat bis ins Weiße Haus. Manche Biographen behaupten, dass Truman in seinem ganzen Erwachsenendasein praktisch kein einziges Mal Kontakt mit anderen Menschen suchte oder an einer gesellschaftlichen Veranstaltung teilnahm, ohne dass er dabei ein politisches Motiv gehabt oder auf einen handfesten Vorteil für sich spekuliert hätte.

Truman hielt engen Freunden entschieden die Treue, allerdings hatte er nicht sehr viele. Einige Historiker haben später geschrieben, dass Truman, geschickt darin, andere glauben zu machen, er sei herzlich und liebevoll, eigentlich ziemlich kalt war. Sie sagen, dass ihm die Sorgen anderer Menschen ziemlich gleichgültig waren, wenn es nicht in sein politisches Tagesprogramm passte, ihnen in irgendeiner Weise zu helfen. Einige Gelehrte sehen eine grundsätzliche Gefühlskälte in Trumans Unvermögen, auch nur das geringste Anzeichen von Bedauern erkennen zu lassen angesichts der vielen unschuldigen Zivilpersonen, die beim Abwurf der Atombomben auf Japan getötet wurden. Ähnlich wird gesagt, dass Trumans Position in der Rassenfrage eher auf den Druck der Umstände als auf eine emotionale Anteilnahme an den Problemen rassischer Minderheiten zurückzuführen war.

Trumans Wutanfälle waren legendär, und er wollte sich sofort rächen, wenn er sich auch nur im Geringsten gekränkt fühlte. Paul Hume, ein Musikkritiker der *Washington Post*, schrieb einmal eine Rezension über ein Konzert von Trumans Tochter Margaret. Hume schrieb, ihre Stimme sei «klanglos» und es verwundere ihn, dass die Leute ihre Konzerte weiterhin besuchten. Nachdem er das gelesen hatte, grub Truman das Kriegsbeil aus. Er schrieb einen Brief an Philip Graham, den Verleger der *Post*, der folgendermaßen begann: «Warum schmeißen Sie diesen griesgrämigen alten Kacker nicht raus und stellen einen Musikkritiker ein, der weiß, wovon er redet?» Er schrieb auch an Hume, drohte ihm gewisse Eingriffe in seine körperliche Unversehrtheit an und beleidigte ihn zudem in einer Weise, die seine Mutter in ein schlechtes Licht rückte.

Immer wenn jemand eine Meinungsverschiedenheit mit Truman hatte, wollte der sich nicht nur dafür rächen, sondern den anderen obendrein nicht selten auch noch demütigen. In einem Gespräch mit General Omar Bradley über General Douglas MacArthur (Truman entzog ihm das Kommando über die UNO-Streitkräfte in Korea) soll Truman gebrüllt haben: «Der Hurensohn soll mir nicht den Spaß verderben und zurücktreten, ich will, dass er gefeuert wird!» In ähnlich gehässiger Weise ließ er sich über einige andere Gegner aus – so nannte er zum Beispiel seinen Nachfolger im Präsidentenamt Dwight D. Eisenhower in einigen öffentlichen Äußerungen «einen verwöhnten, aufgeblasenen Ex-Militär» und dessen Vizepräsidenten Richard Nixon ein «Spatzengehirn».

Wenn wir uns darauf verlassen können, dass diese Darstellungen tatsächlich Trumans Persönlichkeit widerspiegeln, dann passt er zweifellos in die Kategorie Menschen, die mit einem Hund nicht glücklich sind. Die historischen Fakten bestätigen, dass es so ist. Truman war noch nicht sehr lange im Weißen Haus, als er einen Cocker-Spaniel namens Feller geschenkt bekam. Er stammte von einer Frau aus Missouri, die eine Anhängerin Trumans war und sich Gedanken darüber machte, dass der Präsident keinen «First Dog» hatte, der ihm Gesellschaft leistete. Sie hatte eine gute Wahl getroffen, und Feller war ein freundlicher, verspielter Hund. Trotzdem war Truman ganz und gar nicht glücklich über dieses Geschenk. Laut Presseberichten behandelte der Arzt des Weißen Hauses, Brigadegeneral Wallace Graham, ein Mitglied von Trumans Haushalt und spielte anschließend noch einen Moment mit Feller. Dabei ließ er die üblichen «Was-für-ein-niedliches-Hündchen»-Floskeln hören. Der Präsident sah sich die Szene mit derselben Verachtung an, die manche Leute möglicherweise für einen Menschen empfinden, der versucht, sich mit einer Formation Ameisen auf einem Picknicktisch anzufreunden.

«Gefällt er Ihnen?», fragte er.

«Ja. Er ist offenbar ein sehr freundliches Hündchen», gab General Graham zur Antwort.

«Sie können ihn haben, wenn Sie ihn wollen», sagte Truman.

Graham sah ein bisschen ratlos aus und brummte etwas wie: «Im Ernst, Herr Präsident? Sie haben ihn aber doch geschenkt bekommen.»

«Ich habe nicht um ihn gebeten, und ich brauche ihn nicht», erwiderte Truman. «Wenn er eine Weile hier bleibt, freunden sich die Leute mit ihm an, und dann wird es für mich umso schwieriger, ihn loszuwerden. Nehmen Sie ihn, wenn Sie ihn haben wollen.»

Und so bekam Feller ein neues Zuhause. Die Presse allerdings reagierte prompt. Ein Artikel erschien unter der Schlagzeile, die einige unserer heutigen Revolverblätter noch vor Neid erblassen ließen – «Harry, der Hartherzige, halftert Hund ab». Es folgte eine wahre Briefflut von Hundeliebhabern aus dem ganzen Land. Als Truman einen davon gelesen hatte, knüllte er ihn wütend zusammen und sagte ärgerlich zu einem Mitarbeiter in seiner Nähe: «Diese Hohlköpfe! Es geht sie doch einen Dreck an, was ich mit meinem Köter mache!»

Einige Mitglieder in Trumans Administration nahmen die negativen Presseberichte ernster und dachten laut darüber nach, ob man im Weißen Haus nicht doch einen Hund halten sollte, um das von Truman so gewünschte «Mann-aus-dem-Volk»-Image zu verstärken und die durch Fellers raschen Abgang ausgelöste Kritik zum Verstummen zu bringen. Robert Hannegan, der Postminister, kam zu dem Ergebnis, dass er die Lösung gefunden hatte, und wählte einen Irischen Setter-Welpen mit dem schönen, echt irischen Namen Mike aus. Der Welpe war angeblich ein Geschenk für Margaret Truman, aber Hannegan argumentierte, dass Mikes Anwesenheit im Weißen Haus dem Präsidenten die Möglichkeit geben würde, sich als ein warmherziger Mensch mit einer Familie und einem Hund zu zeigen und fotografieren zu lassen (Abb. 14). Es sollte anders kommen.

Was Hannegan nicht vorausgesehen hatte, war die Brisanz der Kombination von Trumans cholerischem Temperament mit der lang dauernden, ausgelassenen Welpenphase des Irischen Setters. Der junge Hund hüpfte munter an der Leine herum und versuchte, sich auf freundliche Weise mit den Gästen des Weißen Hauses bekannt zu machen, was dem Präsidenten geradezu «ein Dorn im Auge» war. Einen bedauerlichen «Unfall», bei dem ein antiker Teppich des Weißen Hauses verunziert wurde, quittierte er mit einem gereizten: «Müssen wir daneben stehen und zusehen, wie dieses schwachsinnige Tier das Eigentum des Volkes mutwillig zerstört?»

Margaret hatte den Hund wirklich gern und die Mitarbeiter des Weißen Hauses auch. Man achtete sorgsam darauf, dass Mike dem Präsidenten nicht unter die Augen kam, in der Hoffnung, dass Truman den Hund mit der Zeit, wenn auch nicht mögen, so doch wenigstens tolerieren würde. Unglücklicherweise verstanden weder die Trumans noch die Mitarbeiter des

Weißen Hauses viel von Hunden. Mikes gewöhnliches Essen bestand nur in rohem Fleisch. Außerdem fütterten ihn die Mitarbeiter und die Beamten des Sicherheitsdienstes ab und zu mit Süßigkeiten. Wie bei einer Ernährung, die nur aus rohem Fleisch und Süßigkeiten bestand, nicht anders zu erwarten, wurde der Hund bald krank und musste zum Tierarzt gebracht werden. Schließlich rief das Walter Reed Hospital im Weißen Haus an, um dem Präsidenten Mikes Diagnose mitzuteilen. Ein Zeitungsreporter berichtete, dass das Gespräch aufseiten des Präsidenten mit einem der typischen Truman'schen Wutausbrüche begann. «Rachitis? Wie zum Teufel kriegt ein Hund Rachitis? … Nein, ich weiß nicht, was er isst … Also, passen Sie auf, wenn der Hund schon krank ist, besteht dann die Möglichkeit, dass er vielleicht bei Ihnen stirbt? Nein, ich sage Ihnen nicht, dass Sie den dummen Köter umbringen sollen! Ich sage nur, dass es die Dinge vereinfachen würde, wenn der Hund während Ihrer Behandlung eines natürlichen Todes sterben würde … Oh, aber selbstverständlich, wenn ihn schon mehrere Leute gesehen und gesagt haben, dass er nichts Lebensbedrohliches hat, müssen Sie ihn wohl hierher zurückschicken.»

Anscheinend hat Truman den Hörer auf die Gabel geknallt und sich mit den Worten an einen Mitarbeiter gewandt: «Bringen Sie den Scheißköter irgendwo unter. Irgendwo außerhalb von Washington, damit Margaret nicht an ihn erinnert wird.» Dann wandte er sich wieder seinen Geschäften zu, als ob das Telefongespräch nie stattgefunden hätte.

Innerhalb kürzester Zeit wurde Mike als Geschenk zu einem Farmer nach Virginia expediert. Seine Verbannung fand weniger Beachtung in der Presse als die von Feller, weil die Menschen im Land zu dieser Zeit andere, wichtigere Fragen beschäftigten. Was an spärlichen Berichten darüber erschien, schlug wieder einen kritischen Ton an. In einem Zeitungsartikel wurde die Frage gestellt: «Kann man von einem Menschen, dem es so sehr am einfachsten menschlichen Zartgefühl mangelt, dass er nicht in der Lage ist, Verständnis für einen anhänglichen kleinen Welpen aufzubringen – kann man von einem solchen Menschen erwarten, dass er das Charisma und das Mitgefühl besitzt, ein geteiltes Volk zu einen?» Wenn Truman ein solcher Artikel auf den Schreibtisch kam, warf er einen kurzen Blick darauf und überflog rasch den Inhalt. Die Lippen fest zusammengepresst, schnaubte er verächtlich durch die Nase, riss den Artikel statt eines weiteren Kommentars entzwei und warf ihn in den Papierkorb. In sämtlichen gedruckten Lebenszeugnissen von Trumans eigener Hand wie auch in seinen von anderen protokollierten mündlichen Äußerungen zu seiner Lebensgeschichte habe ich weder Feller noch Mike an irgendeiner Stelle ausdrücklich erwähnt gefunden. Sie waren offenbar nur kleinere Quälgeister in seinem Leben, ähnlich wie Stechmücken an einem Sommertag. Sobald die Stechmücken zerdrückt und die Quälgeister vertrieben sind, ist die Sache nicht mehr von Bedeutung und schon gar nicht erwähnenswert. Hunde hatten keine große Bedeutung für Truman.

Er bekam allerdings noch einmal eine Chance, Hunden eins auszuwischen. Das verdankte er Lyndon Baines Johnson, einem Präsidenten, der Hunde liebte. Johnson bevölkerte das Weiße Haus mit Beagles. Zuerst gab es Old Beagle, dann Him und Her, dann viele Welpen von ihnen. Außerdem gab es noch einen neurotischen, aber trotzdem zärtlich geliebten weißen Collie namens Blanco und einen Terrier namens Yuki. Johnson war ein solcher Hundenarr, dass er Weihnachtskarten mit einem Foto von dem Beagle Him und dem Collie Blanco verzieren ließ, die ihn rechts und links einrahmten. Jede Karte trug Johnsons Unterschrift und den Pfotenabdruck der beiden Hunde.

Lyndon B. Johnson hatte gern Hunde um sich und ließ sich häufig von Traphes Bryant, dem Hundepfleger des Weißen Hauses, Him oder Yuki nach oben ins Schlafzimmer bringen, um ihn über Nacht bei sich zu behalten. Eines Abends klopfte Bryant, nach einem Anruf des Präsidenten bei ihm, an die präsidiale Schlafzimmertür und wurde aufgefordert hereinzukommen. Johnson und seine Frau Lady Bird lagen in Schlafanzügen im Bett. Der Präsident nahm Bryant Yuki ab und wandte sich dann mit den Worten an Lady Bird: «Weißt du, es gibt niemanden auf der ganzen Welt, mit dem ich lieber ins Bett gehe als mit Yuki.» Der Hundepfleger trat schon in aller Eile den Rückzug aus dem präsidialen Boudoir an und hörte deshalb Lady Birds Antwort leider nicht (oder wollte sie nicht preisgeben).[3]

Johnson führte mit dem größten Vergnügen jedem seine Hunde vor. Einmal versuchte er, einigen Fotografen zuliebe mit einem seiner Beagles ein Kunststück vorzuführen. Johnson war so groß, dass er sich tief bücken musste, wenn er zu einem kleinen Hund wie dem Beagle herunterreichen wollte, deshalb bückte er sich, während Him um ihn herum sprang, und packte ihn bei den praktischsten Handgriffen, nämlich bei seinen Schlappohren. Offenbar schwebte ihm ein in Texas alltägliches Bild vor, wo Farmer in einen Wurf Beaglewelpen hineingreifen und sie an den Ohren hochheben. Dieser Trick funktioniert nur bei ganz jungen Welpen, die noch sehr leicht sind. Wenn die Welpen älter werden, nehmen sie zu, und die Ohren halten das Körpergewicht nicht mehr so einfach aus. Deshalb lässt ein erfahrener Farmer einen Welpen gleich wieder los, der anfängt zu jaulen, wenn er ihn an den Ohren packt, und hebt ihn auf andere Weise hoch oder nimmt einfach einen leichteren Welpen. Auf jeden Fall packte Lyndon B. Johnson Him bei den Ohren, und der Hund jaulte auf. Selbst als er das Jaulen hörte, kam dem Präsidenten nicht im Entferntesten der Gedanke, das wirklich etwas nicht in Ordnung war. Er ging mit einer beiläufigen Bemerkung über die Sache hinweg, dass es gut für Hunde sei, wenn sie an den Ohren gezogen würden, und dass jeder, der sich mit Hunden auskenne, sie gern jaulen höre, weil das bedeute, dass sie bei der Sache seien.

Die Fotografen waren begeistert, und praktisch in jedem größeren Presseorgan waren Bilder von dem jaulenden, an den Ohren hochgehobenen Hund zu sehen (Abb. 15). Die meisten Artikel erschienen zusammen mit Stellungnahmen von Hundeexperten, die Johnson kritisierten, weil er seinen Hunden wehtat. Der American Kennel Club, der National Beagle Club, die American Society for Prevention of Cruelty to Animals und eine Reihe von tierärztlichen Vereinigungen auf Staaten- und Bundesebene meldeten sich zu Wort und verurteilten dieses Verhalten als Tierquälerei. Es gab nur ganz wenige Stimmen, die Johnson Recht gaben. Eine davon war allerdings die von Johnsons demokratischem Parteifreund und Vorgänger im Amt, Harry Truman. Nach seiner Meinung zu dem Vorfall befragt, sprang der ehemalige Präsident, der weder Empathie noch Fürsorge für die beiden Hunde gezeigt hatte, die vorübergehend seine Haustiere gewesen waren, Lyndon B. Johnson bei. Er sagte Journalisten: «Was zum Teufel soll das Geschrei? Das ist doch die einzige Art, mit Hunden umzugehen!»

Ein lächelnder Mitarbeiter des Weißen Hauses zeigte Johnson einen Bericht über Trumans Kommentar in der Hoffnung, dass er Johnson angesichts des fortdauernden Entrüstungssturms ein wenig aufheitern würde. Der Präsident las den Artikel und begann zu lachen. «Ich muss wirklich einen Bock geschossen haben mit der Ohrengeschichte, wenn Harry sagt, dass sie richtig war. Er versteht nichts von Hunden – und mag sie nicht einmal.»

14
Katzenfreunde

Während der Vorarbeiten zu diesem Buch kam es öfter vor, dass ich mich mit Freunden und Mitarbeitern über meine Daten und Befunde unterhielt. Dabei kam dann unweigerlich die Frage aufs Tapet: «Und wie sieht das Persönlichkeitsprofil eines Katzenbesitzers aus?» Ursprünglich hatte ich nicht vorgehabt, mich überhaupt eingehender über Katzen zu äußern. Katzen sind, um ganz ehrlich zu sein, nicht mein Fall. Da sich jedoch in den Daten, die ich zusammengetragen habe, einiges einschlägige Material zu dieser Frage befindet, kann ein kurzer Exkurs über «Katzenfreunde» nichts schaden.

Als domestizierte Tiere haben Katzen und Hunde eine ganz unterschiedliche Geschichte. Hunde sind vor mindestens 14 000 Jahren domestiziert worden, und das geschah mindestens 4000 Jahre bevor der Mensch einen systematischen Ackerbau entwickelte. Die Hunde hatten die Aufgabe, die Wohnstätten der Menschen zu bewachen und bei der Jagd zu helfen. Da die Jagd die Hauptnahrungsquelle war, waren Hunde wegen ihres ausgezeichneten Gehörs und Geruchssinns beim Aufspüren des Wilds für den Menschen von unschätzbarem Wert. Außerdem waren Hunde sehr schnell, konnten das Wild stellen und halfen so auf entscheidende Weise, das Überleben unserer primitiven Vorfahren zu sichern. Da Hunde eng mit Menschen zusammenarbeiten mussten, war es notwendig, dass sie umgänglich, intelligent und bereitwillig waren, Befehlen von Menschen zu gehorchen, wenn das Hund-Mensch-Team erfolgreich sein wollte.

Domestizierte Katzen dagegen sind das Produkt einer viel späteren Zeit. Das früheste Zeugnis einer eindeutig domestizierten Katze wurde von dem Archäologen Alaine le Brun ausgegraben, der die Überreste dieser Tiere in Chirokitia auf Zypern fand und etwa 7000 Jahre zurückdatierte. Damals war die «neolithische Revolution» bereits in vollem Gange.

Katzen waren für den Menschen erst von dem Zeitpunkt an von Nutzen, als er in der Lage war, effizient Landwirtschaft zu betreiben. Mit «effizient» meine ich, dass die Ernteerträge groß genug waren, dass man Vorräte anlegen konnte. Besonders wichtig war die Getreideernte, weil Getreide so nahrhaft ist und sich ohne besondere Konservierung von Natur aus lange hält. Man darf davon ausgehen, dass der Mensch und seine Vorratslager fast im selben Moment, als er von der Jagd zum Ackerbau überging, zu einem wichtigen Bestandteil in der Lebenswelt unüberschaubarer Ratten- und Mäusevölker wurde. Vor allem in Städten und Dörfern, wo die Vorratslager zum Teil sehr groß waren, wurden die Nager wahrscheinlich von den Menschen als eine größere Bedrohung ihrer materiellen Lebensgrundlage angesehen, da sie so viele Nahrungsmittel auffraßen und verunreinigten. Leider eignet sich der Mensch einfach nicht gut genug dafür, diesen nächtlichen Nagern den Garaus zu machen. Sich an sie heranpirschen zu wollen, um sie samt und sonders auszurotten oder wenigstens so stark zu dezimieren, dass ihre Zahl nicht immer weiter wächst, ist ein nahezu aussichtsloses Unterfangen. Alles, was dabei geholfen hätte, diese nagende Pest auszurotten, wäre als Segen des Himmels betrachtet worden.

Zwar kennen wir das tatsächliche historische Geschehen nicht genau, wahrscheinlich hat aber jemand beobachtet, dass ein paar wilde Katzen um die Vorratskammern herumgeschlichen sind und die Mäuse getötet und aufgefressen haben. Dem Beobachter muss dann der Gedanke gekommen sein, dass es, wenn man die Katzen ermutigte, in dieser Richtung noch mehr zu tun, schon viel dazu beitragen würde, dass ein Großteil der Ernte nicht länger den Nagern zum Opfer fiel. Für die Katzen muss die Situation himmlisch gewesen sein. Da, wo die zweibeinigen Tiere hausten, trippelte das Frühstück, das Mittagessen und das Abendbrot in hellen Scharen um sie herum. Man musste nicht länger draußen in der Kälte durchs Gestrüpp pirschen in der Hoffnung, wenigstens auf eine lächerliche Feldmaus zu stoßen, die sich zu weit von ihrem Loch entfernt hatte. Die Katzen brauchten jetzt nur noch gemächlich in der Nähe der Vorratsbehälter umherzustreifen. Dort fanden sie ein wahres Schnellrestaurant voller mit Getreide gemästeter Nager, wo sie nur noch zugreifen mussten. Von da an stand fest, dass der Mensch Katzen züchten und domestizieren würde. Der Erfolg war vorprogrammiert, da beide Seiten bei der Sache einen größeren Vorteil hatten.

Der Nutzen, den der Mensch von Katzen hatte, war so groß, dass sie in manchen Ländern wie Göttergeschenke, wenn nicht wie Götter behandelt wurden. In Ägypten glaubte man, dass die Katzen von der Göttin Pasht abstammten, die eine Tochter des Mondes war. Ein Beiname des Sonnengottes Re war «Die Große Katze». Katzen wurden behandelt wie Familienmitglieder oder zumindest wie hoch geschätzte Besitztümer. Wenn eine Katze starb, wurde sie fast in denselben traditionellen Formen betrauert wie ein Mensch. Familienmitglieder rasierten sich die Augenbrauen ab, schmierten sich Schlamm ins Haar und weinten. Wenn die Familie es sich leisten konnte, wurde die Katze einbalsamiert, mumifiziert, in farbige Leintücher gewickelt, in einen Sarkophag gelegt und schließlich in einer eigenen Katzennekropole begraben.

Besucher Ägyptens sahen, mit welch durchschlagendem Erfolg die Katzen die Nagerpopulation in Schach hielten. Zwar war es verboten, Katzen mit aus dem Land herauszunehmen, den Phöniziern gelang es aber irgendwie, vieler dieser Tiere habhaft zu werden, und sie verkauften sie im ganzen Mittelmeerraum. Bald gab es in jedem Land Europas domestizierte Katzen, die auf die Mäuse und Ratten Jagd machten, die in den Vorratslagern der Großstädte ihr Unwesen trieben.

Die Beziehung zwischen Katzen und Menschen ist immer eine ganz andere gewesen als die zwischen Hunden und Menschen. Beide Arten haben sich viel von ihrem Wildtiererbe bewahrt. Wilde Katzen jagen in der Regel allein und sind nachtaktiv. Hunde sind Rudeltiere, die gemeinsam auf die Jagd gehen und tagaktiv sind. Das Bedürfnis des Hundes nach Gesellschaft ist noch immer so ausgeprägt, dass er ohne einen Herrn und eine Familie unglücklich, ja fast verloren zu sein scheint. Ein Hund unterbricht den Menschen bei seiner laufenden Tätigkeit, wenn er sich einsam fühlt, Gesellschaft haben oder spielen will. Katzen dagegen lassen sich tagsüber häufig nicht blicken und scheinen immer erst abends aufzutauchen, vor allem wenn sie um diese Zeit gefüttert werden. Sie lassen sich gelegentlich auf soziale Interaktionen ein oder spielen mit Menschen, doch ist ihr Interesse begrenzt. Eine Katze hört in der Regel schon nach wenigen Minuten wieder auf zu spielen und stolziert davon. Ein Hund dagegen beteiligt sich oft stundenlang ohne Pause an einem Spiel, zum Beispiel einen Ball zu holen, den man ihm wirft, und es ist meistens der Mensch, der zuerst die Lust verliert.

Selbst Verhaltensweisen, die der Mensch bei der Katze als Zeichen von Zuneigung und Umgänglichkeit nimmt, zum Beispiel wenn sie um seine Beine streicht, sind im Grunde nicht als soziale Interaktionen gemeint. Katzen haben spezielle Duftdrüsen an den Schläfen, den Mundwinkeln und der Schwanzwurzel. Es ist Teil ihres Pflegerituals, diesen Geruch über den ganzen Körper zu verteilen. Während sie um Ihre Beine streicht, markiert die Katze Sie mit ihrem Geruch und erklärt Sie so zu ihrem Territorium und Besitztum.

Manche Menschen glauben, dass Katzen intelligenter seien

als Hunde. Wenn man so jemanden fragt, warum Katzen Befehlen von Menschen nicht gehorchen oder keine einfachen Verhaltenskontrollen erlernen, wie zum Beispiel sich von Möbeln und bestimmten Bereichen des Hauses fern zu halten, behauptet der, das liege daran, dass Katzen zu «unabhängig» seien. Hunde sind solchen Menschen zufolge «dumm, aber unterwürfig und zum Sklavendasein bereit». Zahlreiche wissenschaftliche Untersuchungen haben gezeigt, dass Katzen intelligenter sind als Ratten, aber dümmer als Hunde. Sogar wenn sie Hunger leiden und ihr Leben davon abhängt, dass sie irgendetwas unternehmen oder Problemlöseverhalten zeigen, um an etwas Essbares heranzukommen, lernen Katzen immer noch langsamer als Hunde. Am Maßstab des Menschen gemessen, entspricht die Intelligenz eines durchschnittlichen Hundes der eines zweijährigen Kindes. Die Intelligenz einer Katze entspricht einer sechs Monate kürzeren Entwicklungsfrist, nämlich der eines eineinhalbjährigen Kindes.

Zwar ist das immer noch eine relativ hohe Intelligenz im Vergleich mit vielen anderen Tieren auf diesem Planeten, es legt aber trotzdem die Vermutung nahe, dass Katzen, sagen wir mal, große Schwierigkeiten hätten, viel von der menschlichen Sprache zu kapieren. Die intelligenteste Katze kann etwa zwanzig Wörter oder Zeichen lernen und darauf reagieren. Man vergleiche das mit der Fähigkeit eines durchschnittlichen Hundes, rund einhundertzehn Wörter oder Zeichen zu lernen und darauf zu reagieren. Es gibt eine Menge Beweise dafür, dass Katzen häufig nicht einmal ihren Namen verstehen und Schwierigkeiten haben zu erkennen, wann man mit ihnen spricht. Das würde darauf hindeuten, dass die augenfällige «Unabhängigkeit» der Katze, wenn der Mensch sie dazu zu bringen versucht, irgendetwas zu tun, nicht von einem überlegten Nichtwollen herrührt, sondern einfach nur daher, dass sie nicht die leiseste Ahnung hat, was man von ihr will.

Die Verhaltensmerkmale der Katzen haben den Menschen im Laufe der Zeit immer wieder beunruhigt, und das hat schlimme Folgen für sie gehabt. In Europa sind Katzen vor allem auf Betreiben der christlichen Kirche über mehrere Jahrhunderte misshandelt, gemartert und sogar getötet worden. Man legte ihnen zur Last, dass sie nachts umherstreiften, wenn das Böse sein Unwesen trieb. Außerdem verschwanden sie tagsüber meist, was als ein Zeichen dafür gedeutet wurde, dass sie sich heimlich mit dämonischen Geistern trafen oder irgendwelche heimtückischen Anschläge auf die Gesundheit und das Wohlergehen der Menschen ausführten. Das lautlose Kommen und Gehen der Katzen wurde als Spionieren gedeutet. Außerdem war da diese hochnäsige Geringschätzung, die Katzen den Menschen gegenüber an den Tag zu legen schienen und die Bereitschaft, beim geringsten Anlass die Krallen auszustrecken und menschliches Blut zum Fließen zu bringen. All das stimmte mit der Vorstellung überein, dass Katzen Handlanger des Teufels seien. Nachdem er die Beweise geprüft hatte, überantwortete Papst Innozenz VII. die Katzen der Inquisition. Mit dem Einverständnis der Kirche wurden Millionen von Katzen auf schreckliche Weise umgebracht. Im Rahmen des Kreuzzugs gegen die Feinde Christi wurden sie häufig an kirchlichen Feiertagen bei lebendigem Leibe verbrannt, gekreuzigt oder feierlich von Kirchturmdächern heruntergeworfen.

Diese Zeiten sind glücklicherweise vorbei, und das vielleicht einzige Erbe aus dieser finsteren Epoche ist der Aberglaube, dass schwarze Katzen Unglück bringen, der zumindest in weiten Teilen des amerikanischen Kontinents und Europas verbreitet ist. Kürzlich erlebte ich diesen Aberglauben an einem extremen Beispiel in Reinkultur. Ich ging mit meinem Cavalier-King-Charles-Spaniel Wizard an der Leine über den Campus. Plötzlich kam in heller Aufregung ein junger Mann auf mich zugerannt. Er sprach mit einem starken Akzent, und ich erfuhr später, dass er ein Neuzuwanderer slowakischer Abkunft war.

«Bitte, helfen Sie mir», sagte er flehentlich. «Ich muss in mein Chemiepraktikum.»

Ich werde ein ziemlich ratloses Gesicht gemacht haben. Er deutete mit der Hand in die Richtung des Chemischen Instituts vor uns. «Die Katze – eine schwarze – ist mir eben über den Weg gelaufen, und ich kann nicht da vorbeigehen, wenn sie nicht auf demselben Weg zurückkommt und den Fluch wieder aufhebt. So lange kann ich nicht warten, aber Sie können mir helfen.» Er deutete jetzt auf Wizard. «Verstehen Sie? Sie haben einen weißen Hund, oder wenigstens ist er fast weiß. Mit dem geht es auch. Gehen Sie einfach nur mal hier an dem Gebäude entlang, da, wo die Katze gegangen ist. Das neutralisiert das Unglück, das die Katze zurückgelassen hat, und ich kann vorbeigehen. Gehen Sie einfach nur mit dem Hund neben mir her. Ich zeige Ihnen, wo sie gelaufen ist.»

Wiz und ich gingen neben dem verstörten Mann her weiter, und zusammen schritten wir eine L-förmige Strecke längs der Fassade und dann der Seite des Gebäudes ab. Als wir bei der letzten Seitentür angekommen waren, stieß er ein hastiges «Danke. Vielen Dank, ich muss jetzt schleunigst in mein Praktikum» hervor. Dann trat er rasch über die unsichtbare Linie, die wir abgeschritten hatten, und eilte in das Gebäude hinein.

Ich erzählte diese Geschichte einem meiner Kollegen, der zwei Jahre zu Forschungszwecken in England gewesen war. Er lachte und sagte: «So etwas würde in dem Teil von England, wo ich gewesen bin, nicht vorkommen. Da gelten schwarze Katzen, zumindest mancherorts, als Glücksbringer!»

Ich habe im Laufe meines Lebens mit einer Reihe von Katzen zusammengelebt, von denen eigentlich keine mir selbst gehört hat, sondern vielmehr Menschen, die mir nahe standen. In meiner Jugend gab es da einen grauen Kater mit weißer Brust und grauer Nase namens Dusty. Er war ganz lustig, aber im Vergleich mit Hunden uninteressant für mich. Dann gab es da einen scheußlichen, ungeselligen roten Angorakater namens Henry, der außer seiner Schönheit nichts Einnehmendes hatte.

Während ich noch Psychologie studierte, rettete ich einer Siamkatze mit dem Kosenamen Fu das Leben. Sie sollte eingeschläfert werden, nachdem sich herausgestellt hatte, dass sie zu dumm war, einige einfache Verrichtungen zu erlernen, die Voraussetzungen für einen Komplex von Verhaltensexperimenten waren, die Charlie White, ein Kommilitone von mir an der Stanford University, durchführte. Wir hatten beide denselben Vertrauensprofessor, den bekannten Psychologen Leon Festinger, der seine Bekanntheit wahrscheinlich vor allem seiner Theorie der kognitiven Dissonanz verdankt. Fu war unglaublich schön und für eine Katze auch sehr anschmiegsam. Ich nehme an, dass sie mir Leid getan hat und ich deshalb angeboten habe, sie zu nehmen. Festinger war so enttäuscht über den Verlauf des Experiments, dass er das Tier am liebsten in den Orkus befördert hätte. Fu war fraglos der Grund dafür, dass viel Zeit und Energie umsonst verschwendet worden waren. Da Festinger aber selber eine Katze hatte, die er sehr liebte, ließ er sich unter zwei Bedingungen erweichen. Erstens musste ich die Katze sofort aus dem Labor entfernen, und zweitens musste ich versprechen, ihm nie zu erzählen, dass sie in ihrem neuen Zuhause glücklich war, ja, dass ich die Katze ihm gegenüber gar nicht mehr erwähnen würde.

In meinem Wohnheim war Haustierhaltung nicht erlaubt. Ich schmuggelte die Katze aber in mein Zimmer und nahm sie bei nächster Gelegenheit, als ich wieder einmal nach Hause fuhr, mit zu meinen Eltern. Fu stellte sich als eine wunderbare Bereicherung für ihren Haushalt heraus, in dem es schon einen Hund gab. Meine Eltern hatten sie so gern, dass sie sich sofort wieder eine Siamkatze anschafften, als Fu starb.

In jüngerer Vergangenheit gab es dann die hübsche, aber dämliche graue Tigerkatze Willow, die Karen, die Tochter meiner Frau, mitbrachte, als sie für ein paar Jahre zu uns zog. Willow war verhältnismäßig freundlich zu Menschen, verbrachte aber die meiste Zeit damit, die nackte Wand anzustarren oder sich vor meinem Cairn-Terrier Flint in Sicherheit zu bringen, der anscheinend irgendetwas gegen sie im Schilde führte. Hin und wieder schaffte sie es, auf das Dach unseres Hauses zu gelangen, wo sie dann aus ihrer misslichen Lage befreit werden musste.

Im Augenblick lebe ich mit einer orange- oder «Ingwer»-farbenen Katze namens Loki zusammen, die meine Frau von ihrer Tochter Karen geschenkt bekommen hat. Unsere derzeitige Katze verdient sich sogar ihren Lebensunterhalt. Mein Häuschen der Innenstadt ist ziemlich alt und hat allerhand Risse im Fundament, durch die kleine Tiere eindringen können. Im Herbst, wenn das Wetter schlecht wird, finden Mäuse gewöhnlich Zugang zum Haus und richten sich dort wohnlich ein. Wegen meiner Hunde möchte ich keine giftigen Köder oder auch nur Mäusefallen auslegen. Und so kommt Loki der Aufgabe nach, für die Katzen ursprünglich domestiziert worden sind, nämlich unser Domizil von Nagern frei zu halten. Zwischen ihren einzelnen Beutezügen findet die Katze noch Zeit, meinem Flat-Coated Retriever Odin die Ohren zu putzen, und verbringt überdies ab und zu ihre Zeit damit, schnurrend neben meiner Frau oder ihrer Mutter Jean zu sitzen.

Ich bin seit jeher der Meinung, dass es besser ist, eine Katze als Haustier zu haben, als in eine leere Wohnung zu kommen, das reicht aber an einen Hund nicht heran. Katzen sind pflegeleichte Haustiere. Sie sind in kurzer Zeit stubenrein und brauchen außer Fressen und Wasser kaum weitere Fürsorge. Berücksichtigt man den Aufwand, den sie kosten, ist man mit Katzen als Haustieren nicht schlecht bedient. Sie sind schön, und man ist nicht ganz allein. Hunde verlangen natürlich viel mehr Zuwendung, sie danken es einem aber durch eine viel größere Zuneigung und Geselligkeit. Einige Unterschiede zwischen Katzen- und Hundebesitzern zeigen sich vielleicht ganz gut daran, wie viel Zuwendung sie jeweils bereit sind zu investieren. Der Schauspieler Steve Martin hat einmal in einem Interview gesagt: «Ich mag Katzen, weil ich mich nicht weiter um sie kümmern muss. Wenn man einen Hund hat, ist das, als ob man ein kleines Kind hätte.»

Unter den von mir befragten Personen befanden sich 1223 Katzenbesitzer. Menschen, die allein eine Katze hatten, schienen im Hinblick auf ihre Persönlichkeit ein bisschen anders zu sein als Menschen, die sowohl einen Hund als auch eine Katze besaßen. Menschen mit einem Hund und einer Katze waren anscheinend Menschen ganz ähnlich, die allein einen Hund besaßen. Das passt zu den Ergebnissen, die ich erhielt, als ich Nur-Katzenbesitzern die Frage stellte: «Angenommen, Sie bekämen einen Welpen geschenkt und Sie verfügten über die entsprechenden äußeren Lebensbedingungen und von Ihren Angehörigen hätte keiner etwas dagegen, würden Sie ihn behalten?» Ihre Antworten habe ich mit denen von Nur-Hundebesitzern verglichen, denen ich dieselbe Frage in Bezug auf eine junge Katze stellte. Mehr als zwei Drittel der Katzenbesitzer (achtundsechzig Prozent) sagten, dass sie den Welpen nicht behalten wollten, während fast genauso viele Hundebesitzer (siebzig Prozent) sagten, dass sie das Kätzchen behalten wollten. Das lässt darauf schließen, dass die Nur-Hundebesitzer potenzielle Hunde- *und* Katzenbesitzer sind, während die meisten Nur-Katzenbesitzer genau das und nichts potenziell anderes sind. Das sollten Sie nicht vergessen, weil ich, zumindest im Rahmen dieses Buches, wenn ich von einem Katzenbesitzer spreche, jemanden meine, der nur mit einer Katze zusammenlebt, während ich, wenn ich von einem Hundebesitzer spreche, einen Nur-Hundebesitzer meine oder einen Menschen, der einen Hund und eine Katze hat.

Vergleicht man die Katzenbesitzerpopulation mit der Hundebesitzerpopulation, so liegt nach meinen Unterlagen der Anteil von Alleinstehenden in ersterer ein Drittel höher als in letzterer und der Anteil der Bewohner von Mietwohnungen in ersterer doppelt so hoch. Wenn jemand verheiratet ist, in einem Haus wohnt und Kinder hat, hält man ihn eher für einen Hunde- als einen Katzenbesitzer. Die Wahrscheinlichkeit ist am größten, dass ein weiblicher Single eine Katze hat. Von den Menschen, die mit einer Katze aufgewachsen sind, haben siebenundvierzig Prozent auch jetzt eine Katze, während lediglich elf Prozent der Menschen, die ihre Kindheit mit einem Hund verbracht haben, heute Nur-Katzenbesitzer sind.

Das Persönlichkeitsprofil eines Nur-Katzenbesitzers ist recht interessant. Sowohl bei Männern wie bei Frauen kann man feststellen, dass sie in der Regel verhältnismäßig introvertiert (niedriger Punktwert auf der Extraversionsskala), wenig dominant, ziemlich vertrauensvoll und ziemlich kühl (niedriger Punktwert auf der Warmherzigkeitsskala) sind. Ich bin tatsächlich einmal einem Menschen begegnet, der mit diesem Persönlichkeitsmuster vollkommen übereinstimmte, und lange bevor ich diese Fakten zusammentrug, war sie für mich der Prototyp des Katzenbesitzers.

Sie hieß Kim, gehörte zum Lehrkörper meiner Universität und unterrichtete Literatur. Unsere Bekanntschaft fiel in die Zeit meiner «chaotischen Jahre», dem Lebensabschnitt zwischen dem Scheitern meiner ersten Ehe und dem Beginn einer ruhigeren Lebensphase an der Seite meiner jetzigen Frau. Wir hatten uns bei einer Fakultätssitzung kennen gelernt und fanden immerhin so viel Gefallen an der Gesellschaft des anderen, dass wir gelegentlich zusammen zu Mittag aßen. Zu den Anlässen unserer Verabredungen gesellten sich mit der Zeit auch Abendessen, gelegentliche Kinobesuche und Besuche anderer Veranstaltungen. Während ich an ihrer Intelligenz und ihrem bissigen Humor mein Vergnügen hatte, fühlte sie sich in Gesellschaft anderer Menschen nicht besonders wohl. Man hätte erwartet, dass eine so intelligente und gut aussehende Frau viele Freunde und gesellschaftliche Kontakte hatte. Kim war jedoch lieber allein, und wenn sie auf einen Menschen traf, der ihr mit Herzlichkeit und Zuneigung begegnete, hatte sie Schwierigkeiten, sich zu öffnen, sondern zog sich meist reserviert und abweisend in ihr Schneckenhaus zurück. Sie war nicht sehr dominant, und in ihrer akademischen Laufbahn gibt es mehrere verpasste Gelegenheiten, bei denen sie ihr Fortkommen wesentlich hätte beschleunigen können, wenn sie ihrer Abteilung gegenüber entschiedener aufgetreten wäre. Stattdessen gab sie klein bei und tat, was man von ihr verlangte. Sie suchte oft den Rat ihrer Freunde und war so vertrauensvoll und bereit, darauf zu hören, dass sie ihn fast immer befolgte. Wenn sie von verschiedenen Menschen einander widersprechende Ratschläge erhielt, war sie immer ganz von der Rolle.

Ich wusste, dass Kim Katzen mochte, weil sie bei einem unserer Wochenendausflüge den Vorschlag machte, eine Katzenausstellung zu besuchen. Ich war schon auf vielen Hundeausstellungen gewesen, deshalb stellte ich mir das ganz interessant vor. Das Erste, was mir auffiel, als wir auf die Ausstellung kamen, war der Geruch. Auf Hundeausstellungen riecht es nicht, deshalb war ich überrascht über den Gestank, der uns entgegenschlug, als wir zur Tür hereinkamen. Da der Zweck von Katzenausstellungen unter anderem darin besteht, hervorragende Individuen von reinrassigen Katzen zu Zuchtzwecken zu finden, müssen auf einer Ausstellung alle Tiere die volle Fortpflanzungsfähigkeit besitzen. Das heißt, sie dürfen nicht kastriert oder sterilisiert sein. Der Geruch war anscheinend weitgehend auf einige Kater zurückzuführen, die auf widerwärtige Art ihr Revier absteckten, indem sie jeden und alles in ihrer Nähe markierten und bespritzten. Diesem Gestank war noch eine Duftnuance von benutzter Katzenstreu und Katzendosenfutter beigemischt. Das Zweite, was mir auffiel, war das Chaos. Auf einer Hundeausstellung hört man selten, wenn überhaupt, Gebell; bei dieser Katzenausstellung wurden Interimsphasen der Stille plötzlich von schrillen Schreien, Fauchen und Gejaul mal aus dieser, mal aus jener Ecke beendet. Dann ebbte der Lärm wie eine Welle auf der einen Seite des Gebäudes ab und schwoll auf der anderen Seite wieder an. Außerdem fiel mir auf, während ich dem Treiben zusah, dass ringsherum in der großen Halle alle zehn bis zwölf Meter systematisch auf Pfosten stehende Verbandskästen verteilt waren. Ich wollte gerade etwas dazu sagen, als eine große Frau, die in unserer Nähe stand, plötzlich ein schmerzerfülltes «Verdammt noch mal!» hören ließ. Ich drehte mich gerade noch rechtzeitig um, um mitzubekommen, wie sie eine Katze in einen Käfig bugsierte. Dann wandte sie sich in meine Richtung, und ich sah, dass sie die eine blutende Hand mit der anderen umfasste. Ich ging ein paar Schritte auf sie zu, um zu fragen, ob ich ihr helfen könnte.

«Es geht schon, mein Herr», sagte sie gesetzt. «Er ist bloß ein bisschen wütend. Das liegt an all den Katzen hier, verstehen Sie? Der arme Kerl denkt bestimmt, dass ich ihn gegen eine andere Katze hier eintauschen will! Jetzt entschuldigen Sie mich bitte. Ich muss eben zum Verbandskasten.»

Während ich mich in der Halle umsah, wurde mir klar, dass die einfachste Art festzustellen, wer Wettbewerbsteilnehmer und wer Zuschauer war, nicht darin bestand, nach nummerierten Armbinden Ausschau zu halten, wie ich das auf einer Hundeausstellung getan hätte, sondern sich die Handrücken der Leute anzusehen. Die meisten Wettbewerbsteilnehmer hatten blutige Kratzer an Händen und Armen, die ihnen ihre aufgebrachten Lieblinge beigebracht hatten. Ich fragte mich, wie zerkratzt wohl die armen Katzenrichter waren, die all diese Katzen anfassen mussten, um festzustellen, ob sie körperlich o. k. waren. Die Richter waren aber offenbar recht vorsichtig. Wenn die

Katze irgendein Anzeichen von Aggressivität erkennen ließ, blieb der Richter ein Stück weit entfernt von ihr ruhig stehen und ging erst zu ihr, wenn sie sich beruhigt hatte. Geschah das nicht innerhalb kürzerer Zeit, bedeutete der Richter dem meist blutbefleckten Wettbewerbsteilnehmer einfach nur mit einer Handbewegung, zusammen mit seiner Katze den Ring zu verlassen. Ich sah, wie eine Frau, die aus dem Ring geschickt worden war, ihre Katze liebkoste und mit den Worten zu trösten versuchte: «Der blöde Richter weiß ja nicht, wie lieb du eigentlich bist.» Währenddessen kreischte die Katze vor Wut, die Pfoten gegen den rundlichen Körper ihrer Besitzerin gestemmt, und versuchte sie ins Gesicht zu beißen.

Kim war begeistert von der Ausstellung. Sie sammelte Berge von Prospekten und Katzenfutterproben. Während ich sie nach Hause fuhr, blätterte sie die Prospekte durch und las mir einige interessante Abschnitte vor. In einem der Prospekte hieß es so etwa: «Katzen sind besonders gut als Haustiere für ältere und kränkliche Menschen geeignet. Diese Katzenbesitzer brauchen sich keine Sorgen darüber zu machen, was aus ihren Lieblingen wird, wenn sie ein Pflegefall werden oder sogar sterben. Sie können in der Gewissheit in Frieden ruhen, dass die Katzen weder seelische noch körperliche Qualen erleiden, wenn so etwas eintritt. Anders als Hunde lassen sich Katzen vom Schmerz über den Verlust ihres Herrn nicht in ihren Lebensgewohnheiten stören. Ältere Katzenbesitzer können sich damit trösten, dass die Katze ihre Zuneigung problemlos auf irgendeine neue Familie überträgt, die bereit ist, für sie zu sorgen.» Im Gegensatz zu Kim, die das als ein großes Lob für diese Tierart ansah, ließ mich das kalt. Der Gedanke, dass eine Katze ihre Zuneigung zu den Menschen, die sie lieben und versorgen, für einen Napf Futter an irgendjemand anders verkauft, qualifiziert sie in meinen Augen nicht zum Hausgenossen.

Während der Zeit meiner Bekanntschaft mit Kim wohnte ich

in einer Mietwohnung, und obwohl sie mich ein- oder zweimal zu Hause besucht hatte, war ich noch nie bei ihr gewesen. Dann lud sie mich eines Tages zum Abendessen ein. Als ich sie fragte, ob sonst noch jemand dabei wäre, sagte sie: «Nur Byron und Shelley.» Ich kannte dieses Paar zwar nicht, stellte aber keine weiteren Fragen.

Ich kam zur verabredeten Zeit mit einer Flasche Wein unter dem Arm zu Kims Wohnung. Die Tür wurde geöffnet, und Kim führte mich ins Wohnzimmer. Nun wusste ich zwar, dass das Gehalt eines Assistant Professor alles andere als üppig war, die Möbel hier kamen mir aber doch ungewöhnlich heruntergekommen vor. Alles wies Kratzer und ausgefranste Ränder auf. Kim nahm mir die Flasche Wein ab, forderte mich mit einer Handbewegung auf, mich auf die Couch zu setzen, und sagte, sie würde mir etwas zu trinken holen. Auf dem Weg zur Couch ging ich zwischen zwei üppig gepolsterten Sesseln hindurch, die mit der Lehne zur Tür standen. Während ich einen Blick darauf warf, wurde mir schlagartig klar, was es mit dem Zustand von Kims Innenausstattung auf sich hatte. Auf jedem der beiden Sessel lag eine weiße Angorakatze. Sie waren sehr schön mit ihrem langen, seidigen Fell, deshalb streckte ich die Hand aus, um eine von ihnen zu streicheln.

Plötzlich kam ein durchdringender Schrei durch die offene Tür aus dem Raum nebenan. «Um Gottes willen! Fassen Sie ihn nicht an!»

Die Warnung kam zu spät. Plötzlich fuhr ein weißer Blitz hoch, und auf meinem Handrücken waren nebeneinander zwei Kratzspuren zu erkennen, die zu bluten begannen. Kim kam von nebenan herbeigeeilt und nahm meine Hand. Sie sah die Katze missbilligend an und sagte in oberlehrerhaftem Ton: «Du bist eine böse Katze, Byron.» Daraufhin rollte sich die Katze ein wenig zusammen, wandte den Kopf ab und richtete sich ganz offensichtlich auf ein Nickerchen ein.

Kim verfrachtete mich rasch ins Badezimmer, und ich stolperte beinahe über das Katzenklo. In dem winzigen Raum roch es ganz ähnlich wie auf der Katzenausstellung, die wir ein paar Wochen vorher besucht hatten. Sie säuberte die Wunde, desinfizierte und verband sie mit einer Mullbinde. Dabei sagte sie zu mir: «Entschuldigen Sie, dass ich Sie nicht vor Byron und Shelley gewarnt habe. Sie sind häufig sehr unfreundlich zu Menschen, die sie nicht kennen – vor allem zu Männern. Wissen Sie, die beiden Sessel und der Teil des Zimmers sind ihr Bereich. Da sie viel mehr Zeit hier in der Wohnung verbringen als ich, finde ich es nur gerecht, ihnen einen Teil davon als Freiraum zu überlassen, und daraus kann ich sie doch nicht vertreiben, wenn ich nach Hause komme, finden Sie nicht auch? Sie werden sehr viel manierlicher sein, wenn ich sie gefüttert habe.»

Nachdem Kim ihre Erste-Hilfe-Maßnahme beendet hatte, dirigierte sie mich in die Küche und gab mir den Drink, den sie mir gemacht hatte. Während ich mich an die Arbeitsplatte lehnte, griff sie in den Küchenschrank und holte eine Dose teure Importsardinen heraus. «Sie sind alle beide so schnäkig. Sie essen überhaupt kein Katzenfutter. Sie essen auch sonst keine Fischdelikatessen, aber das hier mögen sie.»

Während sie das sagte, tauchten Byron und Shelley auf. Sie spazierten, ohne mich zu beachten, in der Küche umher, strichen Kim um die Beine und gaben ungeduldige «Brrrrnnng»-Laute von sich. Als die beiden Porzellanschälchen zu ihnen heruntergestellt wurden, gingen die Katzen darum herum, als ob sie sich überzeugen wollten, dass ihr Inhalt genießbar war. Dann schickten sie sich beide an, mit langen Zähnen von ihrem Futter zu essen.

Kim erklärte mir nun, was es zum Abendbrot gab, und verriet, dass wir mit einer besonders delikaten Vorspeise beginnen würden. Sie holte ein interessantes Gericht aus dem Kühlschrank und verkündete in perfekt kanadischem Französisch:

«Pâté de foie gras avec shallot et vin blanc.» Sie stellte die Pastete auf das Tischchen in ihrer Essecke. Der Tisch war für zwei Personen gedeckt, und in der Mitte stand ein überdimensionaler silberner Leuchter mit einer weißen Kerze. Kim hantierte noch einen Augenblick in der Küche und bat mich dann, den Wein zu öffnen. Als wir an den Tisch traten, sahen wir uns mit der Hinterfront zweier weißer Katzen konfrontiert, die eifrig damit beschäftigt waren, die teure Pastete zu verputzen. Kim hob die widerstrebenden Katzen schnell, aber sachte vom Tisch und setzte sie auf den Boden. Sie warf einen Blick auf das, was von der säuberlich geformten Halbkugel übrig geblieben war, und sagte: «Na ja, sehr viel haben sie ja nicht davon gegessen. Ich kratze an den Stellen, wo sie dran waren, ein bisschen ab, der Rest müsste in Ordnung sein. Wissen Sie, Katzen sind sehr reinliche Tiere.»

Wenn ich mich recht an diesen Abend erinnere, habe ich viel Wein getrunken und sehr wenig von der Pastete gegessen.

Einige Wochen danach trafen Kim und ich uns zum Mittagessen. Dabei erzählte sie mir in einigermaßen sachlichem Ton, dass eine ihrer Katzen fehlte, nämlich Byron. Es war inzwischen vier Tage her, seit sie ihn zuletzt gesehen hatte. Es überraschte mich, dass aus ihrer Stimme verhältnismäßig wenig Besorgnis und Beteiligung herauszuhören war. Zweimal in meinem Leben ist mir einer meiner Hunde entlaufen, aber glücklicherweise wurden sie beide wieder gefunden. Nach meinem eigenen Eindruck ging ich die Situation jedes Mal so beherrscht an, wie man es von einem erwachsenen Menschen erwarten darf; aber alle Leute, mit denen ich während meiner Suche in Berührung kam, sagten, dass ich offenkundig kummervoll, tief besorgt, ja vielleicht am Rande einer Panik war. Und jetzt schien diese reizende blonde Frau, die sich von zwei Katzen ihre Lebensweise diktieren ließ und jeder ihrer Launen nachgab, nicht übermäßig besorgt darüber zu sein, dass eine von ihnen verschwunden war.

«Ich hab das Übliche getan, um ihn wiederzubekommen. Ich hab ein Kind aus dem Haus überall in der Nachbarschaft Zettel aufhängen lassen und die Society for the Prevention of Cruelty to Animals angerufen. So was kommt halt vor – Sie wissen, wie es mit Katzen ist. Man hat mir erzählt, dass es bei uns in der Gegend manchmal Waschbären und Koyoten gibt und dass die die Haustiere der Leute fangen. Dann gibt's da noch Hunde und Autos ... Ich finde, wenn er nicht schlau genug ist, denen aus dem Weg zu gehen, oder nicht intelligent genug, wieder nach Hause zu finden, dann ist er selber schuld.»

Sie blickte einen Moment auf die gegenüberliegende Seite des Zimmers und sagte dann: «Wenn ich mir einen neuen Kater anschaffen muss, nehme ich diesmal, glaub ich, einen schwarzen. Ich hab mir überlegt, ihn Yeats zu nennen – um bei den Dichternamen zu bleiben.» Damit wandte sie sich wieder ihrem Sandwich zu, wechselte das Thema und begann über ein neues Buch zu sprechen, das sie gerade gelesen hatte.

Ich erinnere mich noch an den Gedanken, der mir damals durch den Kopf ging, nämlich, das dass eine ziemlich kalte Reaktion auf den Verlust eines Haustiers war. Natürlich hätte ich sie viel besser verstanden, wenn ich damals schon das Datenmaterial gehabt hätte, das mir heute zur Verfügung steht.

Die vielleicht aufschlussreichste Information über die relative Warmherzigkeit von Katzen- und Hundebesitzern liefert die Antwort auf eine andere Frage aus meinem Fragebogen. Die Frage lautet: «Wenn Ihrem Haustier etwas Lebensbedrohliches fehlte und es durch eine medizinische Behandlung gerettet werden könnte, wie viel wären Sie bereit, dafür auszugeben?» Der durchschnittliche Betrag, den Hundebesitzer ausgeben wollten, war fast doppelt so hoch wie der, den Katzenbesitzer ausgeben wollten (1183 gegenüber 610 Dollar). Menschen, die einen Hund und eine Katze hatten, machten zwischen beiden wenig Unterschied. Sie waren sogar bereit, für die Rettung ihrer Katze mehr

Geld auszugeben als Menschen, die nur eine Katze hatten. Für diese Fakten legen sich zwei Deutungen nahe. Erstens, Katzenbesitzer halten ihre Katze trotz ihrer Liebe zu ihr für weniger wert als Hundebesitzer ihren Hund (und ihre Katze, wenn sie auch eine Katze haben). Die zweite Deutung lautet, dass das Persönlichkeitsprofil des Nur-Katzenbesitzers einfach weniger warmherzig und fürsorglich ist als das des Hundebesitzers, dazu gehört eine geringere Hilfsbereitschaft – sogar gegenüber der eigenen Katze.

15

Summa summarum

Die vorangegangenen Kapitel dürften eine Vorstellung davon vermittelt haben, wie weit die Bevorzugung bestimmter Hunderassen durch das Vorhandensein bestimmter Persönlichkeitseigenschaften bedingt ist. Wer nun allerdings darangeht, anhand seines Persönlichkeitsprofils die Hunderassen zu bestimmen, die am besten zu ihm passen würden, könnte sich trotz allem noch ein wenig verunsichert fühlen angesichts des Umstands, dass womöglich jede Persönlichkeitseigenschaft ihm eine andere Rasse nahe legt. Das führt ihn vielleicht zu einem Gedankengang wie: «Aufgrund meines Dominanzpunktwerts bräuchte ich einen Hund entweder aus der Gruppe der Wachsamen oder aus der Gruppe der Eigenwilligen, mein Extraversionspunktwert spricht aber mehr für einen Freundlichen oder einen Selbstbewussten Hund, und mein Warmherzigkeitspunktwert wiederum spricht für …», und nach vielem Hin-und-her-Überlegen sagt er sich schließlich: «Ach, was soll's, ich kauf mir einfach einen Cocker-Spaniel, die sehn so niedlich aus.» So muss das indessen nicht gehen. Tatsächlich ist es ganz leicht, aus den vier Punktwerten ein einzelnes Ergebnis abzuleiten, das Ihnen sagt, welche Hunderasse die beste für Sie ist.

Zuallererst benötigen Sie selbstverständlich Ihr Persönlichkeitsprofil – Ihre jeweilige Position auf der Skala «hoch» – «mittel» – «niedrig» – in allen vier in diesem Buch herangezogenen Persönlichkeitsdimensionen; im Folgenden gehe ich davon aus, dass Sie dieses Profil inzwischen errechnet haben. Sodann wollen wir uns rasch einen Überblick über die Korrelation zwischen Persönlichkeit und bevorzugtesten Hunderassen verschaffen. Wir tun dies anhand einer Tabelle, in der sämtliche im Vorigen zu diesem Punkt gegebenen Informationen zusammengefasst sind, sodass wir hier alle wichtigen Fakten übersichtlich beisammen haben. Tabelle 5 zeigt, welche Hundegruppen für die einzelnen Punktwertklassen in den verschiedenen Persönlichkeitsdimensionen die beste Wahl sind.

Für jeden Punktwert existieren zwei empfehlenswerte Rassengruppen. Vergleichen Sie nun einfach Ihre sämtlichen eigenen Punktwerte mit der Tabelle und zählen Sie mit, wie oft diese und jene bestimmte Gruppe einem von Ihren Werten zugeordnet ist. Da die Persönlichkeit etwas Komplexes ist und Sie hier mehrere unterschiedliche Aspekte von ihr messen, werden Sie mit Sicherheit mehrere verschiedene Empfehlungen erhalten. Das ist ein völlig normales Ergebnis und liegt daran, dass womöglich zu einem Aspekt Ihrer Persönlichkeit besser diese, zu einem anderen besser jene Hunderasse passen würde. Wenn Sie jedoch genau mitgezählt haben, wie oft einzelne Gruppen für Sie empfohlen werden, haben Sie exakt die Information in der Hand, die Sie brauchen, um sich für eine der Ihrer Persönlichkeit am ehesten angemessenen Hunderassen entscheiden zu können.

Falls eine Rassengruppe zweimal genannt ist: Jede Kategorie von Hunden, die mit Ihren Punktwerten in wenigstens zwei Persönlichkeitsdimensionen kompatibel ist, dürfte Ihren Wünschen und Bedürfnissen in vollkommen ausreichendem Maße entsprechen. Es kann bei diesen Hunderassen zwar vorkommen, dass sie Ihnen Anlass zu Ärger oder Verdruss geben, aber derlei problematische Situationen dürften weder besonders häufig noch besonders gravierend sein. Die meiste Zeit wird ein Hund aus dieser Rassengruppe für Sie ein guter und wohlgelittener Kamerad sein.

Tabelle 5

Die von beiden Geschlechtern nach Maßgabe aller vier Persönlichkeitsdimensionen und aller Stärkegrade von Eigenschaften bevorzugtesten Hundegruppen

Relativer Punktwert	Extraversion		Dominanz	
	Frauen	Männer	Frauen	Männer
hoch	eigenwillig wachsam	intelligent selbstbewusst	selbstbewusst ruhig	selbstbewusst ruhig
mittel	ausgeglichen intelligent	freundlich ausgeglichen	ausgeglichen freundlich	freundlich intelligent
niedrig	ausgeglichen selbstbewusst	eigenwillig ausgeglichen	wachsam eigenwillig	wachsam eigenwillig

Relativer Punktwert	Vertrauen		Warmherzigkeit	
	Frauen	Männer	Frauen	Männer
hoch	wachsam eigenwillig	wachsam intelligent	wachsam freundlich	intelligent freundlich
mittel	freundlich intelligent	freundlich selbstbewusst	eigenwillig intelligent	wachsam eigenwillig
niedrig	ruhig selbstbewusst	ruhig eigenwillig	selbstbewusst ruhig	ruhig ausgeglichen

Falls eine Rassengruppe dreimal genannt ist: Eine Zuordnung in drei Persönlichkeitsdimensionen signalisiert eine sehr gute Verbindung; wer sich für einen Hund aus einer solchen Rassengruppe entscheidet, bekommt ein Tier, das sehr gut zu seinem Naturell passt. Ginge es um die Verheiratung zweier Menschen, würde man sich bessere Voraussetzungen in puncto Aufeinander-abgestimmt-Sein und Füreinander-gemacht-Sein nicht zu erhoffen wagen.

Falls eine Rassengruppe viermal genannt ist: Das führt zu der sprichwörtlichen «im Himmel geschlossenen» Verbindung. Wer dann noch bei den Punkten «Größe» und «Aktivitätsniveau» – auf die ich gleich zu sprechen kommen werde – alles richtig macht, bekommt mit einem solchen Hund praktisch einen idealen Lebensgefährten.

Vielleicht hat sich in manchen Lesern schon der Keim einer herzlichen Zuneigung zu einer bestimmten Hunderasse herausgebildet – sei es aufgrund ihres Aussehens, sei es, weil sie in irgendeiner Weise mit lieb gewordenen Menschen oder Orten assoziiert ist. Wenn die Großgruppe, zu der diese Rasse zählt, nur in einem einzigen Fall einem Punktwert Ihres Persönlichkeitsprofils zugeordnet ist, kann es sein, dass Sie und ein Hund aus dieser Großgruppe aufs Ganze gesehen leidlich gut miteinander zurechtkommen. Dass es zwischendurch zur vorübergehenden Eintrübung des Verhältnisses kommt, ist dabei allerdings nicht auszuschließen. Hier gilt dann das Gleiche wie bei der Beziehung zwischen Menschen: Sofern die positiven Erlebnisse die negativen an Zahl und Stärke übertreffen, kann sich eine starke wechselseitige Zuneigung entwickeln. Bei nur einer Nennung der Rassengruppe entscheidet jedoch wohl stets auch ein Moment reinen Glücksspiels mit darüber, ob die Verbindung gelingt oder nicht. Als Endergebnis kann sich durchaus eine Hassliebe-Beziehung einstellen, in der Sie den Hund von Seiten kennen lernen, die Sie wirklich mögen, andererseits aber auch mit Seiten seines Wesens konfrontiert werden, die Sie schlichtweg verabscheuen.

Von Hunden aus einer Rassengruppe, die den Punktwerten Ihres Persönlichkeitsprofils *nicht ein einziges Mal* zugeordnet ist, sollten Sie am besten die Finger lassen. Die Wahrscheinlichkeit, dass Sie und ein solcher Hund nicht miteinander harmonieren, ist extrem hoch. Gleichermaßen wahrscheinlich ist außerdem, dass die zwischen Ihnen und dem Hund auftretenden Differenzen ziemlich heftig ausfallen werden. Wenn wir davon ausgehen dürfen, dass Sie einen angenehmen Gefährten suchen und nicht einen, der durch ständige Provokation Ihren Gestresstheitsgrad hochschraubt, dann tun Sie gut daran, sich für einen Hund aus einer anderen Gruppe zu entscheiden.

Nehmen wir zum Zwecke der Illustration des Gesagten einmal an, Sie hätten einen Hund auszusuchen für einen Mann, der beim Persönlichkeitstest auf der Extraversionsskala mit «hoch», auf der Dominanzskala mit «hoch», auf der Vertrauensskala mit «mittel» und auf der Warmherzigkeitsskala mit «niedrig» abgeschnitten hat. Beim Abgleich mit Tabelle 5 stellen wir fest, dass hier fünf Rassengruppen als für ihn infrage kommend genannt sind: je einmal die Gruppe der Intelligenten, die der Freundlichen und die der Ausgeglichenen Hunde, zweimal die Gruppe der Ruhigen Hunde und dreimal die Gruppe der Selbstbewussten Hunde. Die beste Wahl würde unser Interessent mit der Entscheidung für einen Hund aus der Rassengruppe der Selbstbewussten treffen, die zweitbeste und immer noch ohne weiteres vertretbare, wenn er einen Ruhigen nähme. Auf gar keinen Fall sollte er es mit Hunden aus den zwei Gruppen der Wachsamen und der Eigenwilligen versuchen, von denen keine ihm auch nur einmal zugeordnet ist: Höchstwahrscheinlich würden Hunde aus diesen Gruppen mit seinem Naturell nicht harmonieren.

Wie weiter?

Nachdem Sie die Rassengruppe bestimmt haben, die zu Ihrer Persönlichkeit passt, sind noch andere Entscheidungen zu treffen, denn jede Großgruppe umfasst ja über ein Dutzend Rassen, unter denen nun eine weitere Auswahl zu treffen ist. Wie verfährt man dabei am besten?

Der positive Faktor: Wer eine bestimmte Hunderasse mag, mag in der Regel auch alle anderen Rassen, die zu derselben Gruppe zählen. Denken wir zum Beispiel an die Filmschauspielerin und Oscar-Preisträgerin Elizabeth Taylor, die wir alle aus Leinwandklassikern wie *Kleopatra, Wer hat Angst vor Virginia Woolf?* und *Butterfield 8* kennen. Ich habe mir von vier Filmexperten ihr Persönlichkeitsprofil erstellen lassen. Im Bewusstsein der Öffentlichkeit wird Liz Taylor seit jeher mit Collies in Verbindung gebracht, weil sie bei ihren ersten Leinwandauftritten neben Lassie spielte. Sie war schon im allerersten Lassie-Film, *Lassie Come Home,* und auch drei Jahre später, in *The Courage of Lassie,* mit dabei. Zum sechzigsten Geburtstag bekam sie einen Colliewelpen geschenkt, und der war sogar ein Nachkomme (in der siebenten Generation) von Pal, dem Hund, der die erste Film-Lassie gewesen war. Bei der Scheidung der Taylor von ihrem achten Ehemann, dem Bauarbeiter Larry Fortensky, wurde der Hund zum Streitobjekt; Fortensky erhob Anspruch auf ihn, doch Taylor verteidigte ihr Besitzrecht erfolgreich vor Gericht. Trotzdem: Collies sind bei Hunden noch nie ihre erste Wahl gewesen.

Viele Jahre lang hatte sie Pekinesen um sich, was nicht überraschen kann, wenn man weiß, dass ihr Persönlichkeitsprofil dreimal Hunde aus der Gruppe der Ausgeglichenen für sie empfiehlt. Sie besaß stets mindestens zwei, oftmals sogar mehr Hunde dieser Rasse. Taylor war in ihre Pekinesen so vernarrt, dass sie keinen Aufwand scheute, um ihnen Unannehmlichkeiten zu ersparen. Während ihrer Ehe mit dem Schauspieler Richard Burton spielte sie einmal neben Burton die Hauptrolle in einem Film, der in England gedreht wurde, und wollte für die Dauer der Dreharbeiten nicht auf die Nähe ihrer Hunde verzichten. Das Dumme war nur, dass ein Hund, den man auf die Britischen Inseln einführen will, zuvor eine halbjährige Quarantäne über sich ergehen lassen muss. Taylor fand einen cleveren, wenn auch kostspieligen Ausweg aus ihrem Dilemma. Sie und Burton charterten ein Jacht, die sie auf der Themse verankerten. Während der gesamten Dauer der Dreharbeiten wohnten sie mit ihren Pekinesen und ihrem kurz zuvor neu erworbenen Lhasa Apso (ebenfalls ein Hund aus der Gruppe der Ausgeglichenen) auf dem Schiff. So brauchten die Hunde nicht ein einziges Mal britischen Boden zu betreten und konnten daher die Quarantäne umgehen (Abb. 16).

Taylor kannte sich schon immer ausgezeichnet aus mit Hunden und konnte gut mit ihnen umgehen. Wenn sie die Tiere rief oder ihnen ein Kommando gab, gehorchten sie ihr aufs Wort, während sie Burton gar nicht wahrzunehmen schienen. Ihn störte das, denn auch er war ein Hundefreund. Dann schleppte Burton eines Tages einen Pekinesen mit Namen E'en So (zu Deutsch «Na wenn schon») an. Der Hund war auf einem Auge blind, und Burton behauptete, er habe ihn aufgelesen, um «ihn zu retten». Nun war E'en So zwar durchaus freundlich, aber irgendwie hatte Liz Taylor Mühe, bei der Verständigung mit ihm auf die richtige Wellenlänge zu kommen. Sie schaffte es einfach nicht, ihn so weit zu bringen, dass er auf sie mit gleicher Wachheit und Aufmerksamkeit reagierte wie auf ihren Mann. Wenn Burton mit ihm sprach, schien der Hund wie gebannt zu lauschen, aber Liz Taylor ignorierte er. Was machte sie falsch, dass der Hund sie so wegwerfend behandelte? Sie konnte es sich nicht erklären. Erst einige Zeit später gestand Burton, dass er den Hund fix und fertig abgerichtet gekauft hatte – abgerichtet allerdings dazu, nur auf Kommandos in walisischer Sprache zu hören, die Burton fließend sprach, Taylor dagegen mit keiner Silbe.

Bald nachdem Elizabeth Taylor (zum zweiten Mal) von Burton geschieden worden war, hakte sie nicht nur in verhältnismäßig kurzer Folge zwei neue Ehemänner ab, sondern wechselte auch ihre Präferenzen in Bezug auf Hunde. Sie fügte ihrer Menagerie eine neue Lhasa-Apso-Hündin namens Elsa hinzu. Die Lhasa Apsos sind eine kleine Rasse aus Tibet, wo sie Abso Seng Key heißen, zu Deutsch «Bellen-Löwe-Wachposten-Hund». Der Name fasst praktisch alle ihre Funktionen zusammen: Sie wurden als Wachhunde gehalten, die bei gegebenem Anlass Alarm zu schlagen hatten, und zudem sollten sie aussehen wie der Himmelslöwe. Wie ich schon sagte, gehören die Lhasa Apsos genau wie die Pekinesen zur Gruppe der Ausgeglichenen Hunde.

Seit neuestem sind wunderschöne weiße Malteser Elizabeth Taylors Lieblingshunde: auch sie Mitglieder der Gruppe der Ausgeglichenen. Malteser sind Winzlinge von Hunden von nicht mehr als zwanzig bis fünfundzwanzig Zentimeter Schulterhöhe und gerade mal eindreiviertel bis drei Kilogramm wiegend, mit einem bodenlangen seidenweichen Haarkleid. Die Existenz von einwandfrei identifizierbaren Maltesern ist seit 1500 v. Chr. urkundlich belegt; damals gelangten sie auf den Schiffen phönizischer Kaufleute aus Kleinasien nach Europa. Unter Seefahrern war es ein verbreiteter Brauch, sie auf langen Reisen als Begleiter und Glücksbringer mitzuführen. Liz Taylors Malteser tragen Namen wie «Sugar» und «Honey». Während ihrer Rekonvaleszenz nach einer Gehirnoperation konnte man einen dieser Hunde, auf ihren Schoß oder neben sie gekuschelt, als ihren ständigen Begleiter beobachten.

Als wichtig festzuhalten ist hier, dass Elizabeth Taylor im Laufe von mehr als fünfunddreißig Jahren eine Reihe von Hunden unterschiedlicher Rasse besessen hat, die sie allesamt liebte und verwöhnte. Wie es scheint, war sie mit allen diesen Rassen gleichermaßen zufrieden und wandte sich von keiner irgendwelcher Disharmonien wegen ab. Und eben damit war von vornherein zu rechnen. Sobald wir wussten, dass sie Pekinesen mochte, hätten wir voraussagen können, dass sie auch Lhasa Apsos und Malteser mögen würde. Warum? Weil diese Rassen alle zur Gruppe der Ausgeglichenen Hunde zählen. Und aufgrund dessen würde ich mich dafür verbürgen, dass sie nicht weniger glücklich mit einem Spitz oder einem Tibet-Terrier wäre, die zu derselben Rassengruppe zählen. Sie dürfen eben nicht vergessen, dass Ihre Persönlichkeit Sie nicht für diese oder jene einzelne Rasse, sondern für eine ganze Rassengruppe in besonderem Maße aufgeschlossen macht.

Nun ist es zwar einerseits im Allgemeinen so, dass zu einem Menschen mit dem einer bestimmten Rassengruppe korrelierenden Persönlichkeitsprofil alle Hunde dieser Gruppe gleich gut passen, doch spielen andererseits bei der Entscheidung für oder gegen eine Rasse zwei weitere Gesichtspunkte eine Rolle. Der erste davon ist die Größe des Hundes. In der einen und anderen Rassengruppe bestehen zwischen einzelnen Rassen ganz enorme Größenunterschiede, so etwa in der Ruhigen-Gruppe, die von dem kleinen Beagle bis zu dem riesigen Irischen Wolfshund reicht. Manch ein Hundebesitzer in spe muss sich bei der Entscheidung «groß oder klein» schlicht und einfach nach seinen Wohnverhältnissen richten.

Wer ein Einzimmerapartment bewohnt, für den kommt eine Deutsche Dogge oder ein Neufundländer in der Regel wahrscheinlich weniger in Frage als ein Papillon oder ein Chihuahua. Allerdings ist in einer kleinen Wohnung unter Umständen auch ein größerer Hund bequem zu beherbergen. Ich habe eine Bekannte, die ein Zweizimmerapartment (Schlafzimmer, kleines Wohn-/Esszimmer, Küche und Bad) bewohnt und sich als

Haustier einen großen, aber wendigen Greyhound hält. Der Hund rollt sich ihr zufolge auf den winzigsten Plätzchen da und dort in der Wohnung zusammen, und es kommt nur ganz selten vor, dass er ihr im Weg ist.

Nach meiner eigenen Erfahrung jedoch ist ein großer Hund auf einer kleinen Wohnfläche ein ziemlicher Störfaktor. Wenn ich mich in der Stadt aufhalte, wohne ich in einem winzigen Häuschen, das nicht mehr Raum als eine durchschnittliche Dreizimmerwohnung hat. Mein Flat-Coated Retriever Odin bringt etwa fünfundsechzig Zentimeter Schulterhöhe und an die fünfunddreißig Kilogramm Lebendgewicht auf die Matte, und damit ist bei diesen Raumverhältnissen seine Gegenwart jederzeit unvergesslich. Wie oft muss ich ihn nicht beiseite schieben, wenn ich das Zimmer durchqueren will! Wie oft höre ich nicht meine Frau ein grimmiges «Schleich dich, du Untier!» raunzen, wenn sie feststellt, dass eine große schwarze Masse von Hund den Durchgang ins Nachbarzimmer oder die Kühlschranktür oder die Backofenklappe blockiert. Bei solchen Gelegenheiten frage ich mich jedes Mal wieder, welche verrückte Überlegung mich bloß dazu bringen konnte, mir einen so großen Hund anzuschaffen. Aber wenn ich dann wieder draußen auf dem Land auf meinem Bauernhof lebe, ist alles ganz anders. Da wohnen wir in einem großen Haus mit hohen Zimmern und viel, viel Wohnfläche. Dort draußen ertappe ich mich manchmal dabei, wie ich Odin betrachte und mir dabei überlege, ob ich nicht vielleicht doch einen zweiten großen Hund anschaffen soll, der ihm Gesellschaft leistet, denn in dieser Umgebung wirkt er einfach viel kleiner und kommt meiner Frau und mir so gut wie nie in die Quere.

Die Größe des Hundes hat darüber hinaus einen zweiten Aspekt, der vielleicht noch wichtiger ist als die Frage, welches Raumvolumen das Tier einnimmt. Es ist der Aspekt der Führung und Kontrolle – je kleiner der Hund, desto leichter hat man ihn im Griff. Wird die Situation für einen kleinen Hund brenzlig, kann man ihn einfach hochheben und an einem sicheren Ort wieder absetzen. Mag ein zweieinhalb bis drei Kilo schwerer Yorkshire-Terrier auch den Kampfesmut eines Tigers haben, wenn Sie an der Leine ziehen, wird er Ihnen folgen, ob er will oder nicht – selbst wenn Sie eine winzige Frau sind und gerade mal vierzig oder fünfundvierzig Kilo wiegen. Demgegenüber ist ein großer Hund eben nicht nur größer, sondern gewöhnlich auch bedeutend stärker. Wenn ein gut fünfunddreißig Kilo schwerer Golden Retriever meint, er müsse einer Katze nachsetzen, kann er beim Lospreschen mit einer solchen Wucht an der Leine reißen, dass es sein Fünfundvierzig-Kilo-Frauchen glatt umhaut und sie vielleicht auch noch die Leine fahren lässt. In einem Zweikampf der Willenskräfte (zu dem das Einüben des Hundes in die Unterordnung häufig gerät, wenn zwischen Herrn und Hund die Meinungen auseinander gehen, wer von beiden eigentlich das Sagen hat) kann ein mehr als siebzig Kilo wiegender Rottweiler sich als ein zäher Gegner erweisen. Deshalb müssen Sie bei der Auswahl eines Hundes mit berücksichtigen, wie groß und wie schwer Sie selber sind.

Das zweitwichtigste Zusatzkriterium bei der Entscheidung für oder gegen ein von Ihrem Persönlichkeitsprofil her zu Ihnen passendes Tier ist das Aktivitätsniveau der fraglichen Rasse. Innerhalb der einzelnen Großgruppen variiert das Ausmaß der für die einzelnen Rassen normalen Aktivität – und damit auch der Bewegung, die Sie dem Hund täglich zukommen lassen müssen – auf breiter Skala. In der Freundlichen-Gruppe zum Beispiel gibt es den Cavalier-King-Charles-Spaniel, der glücklich und zufrieden ist, wenn er die meiste Zeit des Tages auf dem Sofa verschlafen kann, aber auch die zwei Schläge von Springer-Spaniels, die zwölf Stunden lang ununterbrochen in Bewegung bleiben können. Das Aktivitätsniveau Ihres Hundes sollte mit Ihrem eigenen in Einklang stehen. Wenn Sie gern joggen und/oder wandern und/oder andere Formen sportlicher Bewegung im Freien mögen, dann ist eine Bulldogge nichts für Sie, wohingegen Sie mit einem Whippet oder einem Borsoi, zumindest was das betrifft, sehr gut bedient sein dürften. Wenn Ihr Bedürfnis nach körperlicher Ertüchtigung durch das Betätigen der Fernbedienung Ihrer Glotze vollauf gestillt wird, wäre ein Border-Collie für Sie bestimmt ein großes Unglück, ein Mops oder ein Englischer Toy-Spaniel dagegen vielleicht eine ausgezeichnete Wahl. Vergessen Sie also nie: Selbst wenn Ihr Persönlichkeitsprofil mit einer Rasse genau übereinstimmt, bleibt immer noch sicherzustellen, dass Herr und Hund auch im Aktivitätsniveau zueinander passen! Berücksichtigen Sie das nicht, haben Sie jeden Tag Stress, was Auslauf und Bewegung Ihres Hundes angeht.

Diese Grundsätze im Auge behaltend, wollen wir uns nunmehr einem Beispiel aus dem Leben zuwenden und beobachten, wie ein einzelner Mensch mit verschiedenen Hunderassen auskommt.

Der Schriftsteller und die Hunde

Der «einzelne Mensch», den wir als Beispiel wählen, ist der Journalist, Essayist, Lyriker und Kinderbuchautor E. B. White.[1] Er ist der Verfasser des zauberhaften Kinderbuch-Klassikers *Charlotte's Web*, der von dem Schwein Wilbur handelt, das geschlachtet werden soll. Wilbur wird gerettet von seiner Freundin Charlotte, einer weisen Spinne, die in ihr Netz Lobesworte über ihn einspinnt, damit der Bauer sie liest und ihren Freund verschont. Mit *Stuart Little* (deutsch *Klein Stuart*, 1978) und *The Trumpet of the Swan* hat White zwei weitere zeitlose Werke der Kinderliteratur geschrieben.

Elwyn Brooks White war das sechste Kind eines gut situierten Klavierfabrikanten und wuchs in der noblen New Yorker Parksiedlung Mount Vernon auf. Er studierte an der Cornell University und genierte sich während seiner Studienzeit ständig seiner beiden Vornamen. Als Freunde dazu übergingen, ihn (nach Andrew D. White, dem ersten Präsidenten der Cornell University) «Andy» zu nennen, war er glücklich über diesen Spitznamen. Später machte er es sich zur Gewohnheit, seine Publikationen nur mehr unter der zu «E. B. White» verkürzten Form seines Namens erscheinen zu lassen.

Sein Schreibtalent stellte er bereits als College-Student unter Beweis, mit dem Erfolg, dass er zum Chefredakteur der College-Zeitung avancierte. Nach dem College-Studium arbeitete er als Reporter, freier Schriftsteller und Werbetexter. Nicht wenige seiner Arbeit- beziehungsweise Auftraggeber hatten keinen rechten Sinn für seine launige, humoristische Schreibweise, und White fühlte sich nicht wohl in dem Korsett, in das sie ihn mit ihren stilistischen Wunschvorstellungen zwängten. Seine Situation änderte sich dann allerdings grundlegend, nachdem er etliche Beiträge für ein neues Magazin namens *The New Yorker* geschrieben hatte.

Herausgeber des *New Yorker* war Harald Ross, ein autoritärer Chef, der seinen Mitarbeitern viel abverlangte, aber einen Blick für gut geschriebene Sachen hatte. Ross suchte noch immer nach der richtigen «Tonart» für sein frisch gestartetes Periodikum und bot White schließlich eine feste Stellung an. White war ein ausgesprochener Individualist, und der Gedanke an eine Arbeit, für die er zu festgelegten Zeiten in einem Büro anwesend sein müsste, sagte ihm nicht besonders zu. Immerhin überwand er sich so weit, Ross in der Redaktion zu einem persönlichen Gespräch aufzusuchen, und bei dieser Gelegenheit lernte er Katharine Angell kennen, die Redakteurin für die Magazinsparte erzählende Prosa. Sie war es gewesen, die Ross vorgeschlagen hatte, White in den Redaktionsstab zu berufen. White sollte in einem späteren Rückblick seinen ersten Eindruck von Katharine in die Worte zusammenfassen: «Sie hatte einen mächtigen schwarzen Haarschopf und den Bogen raus, wie man einen jungen freien Mitarbeiter in entspannte Stimmung versetzt.» Es war ihm bestimmt, sich in sie zu verlieben, und am selben Tag, an dem ihre Scheidung rechtskräftig wurde, heiratete er sie. Es wurde eine «So lebten sie glücklich bis an ihr seliges Ende»-Ehe, die achtundvierzig Jahre währte, bis zu Katharines Tod im Jahr 1977.

Bald nach Whites Eintritt beim *New Yorker* trat auch der satirische Schriftsteller und Zeichner James Thurber in die Redaktion ein. White, Ross und Thurber prägten die Eigenart des Magazins und seine inzwischen wohl bekannte Tonart. Whites Mitarbeit schlug sich in jedem Heft an mehreren Stellen nieder. Eine seiner Hauptaufgaben bestand darin, die Rubrik *Notizen und Randbemerkungen* zu schreiben, mit denen die Hefte allwöchentlich eröffneten. Unter dem Kolumnentitel *Stadtgespräch* hielt White seine Beobachtungen auf der wechselhaften Bühne des Zeitgeschehens fest. Häufig nahm er auch Stellung zu politischen Themen, wahrte dabei aber meist einen überparteilichen Standpunkt. Seine Artikel waren nicht selten ätzend ironische Betrachtungen zu aktuellen Fragen und zu Persönlichkeiten der Zeitgeschichte. Die Glossen in dieser Rubrik sollten den Standpunkt des Magazins als solchen wiedergeben, und so benutzte White hier die Verbform der ersten Person meist im Plural: «Wir sind der Meinung, dass …» oder «Wie wir gehört haben …». Über den Werdegang seiner Artikel schrieb er einmal: «Wir schreiben, wie es uns gefällt, und das Magazin veröffentlicht, was ihm gefällt. Wenn sich das Gefallen der einen Seite mit dem der anderen deckt, geht die Sache in Druck.» Whites Beiträge umfassten auch Essays, Gedichte und Leitartikel, ja sogar die Schlussredaktion der Textanteile in Karikaturen gehörte zu seinen Pflichten. Mit Ausnahme der längeren Essays und der Gedichte wurden seine sämtlichen Beiträge im *New Yorker* anonym abgedruckt, und obwohl jeder in der Medienbranche wusste, von wem die Sachen stammten, litt White unter diesem Mangel an öffentlicher Anerkennung seiner persönlichen Leistung.

Obwohl durch seine Aufgaben beim *New Yorker* stark in Anspruch genommen, fand White noch Zeit für anderweitige publizistische Tätigkeit. So schrieb er beispielsweise zusammen mit James Thurber ein Buch mit dem Titel *Is Sex Necessary?* (Braucht der Mensch Sex?), eine ausgelassene Vergackeierung der gedruckten Sex-Ratgeber, die den Buchmarkt der Zeit überschwemmten.

Ein Satiriker und Kommentator braucht, zumal wenn er für ein so viel gelesenes Magazin wie den *New Yorker* arbeitet, ein extrem stark ausgeprägtes Selbstbewusstsein. Es kommt ja nicht selten vor, dass Personen, die zur Zielscheibe einer Satire oder eines sarkastischen Kommentars gemacht wurden, dem Autor öffentlich sehr heftig und sogar brutal an den Wagen fahren. Der dominante und selbstsichere Kern von Whites Persönlichkeit zeigt sich am deutlichsten in der Art und Weise, wie er zu guter Letzt in der Frage seiner Lebensgestaltung das Ruder wieder selbst in die Hand nahm. Er fühlte sich nie besonders glücklich in einer Situation, in der andere über seine Zeit- und Arbeitseinteilung entschieden und ihm sein tägliches Arbeitspensum zuwiesen. Also spazierte er eines Tages in Ross' Büro und eröffnete dem verblüfften Herausgeber, dass er und Katharine auf eine Vierzig-Morgen-Farm an der Küste von Maine übersiedeln würden. Da wolle er Tiere züchten, Schafe und Hühner vielleicht; er werde auch weiter schreiben und seine Sachen halt per Post schicken. (In einem Brief an Thurber schrieb er später: «Ich weiß nicht, was entmutigender ist, die Literatur oder die Hühner.»)

Irgendwie schaffte White es, neben der Farmarbeit auch noch zu schreiben. Er lieferte weiter Beiträge zum *New Yorker* und schrieb neuerdings obendrein eine monatliche Kolumne für das

Magazin *Harper's*. Die *Harper's*-Kolumne freute ihn, weil sie mit seinem Namen gezeichnet war und ihm so regelmäßig auch öffentliche Anerkennung für seine Arbeit zuteil wurde.

Nachdem er sich der Fesseln des Büroalltags entledigt hatte, konnte White schreiben, was ihm gefiel und wann es ihm gefiel. Von besonderem Interesse ist E. B. White für uns aber nicht so sehr wegen seiner literarischen Leistung, sondern weil wir über seine Persönlichkeit und sein Zusammenleben mit Hunden so gut Bescheid wissen. Das versetzt uns in die Lage, die Zuordnung der einzelnen Rassengruppen zu spezifischen Persönlichkeitsprofilen an einem konkreten Beispiel zu veranschaulichen.

Ich sprach bereits davon, dass White sich in der Art und Weise seiner Lebensgestaltung als hochgradig dominante Persönlichkeit zu erkennen gab. Die mit dieser Persönlichkeitseigenschaft verbundene Selbstsicherheit bewies er unübersehbar deutlich in den fünfziger Jahren. Das war in den USA die Zeit der von Senator Joseph McCarthy angeführten Hexenjagd auf «Kommunisten», als nur ganz wenige Medienvertreter den Mut aufbrachten, die Stimme gegen die Diffamierungstaktik des HUAC *(House Committee on Un-American Activities*, «Kongressausschuss für unamerikanische Umtriebe») zu erheben und sich damit selbst dem Verdacht der Sympathie für den Kommunismus auszusetzen. Unbeeindruckt von der im Raum stehenden Drohung schrieb White mehrere Leitartikel, in denen er die Verhältnisse anprangerte, wobei er sein Thema mit der gewohnten Mischung aus scharfsichtiger Analyse («Der Jungsenator aus Wisconsin hat nichts weiter erreicht, als das Land zu verunsichern und Amerika just in einem Moment, wo es sich selbst vollkommen unter Kontrolle haben sollte, in Aufruhr zu halten») und sarkastischen Geißelhieben («Der eine und andere von diesen Ausschussmitgliedern ist überhaupt nicht in der Lage, ein Faktum von einer Tüte Popcorn zu unterscheiden») anging.

Dass White auch in der Persönlichkeitsdimension Warmherzigkeit sehr hoch rangierte, lässt sich außer an seinen privaten Beziehungen zu anderen Menschen auch an seinen Schriften ablesen. Als er gelegentlich einmal darlegte, was ihn veranlasst hatte, *Charlotte's Web zu* schreiben, verriet er dabei unwillentlich, wie warmherzig und anteilnehmend er im Grunde war. Ihm machte der Umstand zu schaffen, dass er Tiere liebte, dass zugleich aber auch «eine Farm für einen tierlieben Menschen ein eigentümliches Problem darstellt, denn für den größten Teil des Viehbestands besteht sein Los darin, von seinen Haltern und Ernährern umgebracht zu werden. Die Tiere mögen ein unbeschwertes Leben haben, aber sie sterben einen gewaltsamen Tod.» White hatte mehrfach Schweine gehalten, die er jeweils im Frühjahr als eben erst entwöhntes Ferkel erworben und den ganzen Sommer und Herbst über mit viel Liebe und Fürsorge großgezogen hatte. Die Beziehung zu dem Tier belastete ihn, denn einerseits wuchs der Grad der Vertrautheit zwischen ihm und dem Schwein von Tag zu Tag, andererseits empfand er das ganze Verhältnis als ein Doppelspiel von seiner Seite, das in einem letzten Täuschungsmanöver kulminieren würde, weil ja mit jedem Tag auch der Todestag des Tieres näher rückte. Und wie er selber sagte: «Weder einen Menschen noch ein Tier liefere ich gern ans Messer. […] Aber wie auch immer, *Charlotte's Web* handelt von einem Schwein, das seinem Schicksal entgeht, und ich habe so eine Ahnung, dass irgendwo tief in mir drin ein Wunsch in diese Richtung ging.»

In den zwei übrigen Persönlichkeitsdimensionen errechnen sich für White ganz durchschnittliche Werte. Eine mittlere Position auf der Vertrauensskala ist die Resultante aus der Kombination von zwei Extremen: Einerseits ließ er sich nicht gern von anderen Menschen dirigieren oder manipulieren, andererseits war ihm der Gedanke unbehaglich, seine Mitmenschen manipulieren zu sollen. Deshalb war er ein miserabler Werbetexter. Gegen seine Freunde war er außerordentlich loyal; dann und wann meinte er, dem einen oder anderen einen guten Rat geben zu müssen, und konterte auch schon mal die Meinung eines Freundes mit seiner eigenen, abweichenden Auffassung, aber niemals machte er den Versuch, anderen seine Vorstellungen und Ansichten aufzuzwingen. Wenn Freunde ihn kritisierten, fühlte er sich tief getroffen, aber solcherlei Kritik veranlasste ihn ganz selten zu einer Meinungs- oder Verhaltensänderung. Das alles zusammen passt in das Bild eines Menschen mit mittlerem Punktwert in der Persönlichkeitsdimension Vertrauen.

Auch auf der Extraversionsskala liegt Whites Ergebnis im mittleren Bereich – nicht weil er sich durchgängig auf mittlerem Extraversionsniveau gehalten hätte, sondern weil er zwischen Extremen hin und her pendelte. Er liebte die Einsamkeit, die mit seinem Leben auf der Farm verbunden war, klagte aber auch häufig über sein Alleinsein. Er hatte einen großen Freundeskreis, mit dem er einen regen geselligen Verkehr unterhielt, aber gleichzeitig arbeitete er am liebsten in einem leeren Bootshaus, dessen spärliche Einrichtung ihn gegen Besucher «abschirmte» und ihn zu einem «gesünderen Menschen» machte. Zwar versetzte ihn nach eigener Aussage schon der Gedanke, vor einem größeren Publikum sprechen zu müssen, in Panik, doch las er mit dem größten Vergnügen bei allen möglichen literarischen Clubs aus seinen Veröffentlichungen vor. Obwohl alle beide Freunde der Einsamkeit, gaben seine Frau und er zu bestimmten Anlässen Partys, zu denen nicht selten hundert Gäste und mehr eingeladen wurden. Im Ganzen genommen summieren sich diese Extreme zu einem mittleren Wert auf der Extraversionsskala.

Betrachten wir nun E. B. Whites Persönlichkeitsprofil im Ganzen, unter Berücksichtigung aller vier Dimensionen. So wie seine Biographen ihn schildern, schneidet White im Persönlichkeitstest mit folgenden Punktwerten ab: mittel auf der Extraversionsskala, hoch auf der Dominanzskala, mittel auf der Vertrauensskala und hoch auf der Warmherzigkeitsskala. Wie blättern zurück zu Tabelle 5 auf Seite 287 und stellen fest, dass diesem Persönlichkeitsprofil dort die Gruppe der Freundlichen Hunde dreimal und die Gruppe der Selbstbewussten Hunde zweimal zugeordnet ist, während die Ausgeglichenen, Ruhigen und Intelligenten Hunde auf nur je eine Nennung kommen. Demnach erwarten wir, dass Whites Herz am stärksten für die Rassen in der Gruppe der Freundlichen Hunde schlug, dass er große Zuneigung noch für die Rassen der Selbstbewussten empfand und dass er für die drei anderen genannten Gruppen gemischte Gefühle hegte. Im Laufe seines Lebens hat er viele Hunde besessen, und die Rassen stimmen mit unseren Schlussfolgerungen überein.

Der erste Hund, dem Whites Liebe gehörte, war einer aus der Gruppe der Freundlichen, ein Collie namens Mac. Whites Äußerungen über den Hund zeigen, was er für Mac empfand: «In der ganzen Unmasse von Hunden verschiedenster Sorte, mit der ich mich in meinem Leben abgegeben habe, war mein erster mit Abstand der edelste, beste und wichtigste … Es war ein Langhaar-Collie, wunderschön gezeichnet, mit stumpfer Schnauze und enorm viel angeborener Liebenswürdigkeit und Intelligenz. Als ich ihn bekam, war er genau das, was ich dringend brauchte. Ich glaube, dass all die Hunde, die ich sonst noch gehabt habe, wahrscheinlich nur ein tastendes Suchen nach jenem alten Traum von einem Hund waren.»

An Macs Verhalten erinnerte sich White mit richtig zärtlichen Gefühlen. «Noch heute sehe ich meinen ersten Hund in all den Stimmungen und Situationen vor mir, in denen ihn mein Gedächtnis archiviert hat, aber am häufigsten denke ich daran, wie er gleich nach dem Frühstück auf der hinteren Veranda lieber mit langen Zähnen einen Teller hart getrockneter Hafergrütze aufzufressen pflegte, als meine Gefühle zu verletzen. Sechs Jahre lang traf ich ihn nach der Schule immer an derselben Stelle meines Heimwegs, wo er auf mich wartete, um mich nach Hause zu begleiten – eine Gefälligkeit, die er sich ganz allein ausgedacht hatte. Eine solche Kameradschaftlichkeit vergisst ein Junge nie.»

Wenn er seinen Collie so sehr liebte, warum hat er sich dann nicht wieder einen angeschafft? Aus zwei Gründen, wie es scheint. Erstens war White nicht der Ansicht, dass die Züchtung eine ausschlaggebende Rolle für das Wesen eines Hundes spiele (heute wissen wir indessen definitiv, dass die Erbanlage in ganz wesentlichem Maße über die Persönlichkeit eines Hundes mitentscheidet). Er meinte: «Ein Hund, der das Zeug hat, zu einem wirklich unentbehrlichen Kameraden zu werden, ist ein Glücksfall der Natur. Den schafft man nicht mittels Züchtung, und den kann man auch nicht mit Geld kaufen. Den kann einem nur ein glücklicher Zufall bringen.» Zweitens gestand er: «Ich habe mich aus Furcht, den unvermeidlichen Vergleich nicht ertragen zu können, nie getraut, mir noch einmal einen Collie anzuschaffen.»

In seinem späteren Leben besaß White einen Labrador-Retriever und einen großen Springer-Spaniel, beides Rassen der Freundlichen-Gruppe. Obwohl er mit den Hunden im Ganzen zufrieden war, scheint er mit ihnen einfach aufgrund ihrer Größe und Stärke mehr Probleme gehabt zu haben. White war zu keinem Zeitpunkt sonderlich kräftig, und seine Unfähigkeit, die größeren Hunde unter Kontrolle zu halten, brachte ihn dann und wann in peinliche Situationen. So gestand er beispielsweise in einem Brief an den Schriftsteller und Theaterkritiker Alexander Woollcott: «Ich bin Besitzer eines Spaniels, der letzte Woche eine Nonne aus der Kutte schälte. Er packte ihren Knotenstrick. Ich hielt ihn an der Leine gepackt. Es war ein bisschen wie bei der Elefantenkarawane im Zirkus, wo jeder den vor ihm in der Reihe am Schwanz festhält. Stellen Sie sich das einmal vor: Ich entkleide eine Nonne, noch dazu vermittels eines Helfershelfers.» So wurde ihm bald klar, dass es das Klügste für ihn war, sich auf kleine, leichter lenkbare Hunde zu beschränken.

Gemäß Whites Persönlichkeitsprofil ist die zweite Gruppe von Hunden, die gut zu ihm hätten passen müssen – und es auch taten –, die der Selbstbewussten, die eine größere Anzahl von Terriern mit umfasst. White besaß einen Hund dieses Typs, der Jones hieß; er charakterisierte ihn als «einen kleinen, schlecht gebauten Norwich-Terrier, ein Bündel von Neurosen», hatte ihn aber nichtsdestoweniger eindeutig ins Herz geschlossen. «Jones ist hitzig, rauflustig, schlau und halbwegs fügsam. Ich denke, ich kann es schaffen, doch noch einen richtigen Hund aus ihm zu machen.» Weiter gab es in Whites Leben einen Foxterrier namens Raffles. Dann war da noch die West-Highland-White-Terrier-Hündin Susy. Die Umstände ihres Kaufs bezeugen, dass die selbstbewussten Terrier bei White, sobald sein Interesse sich Hunden zuwandte, ganz oben auf der Beliebtheitsskala rangierten. «Ich kaufte Susy neulich von einer Frau in Southwest Harbor, weil mich unversehens die Lust auf einen Hundewelpen ankam.»

Vielleicht sein liebster Hund nach jenem Collie namens Mac war eine schwarze Scotchterrier-Hündin mit Namen Daisy. Er hatte sie ständig um sich und nahm sie auch auf zahlreiche Reisen mit. Er mochte ihre Gesellschaft und gab sie nur sehr ungern in fremde Obhut. Nach ihrem Tod schrieb er einen liebevollen Nachruf auf sie:

«Daisy verschied am 22. Dezember 1931 auf der Stelle, als sie am University Place von einem Gelben Taxi überfahren wurde. Zum Zeitpunkt ihres Todes war sie gerade dabei, die Straßenseite eines Blumenladens zu beschnüffeln. Es war ein regnerischer Tag, und das Taxi schleuderte von der Fahrbahn über die Bordsteinkante auf den Gehweg – genau die Art aufregender Vorfall, über den sie sich, hätte sie ihn in sicherer Entfernung miterlebt, köstlich amüsiert hätte. […] Ihr Leben stand im Zeichen der Überraschung, nicht der Vollendung. Wer sie nur oberflächlich kannte, hielt sie für einen eigensinnigen kleinen Misthund und mit dieser Meinung meist auch nicht hinterm Berge; sie besaß jedoch einen kleinen Kreis von Freunden, die sich nicht davon abhalten ließen, zu ihrem wahren Wesen vorzudringen, auch wenn das mit einigem Aufwand verbunden war. [...] Praktisch alles im Leben war für sie eine Quelle des Vergnügens, ausgenommen das Autofahren, ein Erfordernis, dem sie sich gegebenenfalls ohne Aufmucken, ohne Freude und ohne Brechreiz unterwarf. Sie kümmerte sich – und damit komme ich zum Schluss – nie um Dinge, die ihre Neugier hätten abstumpfen oder ihren Geschmack hätten verderben können. Sie starb mit dem Geruch des Lebens in der Nase und mit der Freude am Leben im Herzen.»

Beim Abgleich von Whites Persönlichkeitsprofil mit Tabelle 5 stellten wir fest, dass mehrere Hundegruppen nur jeweils einmal als infrage kommend genannt sind (wie es übrigens bei den meisten anderen Persönlichkeitsprofilen in ähnlicher Form der Fall ist). Wie ich schon sagte, kann es durchaus vorkommen, dass die Entscheidung für einen solchen dem eigenen Persönlichkeitsprofil nur einmal zugeordneten Hund zu einem guten Ende führt, indem sie sich auf lange Sicht als der Beginn einer wunderbaren Freundschaft erweist. Indes, die meisten Menschen, die sich so entscheiden, machen hinterher die Erfahrung, dass sie in ein sehr zwiespältiges Verhältnis zu dem Hund hineinwachsen, das sie mal himmelhoch jauchzen lässt, mal zu Tode betrübt macht. Man wird dann manche Eigenschaften des Hundes lieben, andere hassen. Dem Persönlichkeitsprofil E. B. Whites ist die Gruppe der Ausgeglichenen Hunde nur einmal zugeordnet. Zu dieser Gruppe zählen auch die Dachshunde, und White hatte zwei von der Sorte. Der erste hieß Fred und war der typische rötlichbraune Kurzhaardackel (Abb. 17). White hatte das Tier nicht für sich selbst angeschafft, sondern es für seine Frau Katharine, die die Rasse schon immer gemocht hatte, in einem Heimtierladen an der Madison Avenue gekauft. Fred war ein großes, willensstarkes, dem Bier nicht abgeneigtes Hundetier, das in seinem Frauchen zwar eine herzliche Liebe, in White selbst aber die zu erwartenden gemischten Gefühle weckte.

«Seit einer ganzen Reihe von Jahren lasse ich mich jetzt schon von einem ungemein großen und ungemein flegelhaften Dackel namens Fred drangsalieren. Unter all den Hunden, in deren Diensten ich bisher gestanden habe, ist mir kein zweiter begegnet, der von dem, was ich sagte, ähnlich viel verstanden und es mit ähnlich tiefer Verachtung quittiert hätte. Wenn ich das Wort an Fred richte, brauche ich weder meine Stimme noch meine Erwartungen jemals besonders hoch zu schrauben. Er verweigert mir sogar dann den Gehorsam, wenn ich etwas von ihm verlange, was er von sich aus gern tun würde. Und wenn ich auf sein gebieterisches Kratzen an der Tür hin herzueile und ihm dienstbeflissen die Tür aufhalte, damit er durchspazieren kann, bleibt er todsicher auf halbem Weg stehen und zündet sich erst mal eine Zigarette an, um mir noch mehr Zeit zu stehlen.»

Whites Beziehung zu Fred war eine echte Hassliebe, und nirgends kommt das besser zum Ausdruck als in der folgenden Beobachtung:

«[Fred] ist nächst mir der größte Bedenkenträger und Aufpasser auf dem ganzen Hof und hat immer viel zu viele Dinge im Kopf, um die er meint sich sorgen zu müssen. Er kümmert sich nicht nur um seine eigenen Angelegenheiten, sondern arbeitet nach einem System der Nachkontrolle, durch das er sich getrieben und ermächtigt fühlt, seine Nase auch in meine Angelegenheiten zu stecken, um zu sehen, ob alles auf das Sorgfältigste erledigt wurde. (...) Bei allem, was ich tue, und seien es noch so nebensächliche oder gewohnheitsmäßige Verrichtungen, möchte er in Aufsicht führender Funktion mit dabei sein, egal ob ich ein Schaf bade oder einfach nur mal selber ein Bad nehme. (...) Sein Treiben und sein Charakter sind für mich ein Quell schier unablässigen Ärgers, aber zugleich ist er ein so charmanter alter

Narr, dass ich, wenn ich es mir auch selber so halb zum Vorwurf mache, richtig an ihm hänge. Das Leben wäre ohne ihn das reinste Paradies, aber ich fürchte, das würde ich mir gar nicht wünschen.»

E. B. Whites Lebensgeschichte liefert uns den Beweis dafür, dass eine Hundegroßgruppe, die nach unserem System dem Persönlichkeitsprofil eines Menschen dreimal zugeordnet wird, das Potenzial zu einer einzigartig glückhaften Herr-Hund-Beziehung in sich birgt – zu einer Freundschaft, die man sein Leben lang nicht vergisst. Entscheidet man sich für einen Hund aus einer zweimal genannten Gruppe, hat man alle Aussichten, einen guten Kameraden zu gewinnen und lieb zu gewinnen. Auch ein Hund aus einer nur einmal genannten Gruppe kann für sich einnehmen, aber unter Umständen erreicht man dieses Ziel erst am Ende eines langen und steinigen Wegs.

16

Der richtige und der falsche Hund

Wenn Sie den Hund finden, der zu Ihrer Persönlichkeit passt, wird das wahrscheinlich eine Verbesserung Ihrer Lebensqualität mit sich bringen. Oder wie der Hundeexperte Roger Caras schreibt: «Wenn Sie kein Hundebesitzer sind, wenn Sie nicht wenigstens *einen* haben, heißt das nicht unbedingt, dass mit Ihnen etwas nicht stimmt, aber mit Ihrem Leben könnte etwas nicht stimmen.»

Manche Menschen haben vielleicht – bedingt durch ihre aktuellen Lebensumstände, ihre Persönlichkeitsstruktur oder ihre Lebensgeschichte – Schwierigkeiten, Beziehungen zu anderen aufzubauen. Die Schwierigkeiten können im Einzelfall vorübergehend oder dauerhaft sein. Aber trotz allem können viele dieser Menschen eine Beziehung zu einem Hund unterhalten – zu dem richtigen Hund jedenfalls. Für den, der es kann, ist sein Hund am Ende vielleicht das wichtigste Objekt sozialer Kontakte und unter Umständen das einzige Objekt echter Liebe. Solche Menschen bekunden, wenn es um ihren Hund geht, nicht selten eine Liebe und eine Besorgnis, die an Verständnis und Intensität alles übertrifft, was sie für Angehörige, Freunde oder Ehepartner zu erübrigen vermögen. Nehmen wir zum Beispiel den folgenden Fall, der sich im Jahr 1991 in der Kleinstadt Derry im Staat New Hampshire zutrug.

Die dreiundzwanzigjährige High-School-Lehrerin Pamela Smart hatte nach ihrer Beschreibung in den Medien große braune Augen, Gainsborough-Locken und ein Faible für Heavy Metal. Den Berichten zufolge lud sie ihren fünfzehnjährigen Schüler William Flynn zu sich nach Hause ein, sah sich zusammen mit ihm ein Pornovideo an und verführte ihn anschließend. Die Episode war für sie der erste Schritt zu der Verwirklichung ihres Vorhabens, Flynn und zwei seiner Freunde zur Ermordung ihres Ehemanns, des vierundzwanzigjährigen Versicherungsvertreters Greg Smart, anzustiften. Statt sich von Greg scheiden zu lassen, zog Pamela es vor, ihn beiseite zu schaffen, weil sie fürchtete, der Scheidungsrichter könnte ihrem Ehemann nicht nur die Doppelhaushälfte des Paares zusprechen, sondern ihr auch den Besitzanspruch auf den Hund aberkennen. Ihr Plan ging auf. Flynn und seine Freunde taten, wie von ihr geheißen, und Greg starb an einer Kugel.

Die zumindest im Hinblick auf den hier gegebenen Zusammenhang vielleicht aufschlussreichste Facette der Geschichte kam zutage, nachdem die jugendlichen Täter von der Polizei gefasst worden waren. Alle drei bekannten sich des gemeinsam verübten Totschlags schuldig und erwähnten in ihrer Aussage vor Gericht, dass Pamela Smart ihnen eine ausdrückliche Anweisung in Bezug auf den Hund mitgegeben habe. «Ich möchte, dass ihr ihn den Keller sperrt, bevor ihr loslegt», soll sie gesagt haben. «Ich möchte nicht, dass der Hund sich aufregt oder einen Schreck kriegt oder neurotisch wird, weil er mitansehen muss, wie einem von der Familie was angetan wird.»

Sir Isaac und Diamond

Sir Isaac Newton scheint ein Mensch gewesen zu sein, der am Zusammensein mit anderen Menschen keine sonderliche Freude hatte, sich dagegen wohl fühlte in der Gesellschaft seines Hundes.[1] Newton war ohne Frage der Gelehrte, der die bedeutendste Einzelleistung zur wissenschaftlichen Revolution des siebzehnten Jahrhunderts beisteuerte. Er entdeckte das Gravitationsgesetz, das zusammen mit den von ihm formulierten drei Axiomen der Mechanik (Trägheitsgesetz, dynamisches Grundgesetz und Reaktionsprinzip) zum Fundament der klassischen theoretischen Physik und Himmelsmechanik wurde. Darüber hinaus erwarb er sich Verdienste auf dem Gebiet der Optik (wo er unter anderem unser Wissen über die Natur des Lichts erweiterte) und dem der Mathematik (wo er unter anderem die Infinitesimalrechnung entwickelte). Newtons gewaltige Verstandeskraft und intellektuelle Fruchtbarkeit können ebenso wenig einem Zweifel unterliegen wie die Tatsache, dass er seinen Mitmenschen gegenüber ein nachtragender, rachsüchtiger, kaltherziger, liebloser Kumpan war. In seinem Leben scheinen Liebe und Zuneigung nicht die geringste Rolle gespielt zu haben.

Newton war ein schwächlicher Säugling gewesen, und viele Leute hatte es überrascht, dass er nicht schon im ersten Lebensjahr gestorben war. Seinen leiblichen Vater hatte er nie kennen gelernt, denn der war drei Monate vor seiner Geburt verstorben, und im Alter von zwei Jahren war Newton von seiner Mutter getrennt worden. Sie hatte wieder geheiratet, einen gut besoldeten Geistlichen namens Barnabas Smith, der wenig Zuneigung zu einem Kind empfand, das nicht sein eigenes war. Smith bestand darauf, dass der kleine Isaac in der Obhut der Großmutter zurückblieb, als der geistliche Herr mit der Mutter des Kindes in ein anderes Dorf zog, wo er ihr die Verantwortung für die Aufzucht seiner drei eigenen leiblichen Kinder übertrug. Neun Jahre lang, bis zu Smith' Tod, blieb Newton von seiner Mutter getrennt. Einigen Psychologen zufolge war diese frühe Trennung und Entfremdung von den Eltern die Ursache von Newtons lebenslanger Unfähigkeit zu lieben. Auf jeden Fall hatte sich in ihm eine Menge Wut auf seine Mutter und seinen Stiefvater aufgestaut, wie aus stichwortartigen Notizen zu seinem Lebenslauf hervorgeht, die er 1662 anlegte. Darin erinnert er sich an seine «Drohung gegen Vater und Mutter Smith, ihnen das Haus über dem Kopf anzuzünden».

Newtons Mangel an Duldsamkeit, Güte und Nachsicht lässt sich am besten in seinen diversen wissenschaftlichen Fehden beobachten. Bei derlei Auseinandersetzungen ging er stets von der Voraussetzung aus, dass noch der leiseste kritische Einwand gegen seine Arbeit in Wahrheit ein Anschlag auf seine Person war, der nicht nur den Abbruch jedweden sozialen Kontakts mit dem Kritiker gebot, sondern auch nach Vergeltung und Strafe schrie.

Betrachten wir zum Beispiel Newtons Verhältnis zu Robert Hooke. Hooke war ein namhafter Gelehrter, der wie Newton auf vielen Gebieten arbeitete, so etwa auf dem Feld der Optik, der Chemie, der Mechanik und der Botanik. Seine Forschungen führten zur Entwicklung der Unruhefeder für Taschenuhren und bereiteten den Boden für die Erfindung der Dampfmaschine. Er stellte eine adäquate begriffliche Definition der Elastizität auf, die er dann zu einer mathematischen Formulierung, dem heute so genannten «Hooke'schen Gesetz», weiterentwickelte. Hooke hatte in einer Stellungnahme zu einer frühen Veröffentlichung Newtons auf optischem Gebiet eine milde Kritik angebracht, und da Newton nicht in der Lage war, die normale wissenschaftliche Diskussion mit ihrem Austausch von Pro und Kontra von einem persönlichen Angriff zu unterscheiden, hatten ihn diese Ausstellungen in solche Wut versetzt, dass er mit dem Versuch einer öffentlichen Demütigung Hookes reagierte.

Als Newton Jahre später die Eigenschaften der Gravitation untersuchte, versuchte Hooke, in eine formelle wissenschaftliche Korrespondenz mit ihm einzutreten. In einem Schreiben äußerte er den Gedanken, dass Newton die Ergebnisse eines Experiments nicht richtig interpretiert habe, und regte an, den Fehler mittels der Annahme zu beheben, dass die Schwerkraft umgekehrt proportional der Entfernung sei. Erbittert über die Kritik, würdigte Newton den Schreiber keiner Antwort, wiewohl er später zugab, dass der Brief ihn zu neuen Experimenten und Analysen angeregt habe, die sich ganz entscheidend auf die Formulierung des Gravitationsgesetzes auswirkten. Nach Jahren nahm Newton seine überarbeitete Darlegung der Gravitation in das Manuskript seiner *Optik* auf, das er der Royal Society vorlegte. Als Hooke feststellte, dass die Zusammenhänge, auf die er Newton hingewiesen hatte, Eingang in das Manuskript gefunden hatten, bezichtigte er Newton des Plagiats. Da Newton sich nicht zu der Höflichkeit hatte bereit finden können, Hooke eine Antwort auf jenen Brief zukommen zu lassen und ihm die Sachlage zu erläutern, ist Hookes Reaktion verständlich, wenn auch bei Kenntnis aller Fakten in der Sache nicht berechtigt.

Die Art, wie Newton auf Hookes Vorwurf reagierte, verrät uns eine Menge über seine Persönlichkeit. Hooke wäre vollauf zufrieden gewesen und gar nicht auf die Idee gekommen, eine Anschuldigung zu erheben, wenn Newton in seinem Manuskript einfach mit ein paar Worten erklärt hätte, dass Hooke Überlegungen in ähnlicher Richtung wie er selbst angestellt hatte und dass er, Newton, durch das Briefgespräch zwischen ihnen beiden zu neuen Experimenten angeregt worden war. Das wäre nicht nur eine noble und elegante, sondern in Anbetracht der Tatsache, dass Hooke zum fraglichen Zeitpunkt bereits sehr krank und seine illustre Laufbahn ihrem Ende nahe war, auch eine von Menschlichkeit und Mitgefühl zeugende Geste gewesen, die überdies Newton nichts gekostet hätte. Aber nein, Newton reagierte mit Rachsucht. Er ging sein Manuskript noch einmal durch und tilgte fast alle Verweise auf Hooke. Er war so wutentbrannt über den Vorfall, dass er die Publikation seiner *Optik* und die Übernahme der Präsidentschaft der Royal Society so lange hinausschob, bis Hooke gestorben war.

Dass Newton gegenüber anderen Menschen kalt und gefühllos war, bewies er während seiner Amtszeit als Präsident der

Royal Society viele Male. In der Zeit, als er an seinen astronomischen Berechnungen gearbeitet hatte, hatte er dann und wann den Königlichen Astronomen John Flamsteed um Hilfestellung gebeten. Flamsteed verfügte über eine unglaublich umfangreiche Sammlung wichtiger astronomischer Daten, die nirgendwo sonst vorlagen, und hatte stets die erbetenen Informationen geliefert. Im letzten Jahrzehnt des siebzehnten Jahrhunderts nun benötigte Newton für seine Theorie der Monde neuerlich Auskünfte von Flamsteed und ärgerte sich maßlos, als ihm die Informationen nicht so vollständig und prompt zugingen, wie er es wünschte. Deshalb ließ er ohne den geringsten Skrupel seinen Einfluss im Regierungsapparat spielen, um seine Ernennung zum Vorsitzenden des Kontrollausschusses zu erreichen, dem das Königliche Observatorium unterstand. Alsdann nahm er Flamsteeds Sternenverzeichnis ins Visier und versuchte, dessen sofortige Veröffentlichung zu erzwingen, weil er danach jederzeit uneingeschränkten Zugang zu dem Material gehabt hätte. Vorhaltungen, dass er damit Flamsteed praktisch der Früchte seiner Lebensarbeit berauben würde, stießen bei ihm auf taube Ohren. Gegen bestehende Vereinbarungen mit Flamsteed verstieß er, wann immer es ihm in den Kram passte, und konnte schließlich erst durch einen von Flamsteed erwirkten Gerichtsbeschluss zum Einhalten gebracht werden. Genau wie im Fall Hooke suchte Newton sich dadurch zu rächen, dass er, obwohl die Daten des Königlichen Astronomen nach wie vor Grundlage seiner Berechnungen waren, alle Verweise auf Flamsteeds Mithilfe systematisch aus seinen späten Schriften tilgte.

Erwähnenswert ist ferner Newtons Intrigieren gegen den deutschen Philosophen und Mathematiker Gottfried Wilhelm Leibniz. Wir wissen heute mit Sicherheit, dass Newton in den Jahren 1665 und 1666 *de facto* als Erster die Infinitesimalrechnung entwickelte. Er veröffentlichte jedoch seine Erkenntnisse, noch dazu in unvollständiger Form, erst 1704 im Anhang zu seiner *Optik*. In der Zwischenzeit (nämlich im Jahr 1675) hatte Leibniz vollkommen unabhängig von Newton die gleiche Entdeckung gemacht und sie 1684 (also wesentlich früher als Newton) veröffentlicht. Da Newtons Leistung zum Zeitpunkt des Erscheinens von Leibniz' Publikation der Öffentlichkeit unbekannt war, wurde Leibniz seinerzeit mit Recht als der Begründer der neuen mathematischen Disziplin gefeiert. Newton reagierte mit dem Bemühen, Leibniz' Karriere und Glaubwürdigkeit zu ruinieren. In einer Reihe von Aufsätzen führte er scharfe Angriffe gegen Leibniz, veröffentlichte diese Pasquille jedoch nicht unter seinem eigenen Namen, sondern als Arbeiten einiger seiner Schüler, und da alle Betroffenen wussten, wie weit Newton in seinem Zorn gehen konnte, wagte keiner eine öffentliche Richtigstellung. In seiner Eigenschaft als Präsident der Royal Society betraute Newton sodann eine «unabhängige» Kommission mit der Untersuchung des Falles. Dass er bei den handverlesenen Kommissionsmitgliedern von vornherein hundertprozentig sicher sein konnte, dass ein Spruch zuungunsten von Leibniz ergehen würde, genügte Newton nicht. Um mit hundertfünfzigprozentiger Sicherheit zu seiner Rache zu kommen, verfasste er den von der Royal Society veröffentlichten offiziellen Kommissionsbericht als ungenannter Ghostwriter selber. Und um die Sicherheit von Leibniz' Verurteilung noch einmal zu steigern, veröffentlichte Newton in den *Philosophical Transactions* anonym eine Besprechung des Kommissionsberichts, deren Fazit dahin gehend lautete, dass eine faire Untersuchung stattgefunden habe und Leibniz' Verhalten danach in jeder Hinsicht als böswillig und unethisch zu bewerten sei.

In Newtons Leben gab es nur sehr wenige engere Beziehungen zu anderen Menschen. Die einzigen Frauen, die ihm menschlich nahe standen, waren seine Mutter (die ihn verließ, als er noch klein war, und zu der das Verhältnis daraufhin ein gestörtes blieb) und späterhin eine Nichte, zu deren Vormund er bestellt wurde. Newtons Biographen haben keinerlei Anhaltspunkte dafür gefunden, dass er sich jemals erotisch für eine Frau interessiert hätte. Sonderlich geglückt waren auch seine Beziehungen zu Männern nicht. Zwar übernahm er gegenüber einem Kreis junger Wissenschaftler die Rolle des Mentors, spielte sie jedoch mehr mit der Attitüde des Schulmeisters denn als Freund. Das Einzige in Newtons Leben, das von etwas entfernt Ähnlichem wie halbwegs dauerhafter Liebe und Teilnahme zeugt, ist sein Verhältnis zu seinem Hund, genauer gesagt: zu seiner Hündin.

Newton besaß eine eierschalenfarbene Spitzhündin namens Diamond – in Anbetracht seines niedrigen Punktwerts auf der Warmherzigkeitsskala und seiner mittleren Position auf der Extraversionsskala eine ausgezeichnete Paarung. Wie ich schon im Zusammenhang meiner Ausführungen über Königin Victoria erwähnte, waren die Spitze in früheren Jahrhunderten in der Regel sehr viel größer, als sie heute normalerweise sind, und allem Anschein nach handelte es sich bei Diamond um einen Hund mittlerer Größe, der ungefähr vierzehn Kilogramm wog. In puncto Wesen und Persönlichkeit waren sie allerdings den heutigen Spitzen ganz ähnlich. Und die sind ja bekanntlich leicht reizbar und auch, soweit ihre Statur das erlaubt, recht scharf, sodass sie sehr gute Wachhunde abgeben. Und just mit dieser Qualifikation sollte Diamond einmal kein geringes Unheil anrichten.

Das war irgendwann, nachdem Newton den besagten Brief von Hooke erhalten hatte, zu der Zeit, als er mit der Überarbeitung des Gravitationsgesetzes begonnen hatte. An dem fraglichen Tag saß Newton nach Anbruch der Dunkelheit bei Kerzenlicht an seinem Schreibtisch, während Diamond in der Nähe schlafend auf dem Boden lag. Auf ein Klopfen an der Haustür hin verließ Newton das Arbeitszimmer, und wie es scheint, wurde Diamond dann durch teilweise unvertraute Stimmengeräusche geweckt. Auf der Stelle regte sich ihr Bewacherinstinkt, und sie versuchte, zu ihrem Herrn zu gelangen. Aber Newton hatte beim Hinausgehen die Tür des Arbeitszimmers hinter sich geschlossen, sodass sie ihre Erregung nur durch Gebell und wildes Herumtoben in dem Zimmer abreagieren konnte. Bei ihrem Hin- und Herhasten muss Diamond gegen ein Bein von Newtons leicht gebautem Schreibtisch gestoßen sein. Durch den Aufprall fiel die Kerze um, direkt auf Newtons Manuskript. Das Zimmer nahm keinen großen Schaden, aber von den Papieren, an denen Newton gearbeitet hatte, blieb nichts übrig.

Als Newton mit seinem Besucher auf den Schauplatz zurückkehrte, war er entsetzt über den Anblick, der sich ihm hier bot. Trotzdem geriet er nicht in Wut, sondern nahm nur den Hund auf den Arm und sagte traurig zu ihm: «Oh, Diamond, Diamond, du ahnst ja nicht, was du da angerichtest hast.»

Am Tag darauf eröffnete Newton einem Kollegen von der Royal Society, dass man auf seine mit Spannung erwartete Überarbeitung des Gravitationsgesetzes noch eine Weile länger als gedacht werde warten müssen. «Diamonds wegen habe ich mit dem größten Teil der Arbeit noch einmal von vorn anfangen müssen. Ich werde mich ihrer jedoch nicht entledigen und sie noch nicht einmal bestrafen. Sie wusste nicht, was sie tat, und was sie getan hat, hat sie zu meinem Schutz und aus Liebe zu mir getan. Ihr Platz ist an meiner Seite und im Bett zu meinen Füßen.»

Diese kleine Spitzhündin namens Diamond war also möglicherweise das einzige lebende Wesen, das Sir Isaac Newton Verdruss bereitete, ohne sich seinen rachsüchtigen Zorn zuzuziehen.

Die Pudelhasser

Zu einem Hund der Rasse, die zu seiner Persönlichkeit passt, vermag der Mensch eine starke Liebe und Bindung zu entwickeln, Gleiches gilt jedoch auch im negativen Sinn. Wer gezwungen ist, mit dem Vertreter einer Rasse zu leben oder umzugehen, die nicht mit seiner Persönlichkeit harmoniert, kann leicht einen ebenso intensiven Widerwillen oder sogar Hass ausbilden. Man sollte es fast nicht glauben, aber im Internet wurde tatsächlich eine Website eingerichtet, die einzig dem Zweck dient, der Abneigung gegen Pudel ein öffentliches Forum zu verschaffen. Sie heißt «People Against Poodles», und auf der Homepage erfährt der Besucher zunächst, dass «People Against Poodles (PAP) sich für Ihre Interessen stark macht. PAP ist eine Organisation, die sich das Ziel gesetzt hat, zum Wohle aller anderen Lebewesen auf diesem Planeten mit der Pudelgefahr aufzuräumen.» Dieses Vorhaben wird dann mit folgendem Argument begründet: «Gewiss, es mag andere Probleme von sozialer Relevanz geben, die nicht weniger wichtig sind, aber wir von PAP finden, dass die Reformen an diesem Punkt beginnen sollten. Menschen, die weniger gestresst sind, verspüren weniger Neigung, zu Drogen zu greifen. Bei Menschen, die nicht um halb fünf Uhr morgens durch Pudelgekläff geweckt werden, [...] ist die Wahrscheinlichkeit geringer, dass sie mit aufgestauter Wut im Bauch und entsprechend explosiver Gewaltbereitschaft durch die Welt laufen.»

Voller Häme werden in Kommentaren und Beobachtungen vorgebliche Beweise für die Gefährlichkeit von Pudeln angeführt. Von der Homepage gelangt der Besucher der Site per Mausklick zu einer Seite mit «Schilderungen von Zwischenfällen, die das wahre Gesicht des Pudels enthüllen»; hier trifft er auf ein Sammelsurium von Zeitungsmeldungen, die allesamt von Episoden berichten, in denen irgendein Pudel irgendeinen

Menschen beißt beziehungsweise eine Dummheit oder Narretei begeht, durch die ein Mensch oder das Tier selbst zu Schaden kommen – typisches Beispiel ist ein Artikel mit der Überschrift «Entlaufener Pudel beißt Flughafenangestellte». Einen Mausklick weiter findet der Besucher eine Seite, die der Beantwortung der Frage «Wie wird man mit Pudeln fertig?» gewidmet ist; hier erhält er abwechslungsreiche Ratschläge und Rezepte, wie er Pudel auf so originelle wie bizarre Weise um die Ecke bringen kann.

Die vielleicht interessanteste Facette der Website ist das «Gästebuch», eine Seite, auf der Besucher sich mit Namen eintragen und/oder Kommentare abgeben können. Der Autor der Website hat sein Gästebuch in drei Rubriken gegliedert: «Pudelhasser», «Pudelliebhaber» und «Bissige Bemerkungen». Ein Pudelhasser schrieb: «Seit eh und je hasse ich Pudel! Hier sehe ich, dass ich nicht allein bin. Danke!» Ein anderer: «Im ganzen World Wide Web bin ich noch auf keine zweite Site mit so viel gesundem Menschenverstand gestoßen. Eure Ansichten über die Pudelrasse gehören wirklich mit zum Intelligentesten, was einem überhaupt geboten wird, egal, wo man sucht, und egal, wie viel Geld man dafür hinzulegen bereit ist. Ich wünsche Eurem Feldzug gegen diese felltragende teuflische Geißel der Menschheit viel Erfolg.»

Die Kommentare in der Rubrik der Pudelliebhaber sind zumeist gegen die Pudelhasser in ihrer Gesamtheit gerichtet und typischerweise in der Tonart abgefasst: «Ihr seid böse, böse, böse Menschen!» Nicht wenige nehmen aber auch speziell den Urheber der Website aufs Korn: «Ich möchte dem Jammerlappen, der für diese Website verantwortlich ist, mein tiefstes Mitgefühl ausdrücken. Ich wage mir gar nicht auszumalen, was für ein kolossaler Loser du sein musst. Dass du so über Pudel ausgerastet bist, dafür hab ich nur eine einzige Erklärung: Du kommst einfach nicht drüber weg, dass sie nicht bloß intelligenter, sondern auch noch viel schöner sind als du. Aber egal, man muss alle Tiere respektvoll und freundlich behandeln, weil sie nämlich im Gegensatz zu dir der Welt viel zu geben haben.» Und vereinzelt geraten die Pudelliebhaber so in Rage, dass sie nur noch unartikulierte Verwünschungen ausstoßen können, wie etwa im folgenden Fall: «Ich liebe Pudel, ihr Scheißkerle, der Teufel soll euch hohlen!!!! der Teufel soll euch hohlen!!!! Der Teufel soll euch alle hohlen!!!!!!!!! Ich hoffe bloß, dass ihr von einer rasenden Meute von tollwütigen Pudeln zerfleischt werdet, die euch die Eingeweide aus dem Laib reisen.»

Max und Idaho

Vielleicht finden Sie, dass die Mehrzahl der Hundebesitzer das individuelle Tier oder eine bestimmte Rasse weder mit so überbordender Herzlichkeit liebt, wie wir es an Elizabeth Barrett Browning und Flush beobachten konnten, noch so extrem hassenswert findet, wie es den «People Against Poodles» mit den Pudeln geht. Bei den meisten von uns sieht die Sache so aus, dass wir mit unserem Hund – vorausgesetzt, wir haben den richtigen, das heißt zu unserer Persönlichkeit passenden gefunden – einfach nur unsere Wohnung und unsere Lebensumstände teilen. Sind wir mit einem Hund nicht ganz zufrieden, werden wir uns das nächste Mal sehr wahrscheinlich nicht mehr die gleiche Rasse anschaffen. Haben wir mit unserem Hund die richtige Wahl getroffen, werden wir ihn im Falle seine Ablebens durch einen möglichst ähnlichen ersetzen, weil wir hoffen, so die vertraute Herzlichkeit der Beziehung bewahren zu können.

Ich unterhielt mich einmal mit James J. Gibson, einem bekannten Erforscher der psychologischen Aspekte der menschlichen Wahrnehmung, für dessen berufliches Wirken die Cornell University Hauptschauplatz war. Er erzählte mir eine Anekdote vor dem namhaften Psychologen Kurt Koffka, einem der Gründerväter der Gestaltpsychologie. Koffka hatte immer einen Hund, und der Hund war immer ein Dackel. Alle diese Dackel waren von dem populären rötlich braunen kurzhaarigen Schlag. Im Laufe seines Lebens brachte Koffka es (nach Gibsons Wissensstand) auf sieben Dackel, die alle Max gerufen wurden. Bei Gelegenheit einer zwanglosen Unterhaltung fragte Gibson die psychologische Koryphäe: «Warum heißen eigentlich alle Ihre Hunde Max?»

Koffka erwiderte: «Mein erster Hund hieß Max. Nach seinem Tod habe ich mir wieder einen angeschafft, der hat dann einen anderen Namen gehabt. Aber ausgesehen hat er wie Max und hat sich auch genau wie der benommen, und manchmal hab ich ihm unwillkürlich Max gerufen. Und dann hab ich mir eines Tages mal gesagt: ‹Na schön, wenn er unbedingt Max sein will, soll er's meinetwegen sein.›»

An dieser Stelle machte Koffka eine kleine Pause, ehe er langsam und wie gedankenverloren fortfuhr: «Ich nehme an, ich habe mir gewünscht, dass Max mir immer erhalten bleibt. Das ist ja das Schöne an einem Rassehund, dass sie sich alle so ähnlich sind – wenn man mal einen hat, den man mag, kann man ihn immer wieder haben, sie sterben eigentlich nicht. Wenn ich mir also einen Dackelwelpen anschaffe, der Rolli oder Jolly heißt, weiß ich schon, dass der früher oder später einmal Max sein wird. Weil sie nämlich im Erbgut alle Max sind, und den möchte ich um mich haben.»

Manchmal ist, um einen Ausdruck aus der Maschinenbauersprache zu benutzen, die «Passung» zwischen einem Menschen beziehungsweise einer Familie und einem Hund schlechthin perfekt, und wenn dieser Fall eintritt, geht die Mensch-Hund-Bindung über unseren normalen Begriff von «lebenslang» hinaus. Koffka gelang es, seinen Liebling über den normalen Hundetod hinaus bei sich zu behalten, indem er ihn in Gestalt einer

Reinkarnation gleicher Rasse und von gleichem Aussehen in sein Leben zurückholte, und diesen Weg gehen viele Menschen, die mit ihrem Hund glücklich und zufrieden waren.

Ich lernte aber noch ein zweites Mal einen Menschen kennen, der eine starke, eine unauflösliche Bindung an seinen Hund aufgebaut hatte, und bei diesem Fall gibt es zusätzlich ein ungemein anrührendes Moment. Ich spreche von Ed und seiner Hündin Idaho. Mit Ed unterhielt ich mich drei Wochen vor seinem achtzigsten Geburtstag. Er bewohnte zusammen mit seiner sechsundfünfzigjährigen Frau Jessie ein kleines Haus. Wir saßen in seinem Wohnzimmer, und er erzählte mir von seiner Hündin.

«Wir haben Idaho als ganz kleinen Welpen bekommen. Jessie und ich konnten alle beide den lieben Gott einen guten Mann sein lassen, könnte man sagen, wir hatten unser Leben bestens geregelt und suchten jetzt einen Hund als Spielkameraden für die Kinder und als Gesellschaft für uns. Irgendjemand hat uns erzählt, vielleicht hab ich's auch irgendwo gelesen, dass ein Labrador genau das Richtige für uns wäre, also haben wir uns nach einem Labrador-Zwinger umgesehen.

Idaho haben wir uns aus dem ganzen Wurf ausgesucht, weil sie so lieb und umgänglich war, und außerdem hat Jessie ihre Schokoladenfarbe gemocht. Die Kinder haben mit den Welpen gespielt, und wenn sie sie auf den Rücken gedreht und sie gefoppt haben, wie Kinder das halt so machen, dann hat sie nicht verschreckt reagiert oder gereizt und eigentlich nicht mal so, als ob ihr das lästig wär. Sie hat ihnen bloß an der Hand geleckt und ein bisschen mit dem Schwanz gewedelt.

Idaho ist bei uns dreizehn Jahre alt geworden, und ich hab mir sagen lassen, für einen Labrador ist das ein sehr anständiges Alter. Sie ist eine richtige Freundin gewesen. Wie Jessie seinerzeit ihre Meningitis gekriegt hat und hat im Bett liegen müssen und hat Angst ausgestanden, da ist Idaho immer zu ihr aufs Bett gestiegen und hat bei ihr gelegen, damit sie nicht allein ist.

Wenn dann die Kinder von der Schule heimgekommen sind, hat sie die für eine Weile aus dem Haus gelotst, damit es drinnen so lange ruhig ist. Für mich war sie auch da. Solange ich mich mit Jessie nicht hab unterhalten können, weil sie so krank war, ist sie immer zu mir gekommen und hat sich neben mich gesetzt und mich mit der Schnauze ins Gesicht gestupst, als ob sie sagen wollte, das kommt schon alles wieder in Ordnung … Und was soll ich Ihnen sagen – sie hat Recht behalten. Jessie hat sich tatsächlich wieder erholt.

Na, wie auch immer, die Kinder sind erwachsen geworden und ausgezogen. Alan ist aufs College gegangen, und Melinda hat geheiratet. Idaho hat sich so benommen, als sei es ihre Pflicht, uns daran zu erinnern, dass wir immer noch eine Familie sind und nicht bloß zwei alte Leutchen, die jetzt für sich allein leben. Sie hat dafür gesorgt, dass unser Haus immer voller Liebe gewesen ist, möcht ich mal sagen, und sie hat uns das Gefühl gegeben, dass da noch jemand ist, der uns braucht.

Als Idaho gestorben ist, hab ich sie hinten im Garten begraben, in der Ecke neben dem Schneeball, wo sie immer so gern gelegen hat. Wir haben sie vermisst, deshalb haben wir uns wieder eine Labradorhündin angeschafft und sind dann überhaupt bei der Rasse geblieben. Im Moment haben wir Lady, das ist das braune Fellbündel da, mitten auf dem Boden. [Er lächelte, während Lady bei der Erwähnung ihres Namens aufsah und ein-, zweimal mit dem Schwanz auf den Boden klopfte.]

Na ja, wo jetzt die Kinder auf ihren eigenen Beinen stehen und ich im Ruhestand bin, haben wir uns gedacht, dass ein kleineres Haus nicht schlecht für uns wär, ein bisschen außerhalb der Stadt, wo's ruhiger ist und nicht ganz so hektisch, und da sind wir dann hier gelandet. Als wir umgezogen sind, hab ich in dem alten Haus als Letztes noch Idaho exhumiert. Und hier hab ich sie als Erstes im Garten begraben. Sie liegt dahinten, wo Jessie den Schneeball gepflanzt hat, genau so einen, wie wir im alten Haus gehabt haben, damit sie Gesellschaft hat. Ich weiß, das hört sich dumm oder verrückt an, dass man so was tut. Aber Sie müssen verstehen, ich hab diese Hündin geliebt, und … [Er verstummte und blickte durch das Fenster nach draußen und rieb sich ein Auge mit dem Handrücken.] Na ja, ich hatte dieser Hündin versprochen, ich hatte ihr *geschworen,* dass sie bei mir immer ein Zuhause haben würde.»

Ich hoffe, dass die Informationen, die Ihnen dieses Buch anbietet, Ihnen helfen können, Ihre spezielle Hunderasse – *Ihren* Max oder *Ihre* Idaho – zu finden.

Anhang I

Wie die statistischen Vorarbeiten aussahen, die in dieses Buch eingegangen sind

Die wenigsten Leser meines Buches sind Wissenschaftler, deshalb habe ich statistische Fragen im Haupttext nur am Rande berührt. Für all diejenigen, die an einer eingehenderen Darlegung dieses Aspekts interessiert sind, beschreibe ich hier in skizzenhaftem Umriss die angewandten Vorgehens- und Verfahrensweisen.

Die neuen Großgruppen

Bestimmung relevanter Dimensionen hündischen Verhaltens

Elf Hundeexperten, mit meiner Person zwölf, stellten jeder eine Liste sämtlicher Dimensionen hündischen Verhaltens auf, die ihrer Ansicht nach für die Frage von Bedeutung waren, ob ein Mensch mit dieser oder jener Hunderasse glücklich und zufrieden werden könnte oder nicht. Berücksichtigt wurden im Weiteren die Punkte, die von mindestens sieben Teilnehmern an der Erhebung genannt worden waren. Nach der Ausmerzung von Redundanzen, Überschneidungen, schwierig zu benotenden Gesichtspunkten usw. blieben zweiundzwanzig Merkmalsdimensionen übrig. Sie ließen sich grob kategorisieren als Dominanzverhalten, Territorialverhalten, Eignung zum Schutzhund,

Eignung zum Wachhund, Freundlichkeit (Unaggressivität) gegen unbekannte Personen, Umgänglichkeit mit Familienmitgliedern und anderen vertrauten Personen, Kinderfreundlichkeit, Aktivitätsniveau im Haus/in der Wohnung, Aktivitätsniveau im Freien, Eignung für die Haltung in städtischer Umgebung, Anpassungsfähigkeit an das Leben im Haus/in der Wohnung, Anpassungsfähigkeit an extremes Wetter, Bedarf an regelmäßiger Bewegung, Lernfähigkeit, Problemlösungsfähigkeit, Eignung zum Gehorsamstraining, Arbeitswilligkeit, die Energie beziehungsweise Entschlossenheit, die der Hund ganz allgemein in seinem Verhalten an den Tag legt, die Berechenbarkeit beziehungsweise Gleichmäßigkeit des Alltagsverhaltens, seine emotionale Stabilität beziehungsweise Stetigkeit, die durchschnittliche Widerristhöhe (Schulterhöhe) und schließlich das durchschnittliche Gewicht der Individuen einer Rasse.

Bewertung der Rassen

Ein eigens zu diesem Zweck geschriebenes Computerprogramm produzierte Fragebogen, die jeweils eine separate Zufallsstichprobe von 40 aus insgesamt 162 anerkannten Hunderassen betrafen. Die Fragebogen verlangten die Benotung jeder einzelnen der 40 Rassen in 20 Merkmalsdimensionen (das sind die ermittelten 22 minus 2 [Widerristhöhe und Gewicht]) nach einer fünfstufigen Skala. Außerdem war es jedem Gutachter freigestellt, bis zu 20 weitere Rassen, die er gut kannte, nach dem gleichen Schema zu benoten. Fragebogen dieser Art wurden an 400 Hundeexperten in den USA und Kanada verschickt, und in 96 Fällen kam ein lückenlos ausgefüllter beziehungsweise ergänzter Fragebogen zurück. Berücksichtigt wurden in der Folge die Rassen, die von mindestens 25 Gutachtern benotet worden waren, was ein Sample im Umfang von 133 Rassen ergab. Für all diese Rassen wurde nun aus den Benotungen sämtlicher Gutachter in den einzelnen Dimensionen jeweils der Mittelwert gebildet. Anhand der normierten Mittelwerte wurden die standardisierten Werte (*z*-Werte) berechnet, die als Rohwerte für die einzelnen Rassen fungierten.

Zwecks Reduzierung der Merkmalsdimensionen auf eine handliche Zahl wurden diese Werte einer Faktoranalyse durch Quartimax-Rotation und Kaiser-Normierung unterzogen. Das Ergebnis waren sechs ziemlich reine Faktoren, die alle Anforderungen an die Einfachheit der Faktormatrix erfüllten: (1) Dominanz- und Territorialverhalten, (2) Geselligkeit, (3) Lern- und Gehorsamsfähigkeit, (4) Gelassenheit/Erregbarkeit, (5) Körpermasse und Aktivität, (6) Eignung für die Haltung in der Wohnung/im Freien. Für jede Rasse wurden ihre Werte für die einzelnen Faktoren berechnet, und diese rassespezifischen Faktorwerte dienten als Ausgangsmaterial für die Analysen, aus denen das neue Klassifikationsschema der Hunderassen entwickelt wurde.

Das neue Klassifikationsschema

Zur Bestimmung der Hundegruppen wurden die je sechs Faktorwerte der 133 Rassen in eine Clusteranalyse eingebracht. Der Algorithmus für die Aufnahme in einen Cluster basierte auf dem gewogenen Schwerpunkt gepaarter Gruppen und der einfachen euklidischen Entfernung (im mehrdimensionalen Raum). Die anfängliche hierarchische (oder «Baum»-)Analyse deutete auf sieben Rassencluster oder -gruppen hin; allerdings ließen die Entfernungsmaßstäbe darauf schließen, dass es sich um ziemlich «lockere» Cluster handelte, die noch weiter optimiert werden müssten. Daraufhin wurde eine *k*-Mittelwerte-Clusteranalyse durchgeführt, die auf der Annahme von sieben

Clustern basierte und das Ziel verfolgte, die optimale Zerlegung zu erreichen, bei der die Binnenvarianz der Cluster minimiert und die Zwischenvarianz maximiert ist. Wir programmierten den Computer auf 50 volle Durchläufe der Prozedur, was bedeutete, dass das Programm bis weit über den normalen Endpunkt hinaus versuchen würde, seine Optimierungsstrategie zu verfolgen, indem es Rassen zwischen den Clustern hin und her schob. Wie sich herausstellte, brachten wir es damit zu einer Art Overkill, denn bereits nach 17 Durchläufen kam es nicht mehr zu nennenswerten Verschiebungen zwischen den Clustern. Am Ende dieser gründlichen Analyse hatten wir die folgenden Rassengruppen gefunden:

Erste Gruppe:	**Freundliche**, liebe und umgängliche Hunde
Zweite Gruppe:	**Wachsame** Hunde mit Territorial- und Dominanzverhalten
Dritte Gruppe:	**Eigenwillige**, charaktervolle und willensstarke Hunde
Vierte Gruppe:	**Selbstbewusste**, spontane und manchmal waghalsige Hunde
Fünfte Gruppe:	**Ausgeglichene**, selbstgenügsame und häusliche Hunde
Sechste Gruppe:	**Ruhige**, emotional stabile, gutmütige und tolerante Hunde
Siebte Gruppe:	**Intelligente**, aufmerksame und gelehrige Hunde

Die **halbfett** gesetzten Wörter sind die Kurzbezeichnungen, die ich im Haupttext für die einzelnen Gruppen benutzt habe. Die vollständige Gruppenbezeichnung basiert auf der Profildarstellung der sechsdimensionalen Faktorwerte der einzelnen Cluster. So ist im Profil der Ersten Gruppe einer außerordentlich hoher Wert in der Geselligkeitsdimension der herausragende

Faktor, bei der Zweiten Gruppe ist dies ein vergleichbar hoher Wert beim Dominanz- und Territorialverhalten, usw.

In Fällen, wo keine einzelne Dimension eine herausragende Rolle spielte, habe ich mich um eine deskriptive Bezeichnung bemüht, in der sich die wesentlichen Züge des Clusterprofils widerspiegeln.

Der Persönlichkeitstest

Die Interpersonal Adjective Scales

Die *Interpersonal Adjective Scales* (IAS) sind ein von Jerry S. Wiggins entwickelter Test zur Messung von Persönlichkeitsaspekten, die unsere Interaktionen mit anderen Menschen (und vermutlich mit allen anderen Lebewesen einschließlich Hunden) beeinflussen. Sein Verhältnis zu anderen Persönlichkeitsskalen ist in der wissenschaftlichen Literatur ausführlich dargestellt.[1] Die IAS sind ein 64-Punkte-Fragenkatalog, anhand dessen Probanden bewerten, wie genau verschiedene Eigenschaftswörter auf ihr Verhalten zutreffen. Die Auswertung erfolgt in acht Dimensionen, die einen zirkulären Raum (Zirkumflex) konstituieren; es sind dies: PA (ehrgeizig, dominant), NO (gesellig, extravertiert), LM (warmherzig, liebenswürdig), JK (bescheiden, schlicht), IH (träge, willfährig), FG (zurückhaltend, introvertiert), DE (kalt, streitsüchtig) und BC (arrogant, berechnend). Diese Skalen lassen sich für manche Zwecke als voneinander unabhängige Skalen auswerten, sind aber auch für eine Reihe anderer Auswertungsverfahren nutzbar. So lässt sich zum Beispiel ein einzelner Vektor in dem zirkulären Raum bestimmen, der die Persönlichkeit des Probanden in sich zusammenfasst; ein anderes Verfahren geht von der Berechnung der vorrangigen Hauptachsen aus, die für die globalen

Persönlichkeitsdimensionen Dominanz und Fürsorglichkeit stehen.

In einem Bericht über eine unter Einsatz der IAS durchgeführte Untersuchung konnte ich zeigen, dass es zweckmäßig sein kann, die acht ein Zirkumflex konstituierenden Dimensionen auf vier voneinander unabhängige bipolare Dimensionen zu reduzieren.[2] Diesen vier Dimensionen habe ich mit Blick auf die in diesem Buch verfolgten Zwecke neue Namen gegeben, nämlich «Extraversion» (da sind die Skalen NO und FG)», «Dominanz» (PA und HI) / «Vertrauen» (JK und BC) und «Warmherzigkeit» (LM und DE).

Die Kurzfassung der IAS

Der Fragenkatalog für die Kurzfassung der IAS ist das Resultat einer Auswahlprozedur, die in zwei getrennten Untersuchungen erarbeitet und validiert wurde. Bei der ersten Untersuchung wurde eine 971 Probanden zählende Stichprobe einem Test mit der 64 Fragepunkte umfassenden vollständigen Fassung der IAS (in der aktuellen Version) unterzogen, wobei vereinzelt Fragepunkte aus früheren Versionen des Tests als mögliche Alternative angeboten wurden. Die Auswertung erfolgte für jede der acht Dimensionen separat. Mit einer Punkt-für-Punkt-Analyse wurde geklärt, wie präzise die einzelnen Fragepunkte (beziehungsweise die angebotenen alternativen Eigenschaftswörter) das Gesamtergebnis in der fraglichen Dimension vorwegnahmen, und anschließend wurde mit Hilfe eines «Alle Mengen»-Verfahrens ermittelt, mit welchem Genauigkeitsgrad gepaarte Fragepunkte das globale Testergebnis vorwegnahmen. Anhand der Resultate wurde ein 16-Punkte-Fragekatalog zusammengestellt. Da mehrere Pilotstudien Anhaltspunkte dafür geliefert hatten, dass eine extensive Definition der abgefragten Eigenschaften zu sichereren Auskünften führte als die Etikettierung mit ein, zwei Worten, wurden solche extensive Definitionen in die Endfassung des für die Probanden bestimmten Fragebogens aufgenommen.

Als nächster Schritt kam die Gegenprobe, die darin bestand, dass eine 1454 Probanden zählende Stichprobe zuerst mit der neuen Kurzfassung der IAS und bei anderer Gelegenheit mit der Vollform getestet wurde. Die vier bipolaren Skalen wurden für jede Testform separat berechnet, dabei ergaben sich für die Korrelation zwischen Vollform und Kurzform folgende Koeffizienten: Extraversion – $r = 0{,}87$; Dominanz – $r = 0{,}82$; Vertrauen – $r = 0{,}81$; Warmherzigkeit – $r = 0{,}86$. Angesichts dieser außerordentlich hohen Korrelation darf man wohl guten Gewissens sagen, dass die Validität der in diesem Buch verwendeten Kurzfassung des Tests erwiesen ist.

Des Weiteren wurde dann ein vereinfachtes Bewertungsverfahren entwickelt, damit ausschließlich positive Zahlenwerte anfielen und einfache Berechnungsmethoden genügten. Die Klassifizierung des Persönlichkeitstyps innerhalb der einzelnen Dimensionen beruht auf der relativen Position des Punktwerts auf der jeweiligen Messskala. Nach der Trennung der Geschlechter (es gibt geschlechtsspezifische Verschiedenheiten in den Basiswerten der Persönlichkeitsdimensionen) werden Punktwerte im obersten Quartal als «hoch», Punktwerte im untersten Quartal als «niedrig» und Punktwerte in den dazwischen liegenden Quartalen als «mittel» eingestuft. Dieses Benotungsschema ist in die Verwendung des Tests in diesem Buch integriert.

Bestimmung der Affinität zwischen Persönlichkeitstyp und Rassengruppe

Die Stichprobe umfasste 6149 Probanden im Alter von 16 bis 94 Jahren, darunter 1223 Katzenbesitzer und 1564 Personen, die noch nie in ihrem Leben einen Hund oder eine Katze besessen hatten. Alle wurden um Auskunft darüber gebeten, welche Hunderassen sie in ihrem Leben schon besessen hatten und wie zufrieden sie mit den einzelnen Rassen gewesen waren. Weiter waren ergänzende Fragen zu beantworten.

Die einleitenden Analysen umfassten die Normierung der Persönlichkeitsdaten aus den IAS und die Verwendung der erhaltenen *z*-Werte als abhängiges Maß in einer Reihe von Varianzanalysen (ANOVA). Die Probanden wurden nach der Rassegruppe, aus welcher ihre Hunde stammten, in sieben Kategorien eingeteilt. Diese wurden jeweils in zwei Untergruppen zerlegt, je nachdem, ob die Einzelnen ihren Hund gemocht hatten oder nicht. Die Untergruppen wurden ihrerseits nach Geschlechtszugehörigkeit aufgeteilt. Die vier resultierenden 7×2×2-ANOVA (eine für jede Persönlichkeitseigenschaft) wiesen über alle vier Persönlichkeitsdimensionen hinweg statistisch signifikante Verschiedenheiten auf. Bei Anschlussanalysen zeigte sich, dass die Resultate mit Hilfe eines bei Präferenzuntersuchungen üblichen Spiegelungsverfahrens vereinfacht werden konnten. Im vorliegenden Fall bestand es in einer Inversion der Benotung der Persönlichkeitseigenschaften am Nullpunkt (*z*-Wert null) der individuellen Skalen in der Untergruppe derer, die ihre(n) Hund(e) nicht gemocht hatten. Das daraus entstandene Schema der Ergebnisse war dem der ursprünglichen Analysen ganz ähnlich, aber dank dieser Mischkodierungsprozedur war das Signifikanzniveau der Ergebnisse höher und ihre Interpretation einfacher, denn das Verfahren hatte eine Dimension eliminiert und damit die ANOVA auf eine 7×2-Analyse reduziert.

Die definitiven Präferenzwerte wurden für beide Geschlechter und jede Persönlichkeitsdimension separat bestimmt. In diesen 14 Einweg-ANOVA bekundeten sich durchweg klare Unterschiede der Rassengruppenpräferenz mit einem hohen Niveau statistischer Signifikanz, und in allen Fällen zeigten sich im Tukey-Test signifikante gepaarte Unterschiede zwischen den zwei höchstpräferierten und den zwei niedrigstpräferierten Rassengruppen (der Trennabstand zwischen den Rassenpräferenzen war durchgängig hoch, um genau zu sein). Die zwei mit den obersten Punktwerten auf der Skala einer Persönlichkeitseigenschaft gekoppelten Rassengruppen wurden dann als die von den (als «hoch» qualifizierten) Personen im obersten Quartal der betreffenden Dimension bevorzugten Gruppen ausgewiesen und die zwei mit den untersten Punktwerten gekoppelten Rassengruppen dementsprechend als die erste Wahl für die (als «niedrig» qualifizierten) Personen im untersten Quartal. Die Bestimmung der geeignetsten Rassen für Personen in den dazwischen liegenden zwei Quartalen bestand darin, die zwei Rassengruppen zu bestimmen, deren Präferenzwerte einem *z*-Wert null in der betreffenden Dimension am nächsten kamen. Bei sehr ähnlichen Werten (solchen, die sich erst ab der zweiten Dezimalstelle unterschieden) wurde auf der Grundlage der gepaarten Signifikanzniveaus entschieden, die die Unterschiede zwischen den höchst- und niedrigsteingestuften Rassen repräsentierten.

Um auch solche Persönlichkeitsfaktoren zu erfassen, die mit dem Besitz von Katzen (oder dem lebenslangen Nichtbesitz von Hunden) gekoppelt sind, wurde abschließend das ganze System der ANOVA unter Hinzunahme der Kategorien «mit Katze» und «ohne Hund» neu berechnet. Das bedingte 14 (= 7 [Rassengruppen] mal 2 [männlich/weiblich]) Einweg-ANOVA mit jeweils 10-Kategorien-Zerlegung. Wieder wurden Empfehlungen auf die – für Männer und Frauen separat bestimmte – Quartalabweichung der Individuen bei den vier Persönlichkeitseigenschaften gegründet. Bei diesen Personengruppen wurde auf die mittleren Punktwerte Bezug genommen, nicht auf die einfachen Klassifikationswerte wie bei den vorangegangenen Rassengruppen-Empfehlungen.

Anhang II

Die neuen Großgruppen

Immer wieder verweise ich im Haupttext auf sieben neue, auf den Grundlage von Verhaltenseigentümlichkeiten definierte Großgruppen von Hunderassen. Wenn Sie feststellen möchten, zu welchem Persönlichkeitstyp welcher Hund am besten passt, werden Sie selbstverständlich einen Überblick haben wollen, welche Rassen genau die einzelnen Gruppen umfassen. Diesen Überblick gebe ich hier. Da ich im Text in meinen Ausführungen über die Bedürfnisse der einzelnen Persönlichkeitstypen die Gruppen jeweils nur mit dem Hauptstichwort apostrophiere, könnte es für Sie eine Hilfe sein, wenn Sie hier ein Lesezeichen in das Buch einlegen, damit Sie bei Bedarf mühelos hierher finden, um sich vergewissern zu können, welche Rassen mit der Nennung dieser oder jener Großgruppe gemeint sind.

Erste Gruppe: Freundliche Hunde

(ferner liebe und umgängliche Hunde)

Bearded Collie
Bichon Frisé
Border-Terrier
Brittany
Cavalier-King-Charles-Spaniel
Cocker-Spaniel
Field-Spaniel
Flat-Coated Retriever
Golden Retriever
Keeshond
Labrador-Retriever
Nova Scotia Duck Tolling Retriever

Collie
Curly-Coated Retriever
English Cocker-Spaniel
English Setter
English Springer-Spaniel
Old English Sheepdog
Portugiesischer Wasserhund
Soft-Coated Wheaten-Terrier
Vizsla
Welsh Springer-Spaniel

Zweite Gruppe: Wachsame Hunde

(ferner Hunde mit ausgeprägtem Territorial- und Dominanzverhalten)

Akita
Amerikanischer Staffordshire-Terrier
Boxer
Briard
Bullmastiff
Bullterrier
Chesapeake-Bay-Retriever
Chow-Chow
Deutscher Drahthaar
Gordon-Setter
Komondor
Kuvasz
Puli
Rhodesian Ridgeback
Riesenschnauzer
Rottweiler
Schnauzer (Mittelschlag)
Staffordshire-Bullterrier
Weimaraner

Dritte Gruppe: Eigenwillige Hunde

(ferner charaktervolle und willensstarke Hunde)

Afghanischer Windhund
Airedale-Terrier
Alaska Malamut
American Foxhound
Amerikanischer Wasserspaniel
Black and Tan Coonhound
Greyhound
Harrier
Irischer Setter
Irischer Wasserspaniel
Norwegischer Elchhund
Otterhound
Pointer

Barsoi
Dalmatiner
Deutscher Kurzhaar
English Foxhound
Saluki
Samojede
Sibirischer Husky
Shar-Pei

Vierte Gruppe: Selbstbewusste Hunde

(ferner spontane und manchmal waghalsige Hunde)

Affenpinscher
Australischer Terrier
Basenji
Cairn-Terrier
Drahthaariger Foxterrier
Glatthaariger Foxterrier
Griffon Bruxellois
Irischer Terrier
Jack-Russell-Terrier
Kerry-Blue-Terrier
Lakeland-Terrier
Manchester-Terrier
Norfolk-Terrier
Norwich-Terrier
Schipperke
Scotchterrier
Shi-Tzu
Silky-Terrier
Welsh Terrier
West-Highland-White-Terrier
Yorkshire-Terrier
Zwergpinscher
Zwergschnauzer

Fünfte Gruppe: Ausgeglichene Hunde

(ferner selbstgenügsame und häusliche Hunde)

Bedlington-Terrier
Boston-Terrier
Chihuahua
Chinesischer Schopfhund
Dachshund
Dandie-Dinmont-Terrier
Japan-Chin
Lhasa Apso
Malteser
Mops
Pekinese
Sealyham-Terrier

Englischer Toy-Spaniel (King Charles)
Französische Bulldogge
Italienisches Windspiel
Skye-Terrier
Spitz
Tibet-Terrier
Whippet

Sechste Gruppe: Ruhige Hunde
(ferner emotional stabile, gutmütige und tolerante Hunde)

Basset
Beagle
Berner Sennenhund
Bernhardiner
Bloodhound
Bouvier des Flandres
Bulldogge
Clumber-Spaniel
Deutsche Dogge
Irischer Wolfshund
Mastiff
Neufundländer
Pyrenäen-Berghund
Schottischer Hirschhund

Siebte Gruppe: Intelligente Hunde
(ferner aufmerksame und gelehrige Hunde)

Australian Cattle Dog
Australischer Schäferhund
Belgischer Malinois
Belgischer Schäferhund
Belgischer Tervuren
Border-Collie
Cardigan Welsh Corgi
Deutscher Schäferhund
Dobermann
Maremmaner Hirtenhund
Papillon
Pembroke Welsh Corgi
Pudel (Zwerg-, Klein-, Großpudel)
Shetland Sheepdog

Anmerkungen

Kapitel 1

1 Hauptsächliche Informations- und Zitatenquellen für die Abschnitte über Rex Harrison waren: N. Wapshott, *Rex Harrison: A Biography,* London: Chatto & Windus 1991; R. Moseley, P. Masheter und M. Masheter, *Rex Harrison: A Biography,* New York: St. Martin's Press 1987.

2 W. Proxmire, *Uncle Sam – The Last of the Big Time Spenders,* New York: Simon & Schuster 1972.

3 Hauptsächliche Informations- und Zitatenquelle: *The Letters of Elizabeth Barrett Browning,* hrsg. von F. G. Kenyon, New York: Macmillan 1908; vgl. auch Virginia Woolf, *Flush: A Biography,* London: The Hogarth Press 1933 (dt. von Karin Kersten u. d. T. *Flush. Eine Biographie,* Frankfurt/M.: S. Fischer 1993; Taschenbuchausg. ebd.: Fischer Taschenbuch Verlag 1994 [Fischer Taschenbuch 12416]).

Kapitel 2

1 Roland Bergler, *Mensch und Hund. Psychologie einer Beziehung,* Köln: Edition Agrippa 1986.

2 Nienke Endenburg, *Animals as Companions,* Amsterdam: Thesis Publishers 1991.

3 S. H. Coleman, *Human Society Leaders in America,* Albany, N.Y.: American Human Association 1924.

4 Z. Steele, *Angel in Top Hat,* New York: Harper 1942.

5 L. Ware, *Jacob A. Riis, Police Reporter, Reformer, Useful Citizen,* New York: Collier 1938.

Kapitel 3

1 Die Geschichte von Mike Tyson und Mimi Einstein findet sich in: J. Stern und M. Stern, *Dog Eat Dog,* New York: Scribner 1997.

Kapitel 4

1 T. M. Newcomb, *The Acquaintance Process,* New York: Holt, Rinehart & Winston 1961.

2 R. L. Moreland und S. R. Beach, *Journal of Experimental Psychology* 30 (1961): 527–555.
3 R. B. Zajonc, *Journal of Personality and Social Research Monographs* 9 (1968): 1–27.
4 T. H. Mita, M. Dermer und J. Knight, *Journal of Personality and Social Psychology* 35 (1977): 597.

Kapitel 5

1 K. Hirsh-Pasek und R. Treiman, *Journal of Child Language* 9 (1982): 229–237.

Kapitel 7

1 Der Test ist ausführlich dargestellt in: J. S. Wiggins und R. Broughton, *European Journal of Personality* 5 (1991): 342–365; einen Überblick über die Geschichte und die Grundlagen der interpersonalen Persönlichkeitsmessung gibt: J. S. Wiggins, *Journal of Personality Assessment* 66 (1996): 217–233.

Kapitel 8

1 Hauptsächliche Informationsquelle für diesen Abschnitt ist: P. Lisca, *John Steinbeck, Nature and Myth,* New York: Crowell 1978; die Zitate sind der Ausgabe entnommen: John Steinbeck, *Meine Reise mit Charley. Auf der Suche nach Amerika,* deutsch von Iris und Rolf Helmut Foerster, München: Deutscher Taschenbuch Verlag 1988 (dtv 10879).
2 Hauptsächliche Informationsquellen für diesen Abschnitt: *Conversations with Eugene O'Neill,* hrsg. von M. W. Estrin, Jackson: University of Mississippi Press 1990; *Selected Letters of Eugene O'Neill,* hrsg. von T. Bogar und J. R. Bryer, New Haven: Yale University Press 1988. Blemies Testament ist hier abgedruckt mit freundlicher Erlaubnis der Yale Collection of American Literature/The Beineke Rare Book and Manuscript Library der Yale University.

Kapitel 9

1 Eine Anzahl von Informationen und Zitaten betreffend die Hunde amerikanischer Präsidenten entnahm ich den Lebenserinnerungen von Traphes Bryant, dem Hundepfleger des Weißen Hauses: T. Bryant und F. S. Leighton, *Dog Days at the White House,* New York: Macmillan 1975.
2 Zitat aus einem Brief, dessen Original in der Dwight D. Eisenhower Presidential Library aufbewahrt wird.
3 Siehe Anmerkung 1 zu diesem Kapitel.

Kapitel 10

1 Wichtige Informationsquellen für den Abschnitt über die Schwestern Brontë waren: E. Gaskell, *The Life of Charlotte Brontë* (1857), London: Penguin 1985; R. Fraser, *The Brontës: Charlotte Brontë and Her Family,* New York: Fawcett Columbine 1988.

2 D. K. Simonton, *Journal of Personal and Social Psychology* 51 (1986): 149–160.

3 Hauptsächliche Informationsquellen für diesen Abschnitt: R. Morris, *Richard Milhous Nixon: The Rise of an American Politician,* New York: Henry Holt 1989, sowie das umfangreiche einschlägige Schrifttum des Historikers Stephen Ambrose, zum Beispiel: S. E. Ambrose, *Nixon: The Triumph of a Politician,* New York: Simon & Schuster 1989. Siehe auch Anmerkung 1 zu Kapitel 9.

4 Die biographischen Informationen in diesem Abschnitt sind großenteils der zweibändigen Picasso-Biographie von J. A. Richardson: *A Life of Picasso,* New York: Random House 1991 (dt. u. d. T. *Picasso. Leben und Werk 1 1881–1906 und 2 1907–1917,* München: Kindler 1991 und 1997) entnommen.

Kapitel 11

1 Das Gedicht *Beau* ist abgedruckt in: *Jimmy Stewart and His Poems,* New York: Crown 1989.

2 Hauptinformationsquelle für diesen Abschnitt war die zwölfbändige Ausgabe von Byrons Briefen und Tagebüchern: *Byron's Letters and Journals,* hrsg. von L. A. Marchand, Cambridge, Mass.: Harvard University Press 1973–1982; weitere biographische Fakten lieferte: E. Longford, *The Life of Byron,* New York: Little, Brown and Company 1976.

Kapitel 12

1 Hauptinformationsquellen für diesen Abschnitt waren: *Queen Victoria in Her Letters and Journals: A Selection,* New York: Viking 1985; S. Weintraub, *Victoria: An Intimate Biography,* London: Truman Talley 1987; A. Plowden, *The Young Victoria,* London: Stein & Day 1981.

2 Hauptquellen für biographische Einzelheiten aus früheren Jahren waren: R. Lacey, *Majesty: Elizabeth II and the House of Windsor,* London: Avon 1978; E. Longford, *The Queen: The Life of Elizabeth II,* London: Knopf 1983; neuere Informationen wurden Zeitungs- und Rundfunkmeldungen entnommen.

Kapitel 13

1 Die biographischen Angaben großenteils nach: Emil Ludwig, *Napoleon*, Berlin: Rowohlt 1925; N. MacKenzie, *The Escape from Elba*, Oxford: Oxford University Press 1982. Das längere Zitat stammt aus: Emmanuel Comte de Las Cases, *Mémorial de Sainte-Hélène* (1815).

2 Quellen für diesen Abschnitt waren: J. Durant und A. Durant, *The Presidents of the United States*, 2 Bde., Boston: Gaché 1981; M. Miller, *Plain Speaking: An Oral Biography of Harry S. Truman*, San Francisco: Berkley 1974; ferner diverse Zeitungsberichte.

3 Siehe Anmerkung 1 zu Kapitel 9.

Kapitel 15

1 Die Zitate sind entnommen: E. B. White, *The Letters of E. B. White*, New York: Harper & Row 1976; E. B. White, *One Man's Meat*, New York: Harper & Row 1944, sowie diversen Artikeln in *The New Yorker*.

Kapitel 16

1 Der Abschnitt stützt sich in Teilen auf: L. T. More, *Isaac Newton: A Biography*, New York: Scribner 1934; R. S. Westfall, *Never at Rest: A Biography of Isaac Newton*, Cambridge: Cambridge University Press 1981.

Anhang I

1 Siehe Anmerkung 1 zu Kapitel 7.

2 S. Coren, *Journal of Research in Personality* 28 (1994): 214–229.

Register